町家再生の技と知恵

京町家のしくみと改修のてびき

京町家作事組……編著

学芸出版社

まえがき

明治10年に初来日したモースはひ弱に見えて強靱な木構造、室《へや》にはなにもなくて貧しいとしか見えないが、つぶさに見ると精巧な細工や洗練された装飾による豊かなインテリア、どんな困難な課題でもいともたやすくこなしてしまう、優れた大工を始めとした職人たち、そして日本のどの地域にも独自の職人組織があって、かつ地域固有の様式の住宅があることなどに驚嘆している。そしてその伝統はいずれ失われてしまうとして、各地を回って丹念に書き留めた（『日本のすまい　内と外』、エドワード・S・モース著、上田篤、加藤晃規、柳美代子共訳、鹿島出版会、1979）。

モースの予告通り、地域の職人組織、地域固有の建築様式、伝統木造構法などは既に失われて久しい。そして民家が形として残った。その民家も'60年代後半の高度成長期以降に急速に数を減らした。'70年代にはそうした状況に対して、かけがえのない文化財として保存しようとする動きが出てきた。初めは研究者による民家調査やコミュニティ調査、あるいは建築家によるデザインサーベイ（伝統的デザインを現代のデザインに取り入れようとするための調査）などであったが、'80年代以降は東京一極集中による地方の沈滞を救う町おこしの資源として、あるいは観光資源として保存・活用しようとする広範な活動になっていった。また単に形として保存するのではなく、住みながら、あるいは利用しながら再生する必要性も説かれるようになった。そして現代に至っては、大量生産・大量廃棄、大量エネルギー消費の現代社会が近未来の破綻を予測させるなか、循環型社会のモデルとして伝統構法が再評価されるようにもなった。しかしこの間も民家は減り続け、群として残ったのは京都の美山などごくわずかになってしまった。また伝統構法の合法化や税、融資などの制度改善、あるいは伝統構法の究明は何ら手つかずのままであった。

京町家も同様なあゆみをたどり、今や町並みとしての京町家は伝建地区を除くとほとんど見ることができない。点としての京町家を残すことにどれほどの意味があるかとも思う。しかし京のまちは応仁の乱を始めとして、何度も焼け野原から再生しており、あす、あさっての京のまちをどうこうしようと考えなくてもよいのかも知れない。むしろ、いま大切なのは京町家を取りまき、京町家が包んでいた暮らしの総体と京町家の作りとの関係性を提示することであり、その普遍性をあきらかにすることであろう。作り（構法）として京町家は各地に残る民家のなかでは特殊といえる、特に架構部材は豪雪地帯ではないことを差し引いても細い、貫も薄いうえ、柱への渡し込みや楔で緊結することもなく、むしろ例外といえる。しかし京町家を各地の民家の中で位置づけたり、伝統構法全般を語ることは焦点をぼかしてしまう。したがって京町家独自の構法の普遍性とその改修方法を提示することで、各地の民家にも同様な試みが生まれ、それぞれの独自の普遍性が明らかになり、かつそれぞれに共通する普遍性が浮かび上がってくる、という手順が所期の目標に到達する近道と考える。

京町家を改修することで京町家を保全・再生すべく、つくり手の専門家集団である「京町家作事組」を起こすとき、法律、規準、制度、あるいは慣習が京町家を守っていけるようになっていないということは承知していたが、重文級の伝統建築を手がけ、二代三代と続く職方が集まった以上、京町家の構法については容易に再構築できるだろうと考えた。しかしその見通しは甘かった。なぜならば、京町家が建てられなくなって、既に65年を経過していて、新築に携わった大工はほとんどいないうえ、戦後も省みられることがなかったため、継続的に手入れをしてきた者もいない。それでも一部の職人が得意先の関係で改修を手がけていて、京町家が現にどうなっているかということと、若いときの親方から受けた指導を記憶していて、理解の手がかりになりそうではあった。しかしそれは断片的であり、とても総合的な理解は得られそうになかった。“火事は50年ごとに起きるので気をつけるが、地震は100年に一度あるかないかであまり頓着しなかったのではないか”とか“町家は隙間なく繋がっているので倒れないのでは”とかいうありさまであった。また規準が変わってしまっていることも理解を妨げる大きな要因であった。『日本建築学』上巻（渋谷五郎、長尾勝馬共著、須原屋書店、1924、復刊版：新版『日本建築』上巻、学芸出版社、1954）は伝統建築が省みられないことを嘆じて著されたものであったが、すでに伝統建築にはない布基礎、土台、火打ち、および筋違を入れることが前提になっている。京町家を耐力壁や水平構面を基本にした現代の規準で評価してしまうのも無理からぬことである。さらにやっかいなのは参照すべきテキストがないことであった。堂宮や数寄屋は室町時代以降「匠明《しょうめい》」を始めとしていくらでもあるが、書院造のような殿舎はあっても京町家の様な民家について書かれたものなどどこにもない。それは京町家をつくり維持していく技を、携わる職人の誰もが自明のこととして知っていて、あらためてテキストとしてまとめる必要などなかったということであろう。しかし改修して守っていこうとする対象が解らないでは手の出しようがない。八方ふさがりであったが、結局はそれが本書を作る動機になった。

手引き書をまとめるに当たっては、現代の法律や規準にはこだわらず、“京町家のことは京町家に聞け”ということで、京町家のありようを率直に見て、作り手としてどう見えるか、作った職人たちがどのように考えたかを推測し、こうであろうという成果を積み上げることで、京町家の全体に迫ろうということになった。当初は改修の具体的な施工方法についてのみまとめる予定であったが、“作り方が解らなくて直し方が解るのか”ということで、第2章の「京町家ができるまで」が加わった。これについては現にある町家の構造や仕様を基本にして、各職方が伝え聞いた記憶や今の工法から類推するという方法でまとめた。また“なにを改修して残していくのか解らないでは困る”ということで第1章の「京町家とは何か」もまとめることになった。京町家の歴史や特性に関しては、すでに優れた研究成果や著作があるが、作り手として、あるいは京町家作事組としてどう位置づけるかという視点でまとめた。

先に述べたように京町家をつくり守ってきた技は、伝承と工夫・改良の繰り返しのなかで、職人にとっては当たり前になっていて、テキストなど必要としなかった。必要のなかったことを承知で、テキストを作るということの矛盾がすなわち明治以降130年間の矛盾の裏返しである。執筆に当たってはできるだけ曖昧な表現は避け、断定的な表現をとった。これは建築に携わる読者、あるいはこのテキストを参照して、改修の実践をした職方から的確な批判をしていただくためである。この京町家作事手引き書が朱筆で真っ赤になり、すり切れてうち捨てられたとき、この「矛盾のテキスト」の使命は終わる。

2002年4月28日

梶山　秀一郎

京町家作事組・理事長

もくじ

章扉解説 第1章 下京Td邸改修後ファサード／第2章 京町家作事組事務局（田中邸）準棟纂冪
第3章 下京Td邸改修作業風景（小屋組・床下）／第4章 下京Td邸おくどさんを生かした改修

第1章

〈概説〉京町家とは何か

1　京町家の定義——なにを京町家と呼ぶのか

■1　京町家の種類

■1　立地・用途

立地的には表の通りに面して建てられたものと、共用や専用の路地奥に建てられたものとがある（図1)。用途としては住まい、店、作業場などであるが、表通りは主に職・住兼用型が多く、わずかに仕舞屋《しもたや》、大塀《だいべい》造と呼ばれる住まい専用のものが点在する。路地奥には長屋で住まい専用のものが多く、作業場兼用のものもある。職の内容はさまざまだが都心部は小売りや卸しの商業が多く、機業地の西陣、東西本願寺のある下京では手工業の作業場が多い。また釜座などの中世以来の座を起源とする町や糸屋町あるいは堀川沿いの染色など、同業種が地域的に集中する傾向がある（図2)。

■2　間取り

間取りは表通りからまっすぐ延びる土間に沿って室《へや》が並ぶ形式が中心である。土間は全体をトオリニワと呼ぶが、そのうち手前から、ミセに面するところはミセニワ、ゲンカンに面するところはゲンカンニワ、そして炊事場はハシリ（流し）と呼ばれる。土間はごくわずかな例外を除き南側か東側にある。

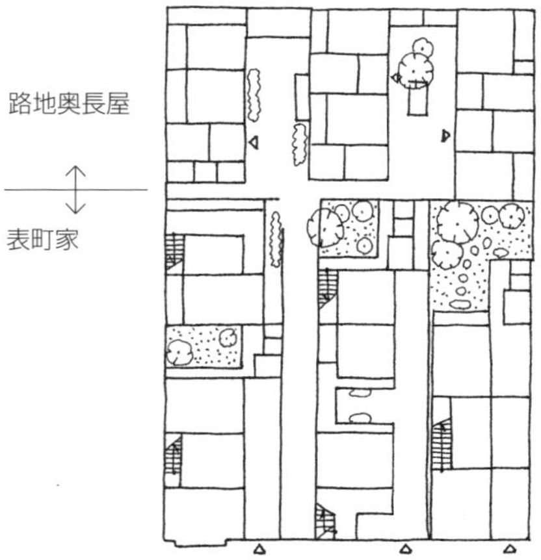

図1　路地奥の町家

室は表通りからミセ、ダイドコ、オクの間と縦に3室が並ぶ一列3室型が基本形で、4室型のものはミセの奥がゲンカンになる。また間口の広い場合は2列型になり、さらに大店《おおだな》では表屋造《おもてやづくり》と呼ぶ、ミセの奥に中庭を設け、採光・通風と併せて職・住の分節化を計るような立派なものになる。便所はオクの間の

図2　歴史的経過から同業種が地域的に集中する

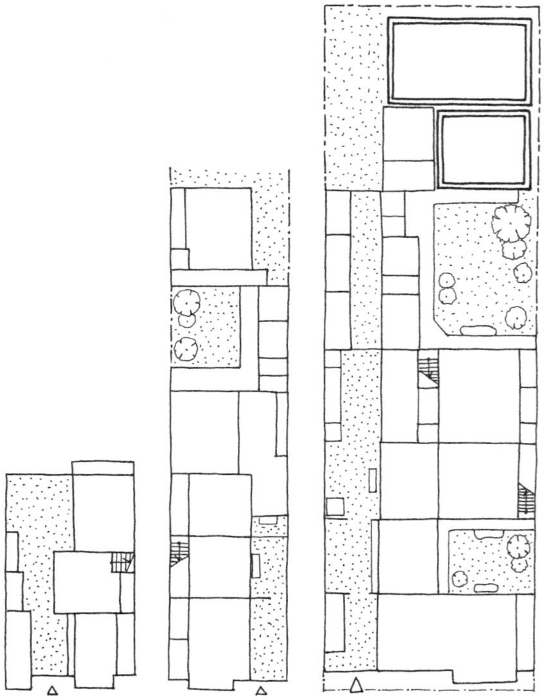

図3　町家の間取り型

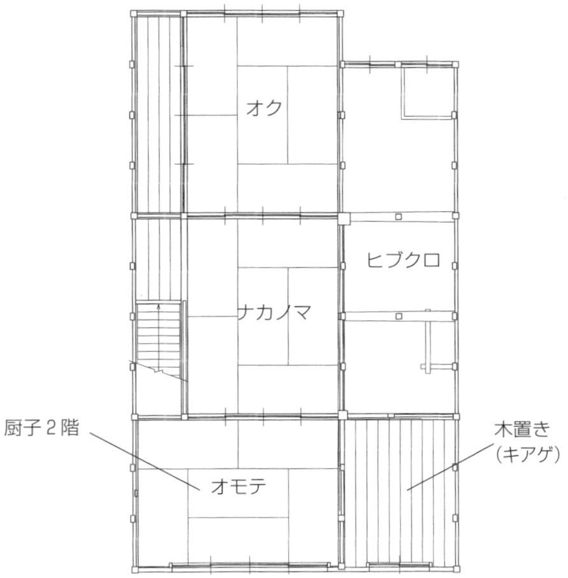

図4　2階の間取り

縁伝いに、庭に突きだして外便所と一体で設け、風呂（浴室）を付け足したものもある。またオクの間と前栽《せんざい》を挟んで蔵が建つことも多い（図3）。

2階に室があるときはダイドコまたはゲンカンの奥の階段から上がり、ナカの間の奥に座敷を設ける。厨子《つし》2階では表は物置であるが、総2階のときは表にも室ができる。またミセのトオリニワの上部に木置きと呼ばれる物置が設けられる（図4）。

路地奥の長屋で1列3室型を簡略化したもの、あるいは大正以降で、木置きが室になったりする例はあるが、以上の説明で京町家の間取りはおおむね網羅できる。

■ 3　形態・意匠

江戸から明治に引き継がれた京町家型のうち、職・住兼用では、一番軒数の多い厨子《つし》2階型と、軒数はわずかであるが、総2階型がそれに次ぎ、例外として3階型と平屋型とがある。しかし明治後期以降に建てられたものはほとんどが総2階であったため、総数では総2階が厨子2階を上まわる。また住宅専用では出格子や平格子の店構がなく、それが出窓に変わる仕舞屋型と、表通りとは、高い塀で仕切られ、建物が表に面さない大塀造《だいべいづくり》型がある（図5）。

意匠的な種類は上述の型による差異が顕著であり、それ以外はそれほど違わないように見える。しかしつぶさに見てみるといろいろなヴァリエーションがある。その差異を主に構成するのは建具の意匠であり、それも格子のデザインである。格子や出格子は太い格子の間に細い格子を1本か2本入れた子持ち格子が一般的だが、細い格子を木間返《こまがえ》し（木返《きがえ》し）に入れたもの、太い格子を荒く組んだものとさまざまであり、それは入口の格子戸についても同様である。あたかも外観の意匠を抑えた欲求不満が建具に集中したかのようである。確かにその面は否定できないものの、騒動をおそれた頑丈な米屋格子、光がほしいために細い格子を木間返しにして空隙率をたかめた糸屋格子（切り子格子、欄間も同様の配慮）、

厨子2階型　江戸継承型

総2階型　同左。ただし2階軒高の高いものは明治後期以降

平屋型　軒数は少ない

3階型　軒数は少ない

仕舞屋型　住まい専用型。まちなかに点在。軒数は少ない

大塀造《だいべいづくり》型　同じくまちなかに点在。軒数は少ない

図5　町家の類型（「京町家再生プラン」（京都市）より）

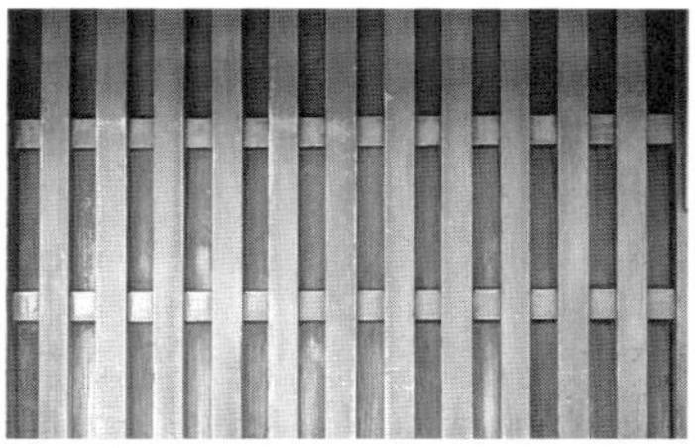

酒屋格子

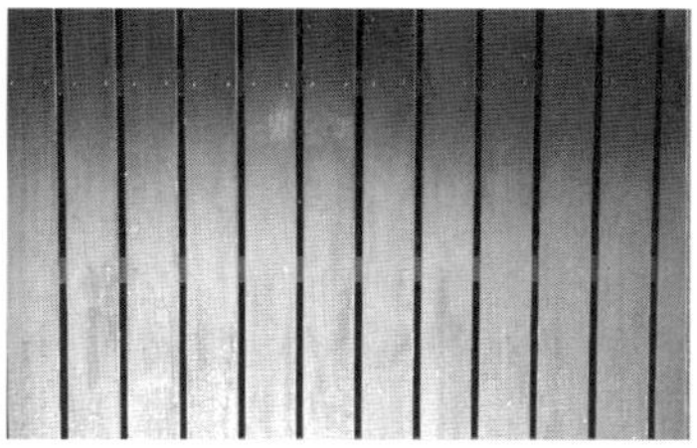

炭屋格子

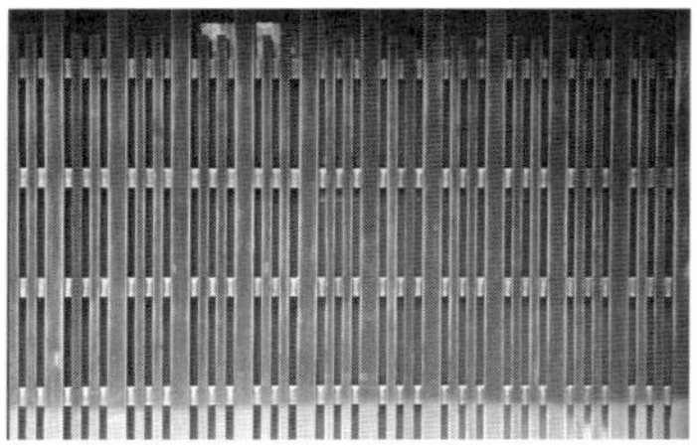

糸屋格子

犬矢来

駒寄せ

バッタリ床几

図6　町家を構成する意匠の要素

台形に加工した幅の狭い板をわずかな隙間で打ちつけ、外から中は全く見えないが内から外はのぞけるお茶屋などの見張り格子（仕舞屋格子）、あるいは建具ではないが火を防ぐとされる、塗りごめにした虫籠窓などは防犯上の要求によるものである。繊細な印象は共通していて、いっけん見分けがつかない外観も目を凝らせば機能、職種の表出、ミエなどの要求による様々な意匠の多様性がある。

また外観を構成する要素としては数は多くないがバッタリ床几（ミセ床几）、駒寄せ（柵）、犬矢来などがある（図6）。

図7　斜材を取入れた町家　伏見市内にて

■2　保全・再生の対象

今われわれに伝えられた町家のどこまでを京町家とするかとなると、その線引きはかなり難しい。幕末から明治はじめに建てられたものは議論の余地はないが、それに比べて明治後期のものは部材が大きい、檜の使用が増える、長押など座敷の意匠が贅を凝らしたものになる、あるいはかしき作りの軒が増えるなどの違いがある。しかし構法や材種に大きな差はないから同等ととらえて問題はないであろう。

しかし大正から昭和にかけて建てられたものは米松が使われたり、土台や小屋梁、あるいは火打ちが入るなどの西洋構法の進入があり、本来の町家から見ればあきらかに構法的に変質するし、出格子が腰付き窓に変わり、総2階の軒高が高くなるなど、外観の印象も大きく変わる。さらに壁筋違やトラスの小屋組を導入した伏見の町家や郊外にスプロールした、町なかの建て方とは全く異なる専用住宅や借家をどうするかというやっかいな問題がある（図7）。しかしここでは戦前の、木造伝統軸組構法を基本にした作りで、かつ京町家にとって重要な特質である保全性や保守容易性などを備えたものはそれらも含めて保全・再生対象の京町家としたい。

2　京町家のあゆみ——歴史をひもとく

■1　はじめに

京町家の生成、確立および変遷の過程をつくり手の立場から通観することで、京町家がどのような社会的背景のもとに生まれ、どういった意図のもとに京町家型として確立され、どういう経過をたどって私たちの手元に伝えられたかを見てみる。

■2　原型の誕生

平安京はそれまでの都と同様に官庁・祭礼都市としてスタートした。その都市はわれわれがイメージする都市あるいは町の姿とは大きく異なり、条坊制による街区が築垣《ついじ》や板、柵などの塀で囲まれていて、道からは中の様子がうかがい知れない。もし町の様子を知ろうと思えば鳥瞰するしかないような町であった（図8）。また幅が24メートル以上もある大路や12メートルの小路の両側に120メートルもの長さの築垣塀が延々と続く人通りの少ない空間は歩くものにとりとめのない不安感を与えたはずである（図9）。

図8　創建当時の貴族の屋敷（想像図）　町の様子を知ろうとすれば鳥瞰するしかない。築垣や柵に囲まれたまちであった（早川和子作画／京都府埋蔵文化財調査研究センター）

町の賑わいは通りにはなく塀の中にあった。官衙《かんが》を支える下級官吏、手工業者などの雑色人の住む官衙に隣接した坊と官設市場である東・西市である。しかしその賑わいは律令制による中央集権の変容と商業活動の発展によって条坊制が崩れるなか、放置された街区や広すぎる道路両側の空閑地を埋める形で町なかに広がっていった。そして通りに広がった商業施設は平安時代中頃には残っていた東市に取って代わる。それは平安京が官庁・祭礼都市から商工業による生活・お祭り都市に比重を移したことを意味する。

このようにして形成された町（通り）の様子をうかがう資料として取り上げられるのは平安時代末期成立の「年中行事絵巻」である。ここに描かれた通りに面する建物を江戸中期以降の町家と比較しながら観察してみる。

1）間取りは片土間式で間口は2間から5間とほとんど変わらないが、奥行きは半分ほどしかない。ファサードは袖壁と入口で構成される土間部と窓または店棚で構成される高床の室《へや》部に分かれ、基本構成は何ら変わらない。また用途については店棚があるものはそれと明らかだが、住まいと見えるものも暖簾

図9　築垣塀だけの幅24 mの大路

図 10　掘立て柱の町家　壁は板か網代で屋根の板葺きは荒い。プロは必要だがセルフビルドに近い（「年中行事絵巻」）

図 11　掘立て柱の町家　店棚がある（「年中行事絵巻」）

図 12　礎石のある町家　壁は土壁で屋根は整然と葺かれた、プロの手による町家（「年中行事絵巻」）

と入口との間に空間があるので、後世と同様に土間に面して商いをしていたかもしれない（図 10、11）。
2) 構造は架構についてはよくわからないが、多くが掘立て柱であり、2 例だけ礎石の描かれたものがある。その一つは外観構成は変わらないが、明らかに仕様のグレードが高く、かつ手がけた職人のレヴェルも高い（図 12）。この時点ですでに掘立てと礎石建ていう構法がグレードの差として併存していたということになる。また小屋組は桁・母屋《もや》が棰を支えることについては同じだが妻に小屋梁が見えるので側柱《かわばしら》が直接母屋《もや》や棟木を支える後の町家の形ではない。
3) 外装は外壁が網代や竪羽目板、横羽目板で—外壁および隣家との界壁までもが網代や板だけというのはわれわれの想像力を越え、裏に荒壁があるのではと思うが、確かめようがない—特例として礎石建ちの土壁がある。屋根は板葺きか葛《くず》葺き（藁、茅など）である。板葺きについて言えば、大和《やまと》葺きならわずかだが、今も下屋に残り、関板葺きであれば他地域の町家にある。しかし描写はそのいずれでもない。とすれば板を敷き詰め、継ぎ目を違えて二重あるいは三重に重ね葺きしたのだろう。その場合流れ方向のジョイントは納めようがなく、下の段の板を延ばし、上の段の板を勾配を変えて重ね葺きしたと思われる（図 10）。
4) 開口部は窓が跳ね上げの蔀戸か板戸、入口は開き戸で、現在とは異なる。窓長押は今もあるが、入口の楣は柱（竪枠）に載っている（冠木《かぶき》）ようである（図 10）。土間と室の仕切は舞良戸《まいらど》の遣戸《やりど》で今と全く変わらない。蔀戸は「ひとみ梁」という呼称に元の記憶を残す。
5) セルフビルドに近いものであったと思うが、角ものである柱や桁、あるいは母屋《もや》などの製材、および外壁や屋根の裂き割り板の製作などは道具を持たない素人には難しい。また掘立て柱の場合、仕口はあまり神経を使わなくても良いとはいうものの角材である以上、加工や仕口に道具と技術が求められる。さらに蔀戸や舞良戸の製作は素人には不可能であり、かなりの割合で職人の手を借りたと思われるし、裂き板や網代のへぎ板（竹かも知れない）は生産・流通のシステムもあったのだろう。特に礎石建ちの家はそのすべてが職人の手によるものであろう。

以上の観察から構造やディテールに差異はあるものの基本構成としては後の京町家の特徴を備えており、この年中行事絵巻に描かれた家を京町家の原型とする。

またここに描かれた京町家の姿から、よく言われるように、京町家が農家から発展したということではなく、もともと町なかの通りに面した、店を兼ねた住まいとして作られたとするのが妥当である。

■3　型の確立（鎌倉時代~江戸時代中期）

昭和 30 年代までの京都の町なかのどこにでもあった、均質な町家が軒端や壁面線をそろえて並ぶ、統一感のある町並みは江戸時代中期に作られたとされる。それがどのような社会的背景のもとで形作られていったのかを、町の変化と住み手、作り手および構法、規格・標準化に分けて考察する。

■1　町・町衆・町並み

塀で囲まれた町が町家によって道の外側からあるいは内側から塀を壊しながら埋め尽くされていくな

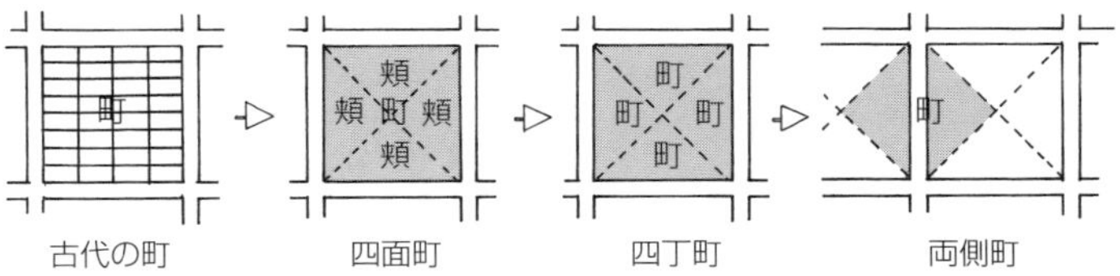

図 13　両側町の成立過程
区画の町から通りの町へ（京都市「京町家再生プラン」より）

かで、四辺の道にオモテを向けた四面町から、対角線で仕切られた四丁町へ、そして応仁の乱前後には四丁町の一町である片側町と道を挟んで対面する片側町とで一対をなす両側町へと変わっていったとされる（図 13）。それは平安京成立当初からの伝統である手工業を基礎にした商工業・生活都市に生まれ変わるプロセスであった。生活する町であれば暮らしのための井戸や便所あるいはゴミ捨て場などの共同施設が必要になり、それらは街区の真ん中の空閑地や通りにあったが、両側町の形成過程で町家あるいは屋敷地に個別に組み込まれていくことになる（もっともロージには今でも井戸があるし、つい最近まで通りに井戸のある町内もあったのだが）。

火災に対する備えがないままの、商工業の繁栄による家屋の過密化は、京の町に相次ぐ大火をもたらした。また応仁の乱や土《つち》一揆の戦乱と武家の警察力の低下による「京中悪党」という状況は、有力商人を中心にした町衆に自衛・自警の自治行動をとらせた。始めは地域的なまとまりだったそれが室町末に至ると、両側町単位になり、通りの両辻を木戸や柵で閉鎖して防御することになる。ここに至って現代の京の町にそのまま繋がる、通りを共用スペースとする自治単位が生まれる（図 14）。

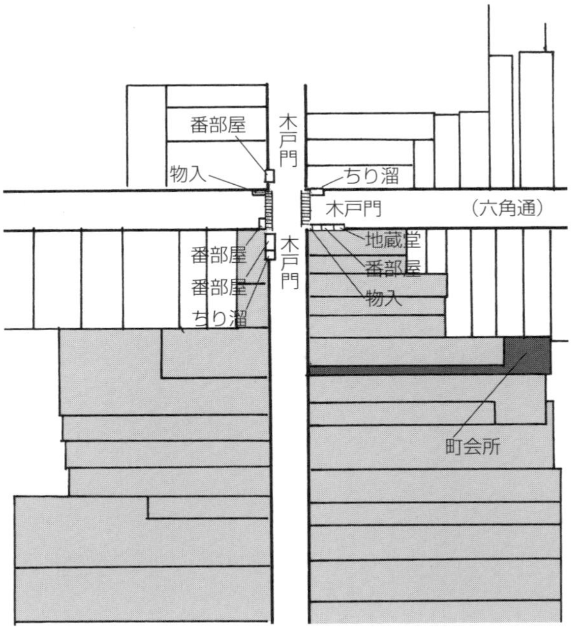

図 14　両側町　両側町単位で通りをオモテとする単位の誕生（町家型共同住宅研究会・京都市『町家型共同住宅設計ガイドブック』、谷直樹氏作成図版より）

その後、安土桃山時代に図子《づし》による街区の縦割りが、奥深い土地の有効利用を促進した。また秀吉のお土居建設によって、分断されていた上京、下京の一体化が近世の京の町を発展させる布石となる。江戸時代に入ると幕府は町中法度や「十人組」連座制によって町から自治権のかなりの部分を奪い取るが、住み合っていくための自治権は残り、自治単位としての両側町も存続した。

京は古代の官衙とその他あるいは中世以降の公家が多い上京と商工者を中心とした下京というような傾向としての住み分けはあったが、当初から様々な階層が混ざり合って暮らす町であった。さらに室町時代以降は幕府が京に置かれたため、公家、商工業者、農民そして武士が混ざり合って住む町となった。その中から公家の文化を基礎にしながらも武家風、商人風、そして日明貿易による異国風が共存しながら混ざり合う独特の文化がはぐくまれた。特に応仁の乱以降に急速に力をつけてきた土倉《どそう》や酒屋を中心にした町衆が灰燼に帰した京を復興し、祭りや文化の担い手になってゆく。角倉了以や本阿弥光悦に代表される豪商は書画、骨董、古典、諸芸に通じ、公家や高僧と対等につきあい、文化サロンを構成する一員となった。近世に入ると江戸初期の幕府の公家、町衆に対する締め付けによって派手な文化は影をひそめるが、その文化的伝統は広範な町衆に浸透する。そうして町の担い手となった町衆は自分の好みをよく知り、自分の店や借家の家作を通じて、直営工事も可能な玄人はだしの施主であった。

応仁の乱から復興した室町末から江戸初期の京の町は、洛中洛外図に描かれたように厨子 2 階の屋根の所々に遊興のための櫓《やぐら》がのり、そこかしこに 3 階建ての土蔵が見られる。屋根はこけら葺きあり、瓦葺きあり、榑《くれ》板葺きが残りとにぎやかである。ファサードも様々な意匠にあふれて覇を競う、現代の原宿のごとき町並みで、まさに桃山様式と呼ぶべきものである（図 15、16）。それが 江戸中期にはどこが

図 15　祇園祭礼図屏風（江戸時代初期）　多彩な外観意匠による、桃山様式の町並み（京都国立博物館所蔵）

図 16　洛中洛外図屏風・歴博Ｄ本
瓦葺きあり、榑板葺きあり、柿葺きあり、屋根には櫓が載り、土蔵が突き出すにぎやかな町並み（国立歴史民俗博物館所蔵）

どこだか解らないほど同じような町家が立ち並ぶ町並みに変わってしまう（図 17）。確かに徳川幕府は町衆に対して派手な家作（「結構」）や３階建ておよび床・棚・書院などのしつらえを禁止した。しかしそれはそういう実態があったことを裏付けても禁止の実効性は疑わしい。そのような統一的で均質な町なみを作りあげたのは町衆自身であろう。戦乱をくぐり抜けてきた町衆たちは平和で安定した社会の到来に、築いた財と家が子々孫々まで伝わることをを願ったはずである。それは今に伝わる商家の「分相応に」、「何事も目立たぬように」という家訓に現れている。そのポリシーは町法度（町式目）にも盛り込まれ、「上下むこふを見合、町並能様《よきよう》」な家作を義務づける。

■ 2　生産システム

知行国制により、中央集権的律令体制が崩れるなか、旧体制から発展した座を浸食しながら新しい座が勢力を伸ばす。新座は、本座が隷属的、奉仕的、兼業的なのに対し、ビジネス的、専業的であり、各

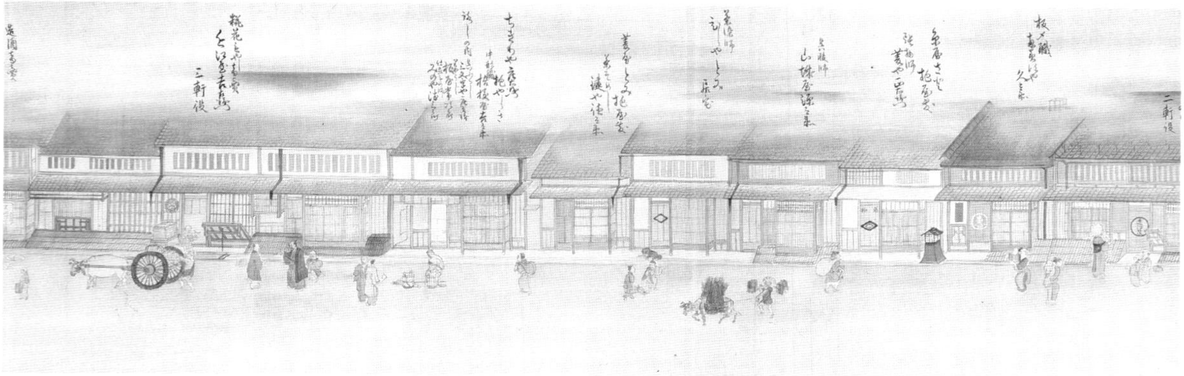

図 17　三条油小路町西側・東側町並絵巻（江戸時代末期）　同じような町家が並ぶ町並み（京都府立総合資料館所蔵）

図18　本座に代わる新しい生産組織　新座の職人による、町家の工事風景（「洛中洛外図屏風・町田家本」）

職に分化し、熟練化することで品質と生産効率を向上させた。洛中洛外図に描かれた町家を作ったのは新座の職人たちである（図18）。戦国時代になると楽市楽座に象徴されるように、その新座も解体され、武家体制のもとに新たな生産組織に再編成される。江戸時代の「大工二十組」はこうして作られた仲間制である。仲間制は幕府の支配と引き替えに勝ち取った権利で、仕事のなわばりが保証され、仲間外業者に対する排除権を持つ。しかしこれはあくまで業界のルールであって、施主には通用しない。長年の出入りであっても信義にもとる行為や不始末があれば出入り禁止になるし、不当な工事費を請求すれば他の業者に取って代わられる。従って大工棟梁は施主との信頼関係とお出入りを保つため、お店の行事の手伝いやちりとりの修理などこまごましたことまでこなすことになる。また玄人はだしの町衆の要求に応えるために坪当たり大工工数が30人を超える上級な町家普請や数寄屋普請あるいはお店が寄進した寺社の堂宮普請まで、何でもこなせるように専門の大工を抱え、かつ常に技の研鑽につとめなければならなかった。

■ 3　構法・標準化

16世紀後半の京を描いた「洛中洛外図屏風・上杉家本」を見ると、堂宮以外は平屋の板葺きで平安末とそれほど変わらないように見える。しかし屋根に中折れはなく、榑板のシングル葺きと思われるものに変わっていて、板の押さえも竹を井桁状にかけ、交点を石で押さえる整然としたものになっている。壁の網代は土壁に変わっている。また窓も蔀ではなく太い格子になっていて（内側に遣り戸が入っていると思われるが）、印象的には年中行事絵巻の礎石立てのグレードに近く、明らかにプロの仕事である。また基礎は掘立てか礎石か判らないが、両方が混在していると思われる（図19）。

室町末から江戸初期になると、卯建《うだつ》と瓦葺きが出てくる。卯建は瓦葺きとセットで、榑板葺きではケラバ間の雨仕舞いであったものが類焼防止のものに変わっている（隣が榑板葺きのときの瓦葺き町家が卯建を上げるのは建て主の気持ちを表していておもしろい）。瓦葺き（本葺き）の存在はさらに重要で、重量に耐えられる架構が要求されるだけでなく、基礎が掘立てでは地震力がすべて建物に伝わり、頂部の重い瓦葺きは架構の負担が大きくなるため、地盤と架構を切り離す礎石建てにせざるを得ないということである。さらに礎石建てにした場合は柱・梁の接合部を剛にするために仕口の精度を上げなければならない。「京の町家は礎石の上に立っている」（ルイス・フロイス『日本史』）という報告が文禄以前のものとしてあるが、その観察は疑わしく、かなりの掘立て柱が残っていたと思われる。それを一掃して

図19　洛中洛外図屏風・上杉家本　屋根は板葺き（榑板）であるがきちんと葺かれている（米沢市（上杉博物館）所蔵）

図 20　三十二番職人歌合
大鋸と大鋸引き（室町時代中期）

図 21　匠家必用記
マエ引きと台鉋の普及（江戸時代）

礎石建てへの転換を促したのが京都の 1200 年間で最大のエネルギーといわれる慶長伏見地震であろう。そして江戸中期には今に残る礎石建てで、梁間軸組に小屋梁がなく側柱が直接棟木・母屋《もや》を支え、土壁、桟瓦葺き、厨子《つし》2 階の京町家の典型構法が定着する。

また室町時代の旺盛な建築需要にたいする生産効率向上の追求と、町衆の富裕化による畳の敷き詰めや遣戸の普及は、内法柱間制と部材の規格・標準化を促進した。それにハード面で貢献したのが 15 世紀に導入されていた大鋸《おが》やマエ挽きなどの縦挽き鋸と台鉋《だいがんな》の普及である（図 20、21）。それは薄板や小寸法の部材をそつなく正確に、かつ早く製作することを可能にし、規格材の流通システムの整備も促進した。また規格・標準化は戦場での土木・建築工期短縮が死命を決する戦国時代の要求と相まって、建設のプレファブ化を促した。当然のこととして、建て込むことと街区割りによって、間口が 3 間前後、奥行きが 15 間か 30 間という敷地の制約が、間取りの標準化ないしは建設のプレファブ化を促進したことは想像に難くない。その結果、板番付と尺杖により、架構材の刻みはすべて作業場で行い、大規模の町家でも 1 日で建て方を終えることができるようになった。

■ 4　まとめ

こうして均質な町家が通りを挟んで向かい合って建ち並ぶ町並みが形成された。町《ちょう》は家持ちで構成されるが、家運隆盛《りゅうせい》を願う町衆の願いとはうらはらに同じ家が 3 代続くことはまれで、出入りが多く、暗黙の了解ではコミュニティを守れないため、町法度により町の出入り、安全、防災、衛生などの生活に関わるルールの他、壁面線の出入りや目立つ家作の禁止、出格子の是非あるいは看板規制までも行った。また普請願い（確認申請）は町の同意がなければ中井役所（幕府大工頭）に提出できなかった。すなわち江戸時代の京の町は町衆がつくり、守ったわけである。

町家は中庭や前栽など、建て込んだ町なかで快適に暮らす工夫や商い、内向きの生活、趣味や習い事、近所つきあいなどの日々の暮らしに対応するとともに、祇園祭に代表される行事の際にはまたたく間に祭りの舞台に変わるような、間取りや装置が整えられていった。また大黒さん、荒神《こうじん》さん、歳徳《としとく》さんなどの神仏や祖霊など、家内安全を祈り生活に安心を与える場が設けられ、さらには構造的必要性を越えて大きい大黒柱や構造的には必ずしも必要でない準《じゅん》棟纂冪《とうさんぺき》と呼ばれるトオリニワの豪快な小屋組など、ミエを張る部分まで用意され、包括的な町なかの暮らしを支える器になった。

町家は堂宮《どうみや》や殿舎《でんしゃ》と同様に組ばらしができ、かつ経年による故障も修理可能な作りと工法を併せ持っていた。また町衆の倹約精神は不要な出費を許さなかった。したがって江戸時代の大工の仕事は火事や地震でもない限り新築は滅多になく、もっぱら修理であった。また新築であっても転用材や保管材を使うことが多かったため、収入の中身は手間とそれに伴う経費がほとんどであり、技の保持と誠実がすなわち稼ぎであった。

■4　型の変遷

■ 1　明治時代まで——型の保持

享保、天明などの大火や寛文、天保の大地震にも京町家は型を変えることなく再生された。京都人によって、応仁の乱と甲乙で「先の戦争」と称される元治元年の鉄砲焼けでも京町家は型を変えずに復興される（図 22、23）。また明治の急速な近代化という名の西洋化は、町家を含めた伝統建築や構法を否定したが、生活に密着し、膨大な投資を伴う住まいが急に変えられるわけもなく、明治末年に至っても総 2 階建てが増え、かしき作りの軒が現れるといったぐらいで、外観に大きな変化はなかった。間取りも一部の 2 列型に廊下を備えたものが見られるぐらいであり、インテリアも座敷の床、棚、書院に贅をこらしたものや長押の入ったものが現れるぐらいである。また町並みも所々に洋風建築や大型建築が挿入されるが、未だ京町家が景観の主役であることに変わりはなかった（図 24）。

図 22　四条通り
江戸から明治に引継がれた町並み（国際日本文化研究センター所蔵）

図 23　烏丸通り魚棚交叉点から北を見る
幕末に消失後、復興された町並み（京都市水道局所蔵、『京都百年パノラマ館』淡交社）

図 24　四条通りから東を見る
所々に洋風建築や大型建築が挿入されたが、京町家が景観の主役であった（京都市水道局所蔵、『京都百年パノラマ館』淡交社）

■ 2　大正以降——型の変質

なんとか明治を生き抜いた町家も大正になると、一部に京町家型の変質を示す町家が現れる。インテリアとしては襖の変わりに東《あずま》障子といわれるガラス障子が入るぐらい（これでも町家のインテリアには問題がある）だが、構造の変質は大きく、煉瓦やコンクリートの布基礎に土台を据え、妻の小屋梁が入り、桁とのコーナーに火打ち梁を入れるといったものである。特に大正以降のスプロールで新たに住宅地化したところに多く、需要増によって新たに建設に参入した工務店が手がけたものと思われる。これは柱の足元が布基礎を介して地盤に固定されることになり、掘立て柱に戻ったことを意味する（図 25）。また米松（日本の風土にあわない）やモルタル（再利用がきかない）の使用は、木材の特性を知り尽くし、現代では使うことがまれな樅《もみ》、栗あるいは槙《まき》などを適所に使い分け、後先《あとさき》を見通して材料や構法を選んできた大工や職人とは思われない。ここに至って平安以来 1000 年に渡り改良を重ねながら連綿と引き継がれてきた伝統構法は変質した。

■ 3　戦後——放置と破壊、そして保全・再生へ

京町家が新築されたのはわずかな例外を除けば昭和 10 年頃まででそれ以降は建てられていない。戦後

図 25　火打ち梁

の決定的一打は昭和 25 年の建築基準法の制定によって「既存不適格建築物」とされたことであり、これで町家を含む伝統構法に終止符が打たれた。またお店《たな》の法人化による施主の意識変化、および戸主制の廃止や新たな税制により、持ちこたえられなくなった借家の持ち家化などによって、出入り関係が崩れ、町家が手入れをされずに放置されるに至った。さらに昭和 30 年後半以降の好景気によるビルへの建て替えによる除却、壊さなくても外観の洋風化のための、顔に仮面をかぶせたような改修や下水道の普及に合いまって東京炊事といわれる土間に床を張ってキッチン化する改修、真壁や大和天井を化粧合板などで覆ってしまう改装あるいはエネルギー転換による設備配管・配線および器具の導入が、町家の内・外観意匠、空間構造、環境調節機能など、モノとしての町家を変貌させた。また核家族化、職業選択の自由などが相続意識の希薄化を、あるいは経済効率優先、法律を盾にした権利の優先などの意識変化やコミュニティの弱体化が町家を黙殺した。さらに追い打ちをかけるように、1990 年前後のバブル経済による地上げで、多くの町家が目に見える形で壊されていった。

そのさなか、1992 年結成の京町家再生研究会を魁《さきがけ》とする市民グループによる京町家の保全・再生運動が始まった。それは京都市を動かし、99 年の市民ボランティアによる町家調査、続く 2001 年の京都市による「京町家再生プラン」の発表につながった。そして様々な現代的行き詰まりのなか、人々の京町家に対する関心が高まり、マスコミもこぞって取り上げるなか、町家ブームと呼ぶべき状況になった。しかし法律、制度、経済および慣習は町家が壊され始めたときから何も変わっていない。

■5　むすび

京町家のあゆみを駆け足でたどってきたが、そのあゆみが江戸時代までと明治以降では全く異なることが解る。この激変は単に町家に限ったことではなく文化全般に同様であって、日本の長い歴史のなかでも特異である。奈良、鎌倉、室町あるいは戦国時代の積極的に外来文化を導入した時代であっても、少なくとも過去の文化や技術は引き継いできたのである。しかし振り子は元に戻せないし、過去の出来事はどんなことであっても歴史的必然性はある。

われわれが町家を手入れして守っていきたいと考えるのは町家が伝統的であるからでも、過去に体系化された優れたシステムをもっているからでもない。流れに対する揺り戻しとしての伝統の見直しなら明治にもあったし、1950 年代、あるいは 1970 年代にもあった。そのようなものではなく、町家が今もって充分使い続けることができるし、文化的、技術的にも価値をもっていると思うからである。

また京町家を作り、守ってきたのは行政（お上）や法律・制度（法度）ではなく、住み手（町衆）、作り手（職人）そしてコミュニティ（町）であった。決して、いま町家を浸食しているマンション、建て売り住宅やメーカー住宅のように作り手（売り手）から一方的に供給されるものではなかった。今、必要なのは京町家への関心の高まりを一過性のブームに終わらせず、町や町家を住み手やつくり手のもとに取り戻すためには、意識的なあるいは情緒的な気づきをきっかけに、住み手あるいは作り手として、自明的観念や偏見を抜きにして、率直に町家と対面することであろう。そして今どんな住みかた・住み合いかた、あるいは作りかた・守りかたがよいのかを考えることであろう。そして次代の住み手や作り手にどんな京町家と京の町を引き渡すのがよいかに想いを致すことである。まさにわたしたちの大先輩たちがしてきたように。

3　京町家の特性———特徴づけるもの

京町家の中でも典型的な職・住兼用型の町家の特性を間取り・空間、暮らしとの対応、意匠としつらえおよび技術に分けて探ってみる。

■1　間取り・空間

間取りで特徴的なのは、商いにとって大切な間口を分け合った結果である、ウナギの寝床と呼ばれる狭小・長大な敷地の中で、機能上必要な諸室を並べるのではなく、限られた室数のなかで、いかに使いこなすかという試行を重ねて形作られたということである。したがって用途において専用という室はなく、ミセは商いは当然として、近所づき合い、接客、あるいは祭りの展示空間にもなる。ダイドコは食堂であり、茶の間であり、玄関であり、子供の寝室であり、かつ通過動線としてのホールでもある。またオクの間は接客空間であり、稽古ごとの場であり、仏間であり、かつ夫婦の寝室でもあった（図26)。さらに諸室の仕切の襖を取り外して祝儀・不祝儀、あるいは祭りの展示・接客空間に変わるといった具合である。そしてそれらの目的空間への切り替えはお膳や水屋、あるいは布団などの簡単に出し入れ可能な道具と建具、衝立《ついたて》、屛風などの装置で、いともたやすくかつ目的にかなった意匠空間にしてしまうのである（図27)。

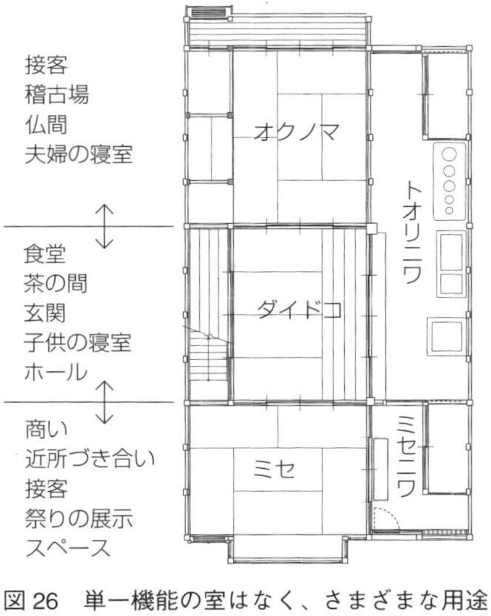

図26　単一機能の室はなく、さまざまな用途を重ね合わせる

図27　祇園祭りのしつらえ
わずかな道具と装置で目的にかなった空間に変える

空間の特質はメリハリである。トオリニワに踏み込むと2階のキアゲの床裏である大和《やまと》天井に圧迫されて、かつ薄暗い陰気な空間である。中戸をくぐった次の空間は、表屋造の場合は手前の陰気な空間とは対照的に、明るくて開放的なゲンカンニワであり、さりげなく植えられた植栽が気分を和らげる。またダイドコの場合では一気に垂直空間に変わり、頂部の棟木まで7メートルを超える吹き抜け空間が開放感を与え、かつ圧倒する。いっぽう室は対照的に天井高が7尺5寸前後（2.25 m）と低く、襖を開け放てばミセから庭（前栽《せんざい》＝座敷庭）まで一気に繋がる水平性の強い空間であり、中庭のある場合はそれに明・暗と閉塞・解放のメリハリを加える（図28)。むろん先人がそのような空間作りを目指したわけで

図28　垂直性の高いトオリニワと水平性の強い室の対比

はなく、それぞれに求められる用途と設計上の制約を踏まえて丹念に作り上げた結果、われわれに感動を与えるメリハリのあるダイナミックな空間となったわけである。またよく指摘されることであるが、通りと入口の間の軒下空間およびトオリニワ自体、半公・半私の縁空間として、近所づきあいや商いの中で公・私間のクッションの役割を果たす。

■2　暮らしとの対応

生活や商いおよび近所づきあいである暮らしとの対応について第一に特徴的なのは用途に応じた巧みな、空間の分節化である。ひとつには仕事空間（職）と生活空間（住）の分節化であり、もう一つには暮らしにおける公・私のそれである。

職・住については、ミセとミセニワまでが職で、その奥は住である。中戸、舞良戸、あるいは中庭との境の明り障子で仕切られる。表屋造においてはミセの床を１段下げて、用途がより明確にされることも多い。

公・私については、用事の度合いに応じて段階的に仕立てられている。訪問者の視点でそれを見てみると、用事のない者には軒下のバッファーゾーンがバリアーになる。商用の者はミセニワまで、家人のお客さんはゲンカン（ダイドコ）ニワまで、御用聞き、振り売り、あるいは近所の親しい人はハシリまで入ってくる。また職人や汲み取り（戦後しばらくまでは農業者）はウラニワまで往来自由である（図29)。そのセミパブリックからプライベートまでの段階的な空間の分節が機能するのは、その約束事が人々の間に不文律として定着しているからであるが、その仕切りを板戸のような固いものではなく、暖簾や嫁隠しと呼ばれる衝立などの柔らかい装置でさりげなく目的を果たすところに巧みさと奥ゆかしさがある。

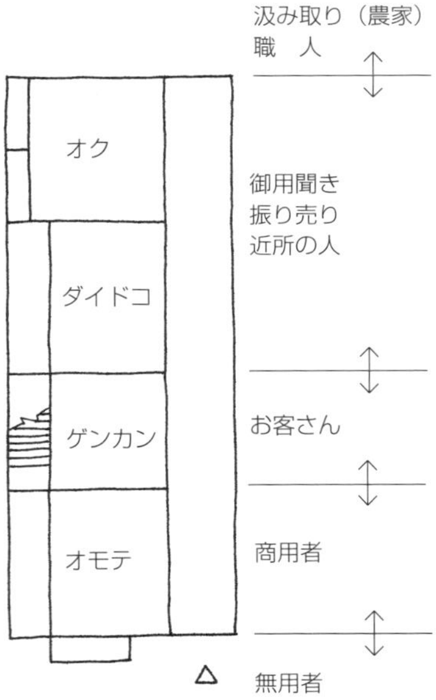

図29　用事の度合いによって侵入可能なゾーンが分けられている

図30　建築の部材や装置が神さんと一体化される

第二には「２　京町家のあゆみ」で述べたように、歳時記に見られるようなメリハリのある暮らしやハレとケへの対応と、日常生活と祈りの一体化への対応、総じて包括的な暮らしへの対応である。特に大黒柱、小黒柱（えびす柱）および竈《くど》は「さん」付けで呼ばれ、建築の部材や装置が神さんと一体化していて、日々大切に手入れをされる（図30)。

第三には生活環境への対応である。現代においては狭い・暗い・寒いといわれる町家であるが、それは町家の設計条件を無視した批判であり、同じ条件下では他の選択は難しく、むしろそこに見られる工夫を評価すべきである。さまざまな工夫の中で目立つものをとりあげると、ひとつには建て込んだ町中の生活に自然を取り入れる工夫である。ゲンカンニワや中庭および前栽を室間あるいは建物間へ挿入することは、光や風を引き込むとともに、植栽や水が虫や小鳥を呼び、生活に潤いを与え、季節のうつろ

図31　建て込んだ町なかのくらしに自然を取り込む
豊かで賑やかな前栽（上）と閑寂で静謐な中庭（下）

いを演出する。またそれぞれの庭の作りに工夫があり、草花によるゲンカンニワやロージニワ、棕櫚《しゅろ》竹や笹を象徴的に植える中庭、石や灯籠を使い樹種も多い豊穣（饒舌）な前栽という具合である。これは中庭が日照不足から樹種が限定されるということもあるが、閑寂で静謐な中庭と豊かで賑やかな前栽の対比はあきらかに多彩な景色を意図したものである（図31）。

ふたつには室内環境を調節する工夫である。日照が少なく底冷えする京都の冬は厳しいが、火鉢で暖を取るなり着込むなどすれば何とか凌《しの》げる。それに対して夏の蒸し暑さはクーラーなどない時代にはいかんともしがたく、まさに「夏を旨とすべし」である。暑さに涼を得るには何より風通しであるが、それに大きく貢献するのが建物に引き込まれた道であるトオリニワで、文字通り風の道になって、室内の熱気を吸い出してくれるとともに火袋と呼ばれる吹き抜け空間は熱気を人から遠ざける。また植栽を植えつくさず土や砂の面が多い中庭は日照により上昇気流を発生させ、空気の流れをもたらすとされるが、むしろそれより通りや庭への打ち水がもたらす蒸発による熱吸収効果の方が有効であろう。

■3　意匠としつらえ

京町家の外観の特徴として誰もが取り上げるのは繊細な格子や虫籠窓、バッタリ床机、犬矢来、駒寄せなどであるが、その中でもすべての町家に共通して印象的なのは格子戸であろう。格子が意匠だけではなく職種が要求する機能によるものでもあることは先に述べたが、さらに防犯対策の機能も無視できない。町家は過剰防衛ともいえる作りになっていて、大戸は通りの両辻に木戸（釘抜き）があったにもかかわらず砦の城門のように頑丈で、かつ来訪者の確認装置および2重3重の施錠装置をもったきわめて精巧な作りになっている。その大戸と格子戸のセットと出（平）格子戸と雨戸のセットが第一次防衛線である。第二次防衛線がミセの舞良戸と中戸である（現在は見られないが江戸時代には舞良戸にも施錠装置があったとのことである）。そこが破られると裏にも抜けられ、1階は無防備となり、2階に逃げて階段の水平引き戸で防戦するか、あるいはオクの間から庭に飛び降りて背割りの塀に設けられた木戸から避難することになる（図32）。まるで中世の戦乱に対する恐怖心がその後2世紀半も生き続けたかのようである。その伝からすれば土塗り虫籠窓も防火上の配慮とばかりは言い切れない。現に高めの厨子2階で木格子の虫籠窓もあるからであり、むしろ常には人が居ない、無防備な2階の防犯対策とするのが妥当である。

すなわち繊細な格子を基調とする京町家の外観意匠は防犯や用途上の要求と数寄屋的な華奢《きゃしゃ》を好む審美眼とのせめぎ合いの中で生まれ、洗練されたといえ、それが外観に凛とした緊張感を漂わせる理由であろう。

内装デザインですぐ気づくのは、構造をそのまま意匠にする室とインテリアデザインよろしく化粧材で、求められる意匠空間に仕立てる室との使い分けである。そのすべてが構造材で構成されるのはトオリニワだけであり、木材全てに紅殻《べんがら》を塗るため、材料の見栄《みば》え上の質はほとんど頓着せず、辺材の丸みもそのまま見せ、壁は手の届く範囲は漆喰などで仕上げるが、それから上は中塗で貫伏せのふくらみもそのままである。また天井も張らず化粧屋根裏（露《あらわ》しではなく化粧野地板を詰め打ちしている）である。

大戸

階段引戸

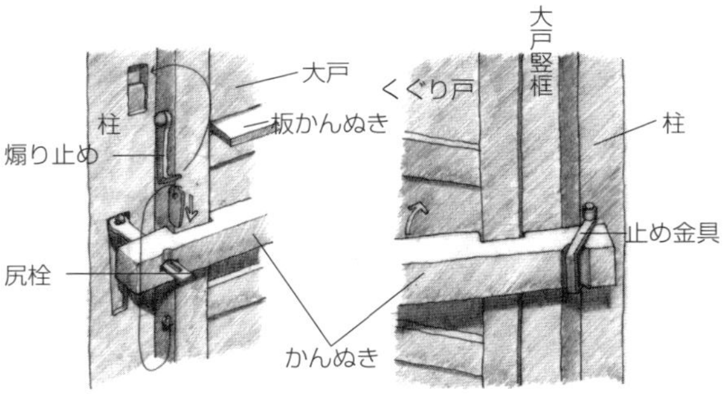

夜間は格子戸の内側の大戸を締め、煽り止めをかけ、かんぬきを止める

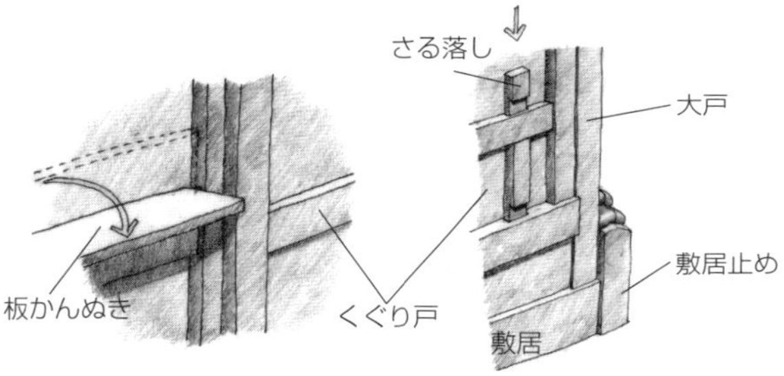

夜間の来訪に対する応接は、煽り止めとかんぬきを外し、板かんぬきを押え、さる落しを引き上げ、くぐり戸をあける。格子越しに相手を確認し、招かざる客であれば、即座にくぐり戸を締める。板かんぬきとさる落しは自動でかかる

図 32　防犯上の配慮
格子を基調とする凛とした町家の表情は防犯、機能、意匠のせめぎ合いから生まれた

近代建築を知るわれわれにとっては率直な力強さが魅力的である。ミセやダイドコも同様に構造材、造作材とも紅殻塗りで、天井も張らず2階の床組であるササラや床板あるいは通し腕木がそのまま見え、ササラも丸みがあることが多い。しかし側柱《かわばしら》は外側に回し、内側に化粧の半柱をつけることが多く、一定の意匠的配慮というべきか。それに反して座敷（オクの間）やゲンカンは一般的に素木で、数寄屋風に杉の面皮柱と赤杉でまとめたり、書院風に柱、造作とも栂《とが》でまとめたりする。その場合の通り柱以外の柱は管柱で構造から分離した化粧材である。また天井は必ず張られ、棹縁を猿頬《さるぼう》面にしたり杉板に稀少な材料を使っていることも多いが、欄間や床飾りのしつらえと同様にこれ見よがしにせず、さりげなく納めている。また建具は全般的にお金をかけているがとりわけ座敷やゲンカン廻りは贅を尽くしていて、明かり障子に秋田の赤杉を使い桟を1分にするなど、材料と手間にお金がかかっている。この項の書き出しにすぐ気づくとしたが、実際は素木《しらき》が経年変化で変色していることも手伝って、建物ごとや空間ごとの意匠上の差は見分けにくい。しかしそれこそが京町家の内装の特徴であって、費用のかけ方にメリハリがあって、集中的に高価な材料を使って、手間もかけるが、部分や素材が目立つような扱いはしない。それが結果として空間の質を高めている（図 33）。

図 33　さりげないインテリア
高価な素材や手間を目立たないように、さりげなく扱うことで空間の質を高めている

冬場の段通敷き、明かり障子が祇園祭前には網代《あじろ》敷き、簾戸に変わり、部屋の雰囲気を一変させることが京のしつらえとして着目される。それは季節ごと、あるいは月ごとに変わるゲンカンの屏風や床の掛け軸、生け花についても同様であり、そこには風通しなどの機能上の工夫だけではなく、暑いは暑いなりに寒ければ寒いなりに苦を転じて風流となす清少納言以来の気概がうかがえる。

■4　技術

京町家の技術的特性は、歴史の影啄による合理性という表現で一括りにできるが、それを節約性という意味での合理性、自然現象から建物を守る保全性、保守容易性、循環性、および防災性に分けて検証し

てみる。

合理性の追及は徹底している。木材の使い分けひとつ取ってみても、どんなに高価な木材で造作をした町家でも床下や小屋裏を見ると丸太の半加工ものであったり古材であったりする—もっとも町家に限らず、近世以前においては丸太や古材を使うことは当たり前であったのだが—。また構造材の断面寸法もわれわれの感覚からすればひとまわりもふたまわりも小さく、胴差や小屋梁で必要のない箇所は部材を省き、かつ大引きや母屋《もや》のスパンも５割ほど大きかったりする。造作材も同様で、天井廻り縁は通常木表使いであるが、丸みのある辺材を裏に回して木裏使いをする。これは材料が高く手間が安かった時代の節約努力の結果だけではなく、長年の経験の積み重ね（自然環境下における実物大実験の連続）によって部材や断面を合理化した成果であろう。

保全性においては伝統的な木造建築には共通する特性であるが、京町家においては手間とコストをぎりぎりまで省略することと併せて行われていることが特徴である。

風雨による漏水や瓦の飛散、あるいは壁の劣化に対して、屋根においては、起《むく》りをつけることで引き通し勾配を大きく取らずに、水量の多くなる軒端の勾配を大きくする、隣家間の軒高を変えてケラバを隣家の屋根に重ねて壁間への雨水の浸入を防ぐ、瓦の葺き土は瓦の谷部にだけ敷く筋葺きとして、荷重を押さえながら風で瓦が暴れるのを防ぐ、などが指摘できる。外壁については、妻壁は焼杉板の竪羽目で、オモテは腰板で、下屋との取り合い部は前包みで土壁を保護する（もっとも明治後期以降の軒高の高い総２階は前包みだけで壁を守るには無理があるようである）（図 34）。

図 34　妻壁は杉板でオモテの腰は腰板で、下屋取合い部は前包みで土壁を保護する

湿気による木材の腐朽や蟻害《ぎがい》に対しては、床下、小屋裏とも通気性を計り、木部の乾燥状態を保つことで保全する。地震については構造のところで述べる。

保守容易性は、手入れをしながら代々引き継ぐことを前提とする町家では特に重要である。構造材や仕上げはほとんどが露出しており、見え隠れ部分も床下や小屋裏に入れば確認でき修理も可能である。柱はひとつ石に据え置きで、貫で繋ぐだけのため、一本ごとの揚げ前や根継ぎが可能である。その他の部分も同様で、瓦の差し替え、壁の塗り替えなど全ての部分の手入れが可能であり、かつ補修技術も確立されている。

材料や部材の循環性も伝統木造建築に共通のことであるが、堂宮や数寄屋とは違い、京町家は畳の規格化による柱間寸法、および内法寸法がモデュール化されているため、よりいっそう転用性が高い。また今はほとんどなくなってしまったが、戦後しばらくまでは古い木材や建具、箱階段などの古道具を扱う店があり、リサイクル市場を支えていた。

防災性については、先に述べた防犯も含めて、建築技術による対応よりも個々の用心や地域防災によるところが大きい。

たとえば、火災に対しては、土蔵は別として、主屋の建築的な備えについては無頓着ともいえる。京都周辺の町家は２階の軒を塗り回しとして屋根や袖の卯建《うだつ》を備えるが、京町家は化粧軒裏であるし、袖卯建もめったに見られない。しいて挙げれば、屋根が瓦葺きであり、厨子２階の壁を両端の通り柱以外を壁のみで仕上げ、火袋に面して室の開口をあけないということぐらいである。しかし一方、出火防止や火災時の備えは厳しく、町式目に夜間一定時刻以降に灯をともすことに罰金を科し、火災時に風上、風下の数軒は類焼防止のために潰されても文句を言わないことを明文化して、町《ちょう》単位で出火や類焼の防止につとめ、個々では、消火用の盛砂の用意、水につけて軒端に吊るし、類焼を防ぐ菰《こも》の用意、蔵の扉の隙間に詰める土を蔵脇に用意しておく、あるいは火災時に持ち出すものを毎晩枕元において寝る、など万全である。すなわちハードの備えの不足はソフトの充実で補っていたわけである。事実、江戸時代の大火は戦乱によるものを除くと４回しかない。

4　京町家の構造——骨組のしくみを知る

■1　はじめに

現在公認された構法を木造在来軸組構法とよび、京町家の構法を木造伝統軸組構法とよぶ。在来構法はその呼び方から伝統工法の発展形であるかのように聞こえるが、実は全く根拠の異なる構法であって、地震や風に対する構えも正反対と言っていいほど違う（図35、36）。従って在来構法の考え方では伝統工法は類推ができないということであり、むしろそれをすることによって伝統工法の理解を妨げているといえる。

地震に対する構えをとってみると在来構法が耐震一辺倒であるのに対し、京町家の構造には耐震性を計ろうとする意図が全く見られない。それは京町家に限らず日本の木造伝統構法には制震や免震という構えはあっても耐震という構えはなく（土蔵のように防火性を与えるために壁が厚くなってしまって結果的に耐震性も高まったということはあるにしろ）、むしろ在来構法が特殊なのである。たとえば在来構法の柱は鉛直荷重を受けるか筋違と一体になって引張力・圧縮力に対抗するかであり、軸力しか期待されていない。伝統構法で柱に軸力しか持たさないのは竪穴住居のみで、屋根の下に壁がついてからは太い柱で剪断応力を期待するか細い柱で曲げ応力を期待するかの違いはあっても引張応力と圧縮応力のバランスがとれた（長年風雪に耐えて立っている状態のような）木材の構造的特性を最大限に引き出そうとしていることに変わりはない。

従って京町家の構法を理解してその意図にそった改修や補強をするためには固定観念（法律や規準）にとらわれず京町家の構造をそのありように従って率直に見て対処することが大切である。そのときに比較・類推する対象として有効なのは近世までの木構法である。

以下に京町家の構造を理解するために構造上重要な部位の特徴を記したうえでその原理を想定してみる。

■2　各構造部位の特徴

■1　基礎

栗石で地固めを行ったうえでひとつ石を据えて柱を据え置く。なるべく上面の平らな石を選ぶにしても太枘（ダボ）にして柱を基礎に固定したり柱の接触面を増やすためにヒカリをとるようなことはしない。カズラ石の部分も同様に据え置くだけである。カズラ石は布基礎のように見えるが施工箇所がトオリニワのオモテから中戸までの間だけでハシリにはないことが多く、構造上の意図はなく見栄え上の配慮である。また荷重の集中する大黒柱や小黒柱の基礎はひとまわり大きなひとつ石で入念に施工し、ときには大きなひとつ石が土中に埋められていて、見え掛かりは小さなひとつ石や切石で納めることもある（図37）。

従って基礎は独立基礎で柱は基礎に緊結しないのが特徴である。

■2　軸組

梁間（奥行）方向は間仕切りの交点にたつ通り柱

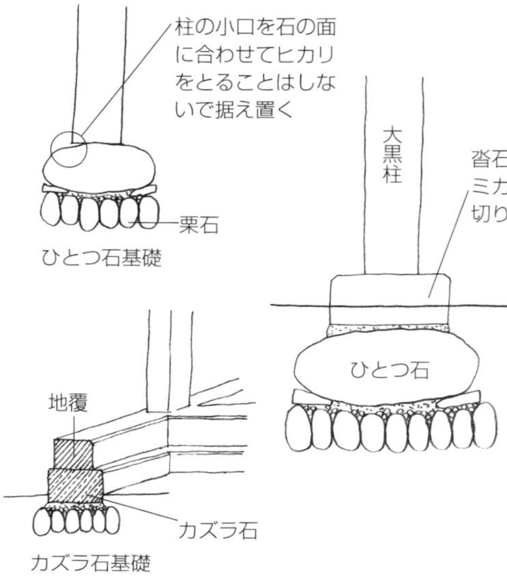

図37　基礎　基礎は独立基礎で柱は基礎に固定しない

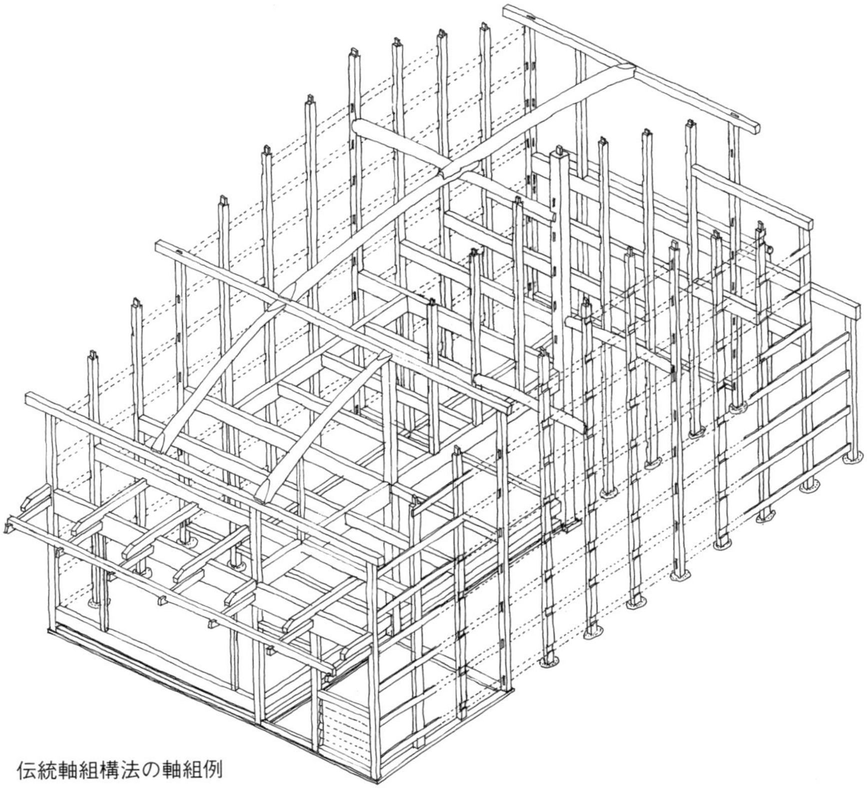

図 35　伝統軸組構法の軸組例

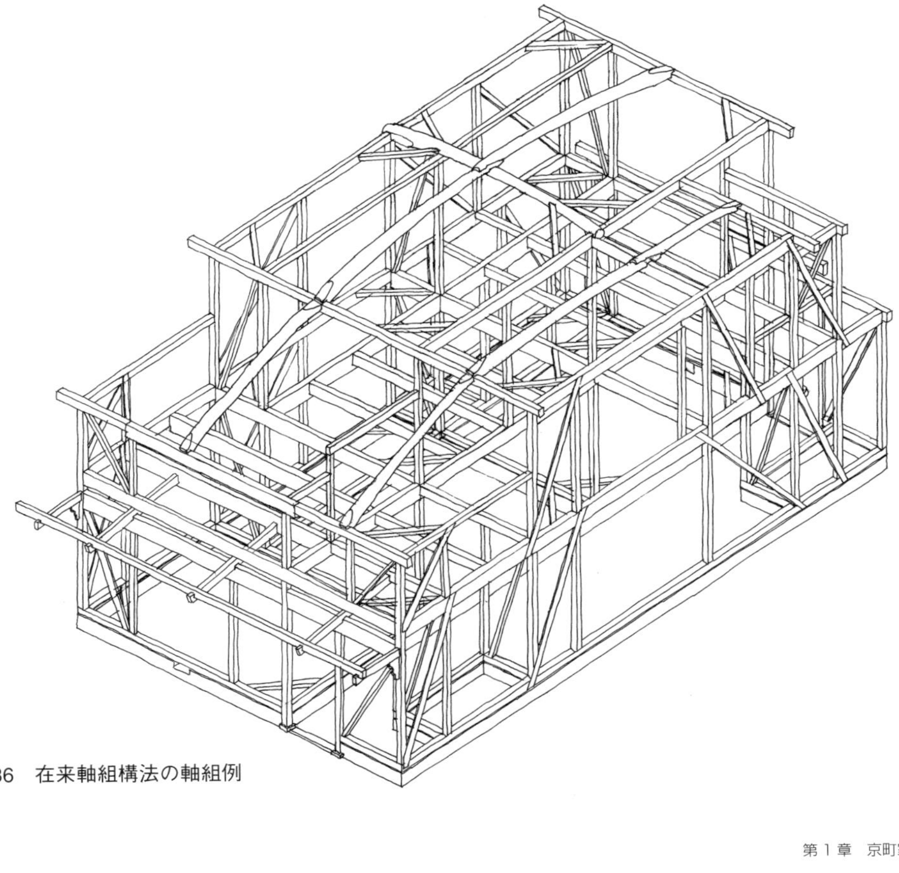

図 36　在来軸組構法の軸組例

と間半《まなか》ごとに立つ側柱《かわばしら》および貫で構成され、開口になるトオリニワとミセやダイドコの境にのみ2階床部に胴差を入れる。また階段がある場合は階段とゲンカンあるいはダイドコの境も主要軸組になる。桁行（間口）方向は同じく間仕切りの交点に立つ通り柱と胴差、ヒトミ（人見梁）と桁、母屋《もや》、棟木および母屋《もや》、棟木を支持する登り（梁）を受ける地棟（梁）で構成される。またトオリニワの側壁《かわかべ》は側繋《かわつな》ぎ（梁）で1間ごと（1本だけの場合もある）に繋ぐ。この部分に準棟纂冪《じゅんとうさんべき》と呼ばれる梁、牛梁、小屋束、および貫による豪快な小屋組が組まれることがあるが、これは構造上の要請ではなく意匠（ミエ）であることは小屋裏にそのようなものが見られないことでわかる。

両方向に共通して足元の繋ぎは開口部およびオモテの框と敷居の下の足固めだけで、必要な箇所に限定される。また間仕切りの主要軸組以外の柱はすべて構造と関係のない化粧柱で現代のように頭繋ぎで胴差や梁に繋ぐことはしないで適当に固定する。

部材寸法は全般に小さく、並寸（引立て前寸法）で柱が3.5～4寸、側柱が丸太の半割で4～5寸×2.5～3寸、桁が4寸×6寸、母屋《もや》が末口3寸程度である。貫も厚5分の成3.5寸程度で、通り柱には1寸ほど挿し込むが側柱は通し貫にこだわらず側柱を欠き込んで当てて釘止めし、楔を打つこともない。他の部材の断面が比較的小さいのに比べ胴差、ヒトミの成は大きい。地松が米松に比べ強度が高いことと合わせて考えると必要以上に大きく、成が1尺から1.5尺はある。これは長期荷重のクリープを考えた（ミエもあると思うが）ものと思われる（図38）。

以上から軸組の構造的特徴は全体に部材断面は小さくかつ横架材は納まり上必要なところしか入れない。ただし上部の壁や間仕切りの荷重を受ける横架材の断面は大きい。

■ 3　床組

1階床組の構成は現代とさほど変わらない。ただし束のピッチは5尺ぐらいと荒く、大引きは丸太の一方ズリや二方ズリ（太鼓）にしたもので、足固めや側柱に止めず自立していることが多い。根太は同じく丸太を板割りにしたものであり、なかには根太がなく大引きが直に床板（荒床）を受けることもある。材料は杉が多い。

2階床はササラを桁行き方向で間半ピッチに入れ胴差かそれがないところは側柱に枘差しで止め、床板を張る。床板は板同士を合い釘で止め、ササラに釘打ちで止める。材料は松でササラが3.5寸×6寸～8寸（梁間2間から2.5間）と小さい。強度のある赤松を使ってさらにひとまわり小さくすることもある。

以上から床組は床荷重を支えるだけのもので水平構面（剛性）を形成しようという意図は見られない。

■ 4　小屋組

桁行き方向の棟付近に一ヶ所か奥行きのある場合は二ヶ所に地棟（梁）を入れ、桁から地棟に登り（梁）を架ける。間口3間までは登りは一ヶ所である。登りに小屋束を立て母屋《もや》あるいは棟木を支える。梁間方向の軸組に小屋梁は入れない（昭和に入って建てられたものの一部に陸梁があるがこれは町家構造の基本から外れる）。材料は梁が松丸太で小屋束、

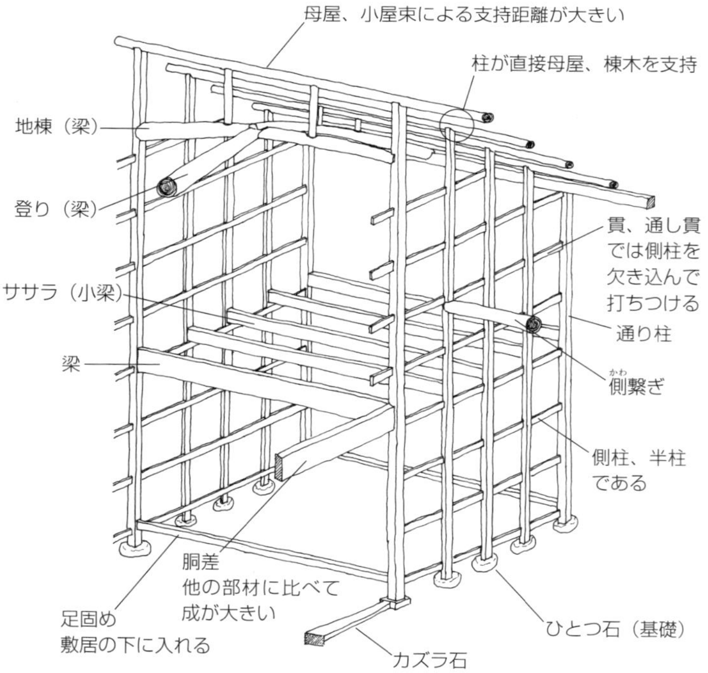

図38　架構

母屋《もや》は杉丸太であり、いずれも断面はそれほど大きくない。

以上から床組同様屋根荷重を支えるだけの設定である。

■5　継手、仕口

横架材は継がずに軸組間および通り柱間に架け渡すのを基本とする。スパンが長く継がざるを得ないときは追掛け大栓など堅固な継手とし、桁など見え掛かりは継ぎ目が芋に見える長棹継ぎとするが、いずれにしても継手はたたき込んできつく組む。

仕口は枘差し・込栓打ちで緊結するのは継手と同様だが、込栓は一ヶ所でシャチは使わず継手ほど締め付けないで大きな変形に対するあそびを持たす。

以上から継手はがっちりと仕口は締め過ぎずというのが特徴である（図39）。

■6　その他

丸太を多用

側柱を始めとして床組、小屋組の見え隠れ部分はほとんど丸太といってよい。これは木材をそつなく使うということであろうが、赤味の強さと白太の粘りという木材の特性を生かした使い方でもある。

■3　現代の構造力学で考える

自然災害による建物被害への対処の仕方は、伝統のそれと現代のそれとでは大きく異なる。例えば、兵庫南部地震（1995年）で、在来軸組構法が引き抜きで倒壊したり、筋違の圧力で柱の胴差部が破壊した。それに対する対処は、引き抜きに対してはホールダウン金物で基礎とより強固に緊結することであるし、柱の胴差部の破壊に対しては、接合部を金物で補強することであった。

それに対して慶長伏見地震（1596年）では、掘立てからひとつ石に代え、揺れる大地から建物を切り離すことであった。

従って現代の考え方で京町家の構造を推し量ることは不可能である。しかし「京町家は何百年ももっている」では何も言わないに等しいし、今も耐震構造以外に明治以降雌伏する柔構造や制震構造、あるいは免震構造もある。それらの考え方を援用しながら京町家の構造を見てみる。

軽くすれば地震には良いが、風にやられる。重くすれば風には強いが地震には不利である。土蔵が全滅するような短周期型の地震、町家が数千軒倒壊したという長周期型の地震あるいは風水害をかいくぐり町家は自然の威力に対する構えを整えてきた。過去の経験が確実に伝えられることを伝統と呼ぶ。

軽くもなく重くもなく自然の力に対して対抗するのではなく柔軟に変形しながら受け流すというのが町家の構えである。

■1　荷重

固定荷重

屋根は土葺きであるが、ベタ葺きではなく筋葺きであるため重量は約70kg/m²（野地から上）であり、現代の引っ掛け桟瓦重量の28%増し程度である。壁は土壁であるが約85kg/m²で、現代の外壁・ラスモ

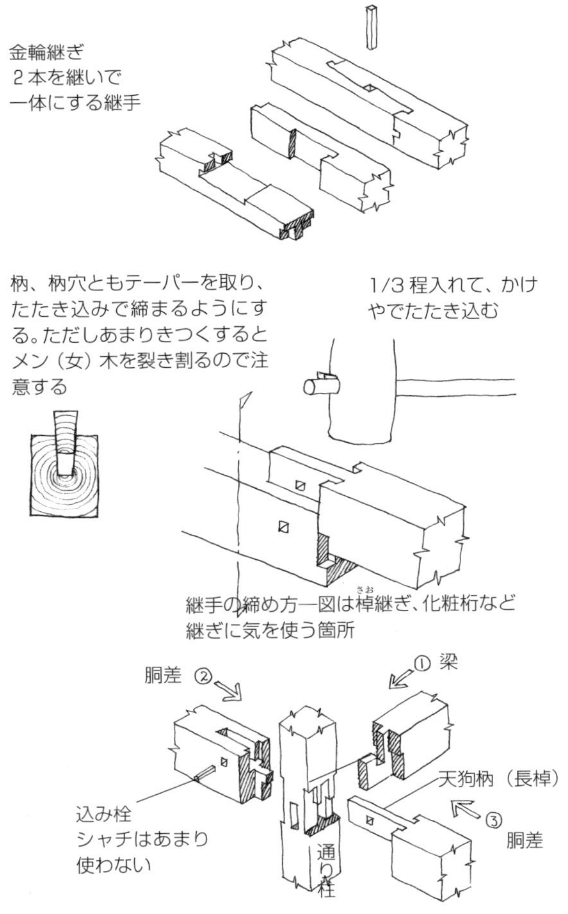

図39　継手、仕口

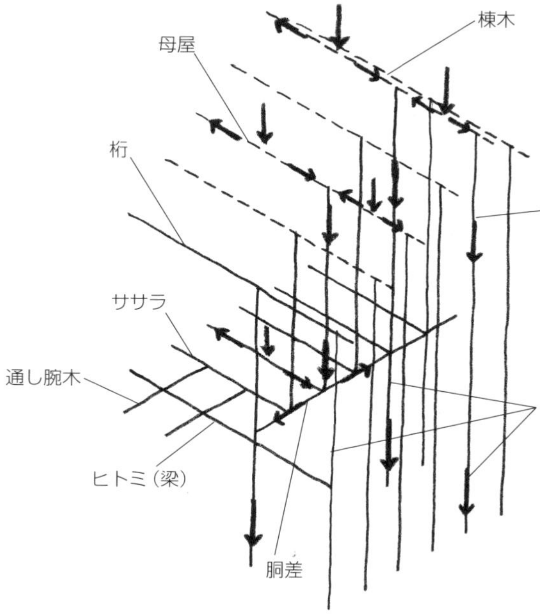

図 40　荷重の地盤伝達
できるだけ横架材を経由せず通り柱や側柱を介して最端コースで力を地盤に伝える

ルタル（厚 30）、内壁・プラスターボード（厚 12）という設定の 75kg/㎡ と比べて一割強重い。一方、木材は横架材が少ない、土台、筋違、間柱および火打がない、檜や米松に比べて軽い杉の多用、床組および小屋組の部材断面が小さいなどによって明らかに重量は小さい。正確な算定ではないが在来工法の 85％程度と思われ、総重量は在来構法と同程度であろう。

積載荷重

積雪荷重は市内中心部において考慮の必要はない。2 階床は木置きに薪などの軽いものを置く程度で重量物は蔵にしまう。後は人が寝る程度であるため 50kg/㎡ では見過ぎであろう。1 階は床が自立しており荷重を見る必要はない。

■ 2　荷重の地盤伝達

開口部上部の胴差と軒桁を除き屋根および床の固定・積載荷重とも横架材を経由せず直接通り柱および側柱を介して最短距離で地盤に伝える。また階段の室側軸組と間口が広い 2 列型を除き両妻軸組と大黒通り軸組とに荷重を流すのを基本し、荷重の伝達経路が短く明解である（図 40）。

■ 3　水平力（地震）

短周期のガタガタ地震

固定・積載荷重が少ないうえに通り柱や側柱が荷重を直接地盤に伝えるために加速度がかかる重量がかなり減らされる。また柱が基礎に固定されていない基礎免震であり、かつ柱や横架材の支点間が長く、かつ細い架構材の曲げ応力に頼る柔軟な構造となるため、建物の固有周期が長くなり、理想的な免震構造である。

長周期のユッサユッサ地震

柱脚は摩擦抵抗でピンになり、通り柱による軸組を架構とする 2 ヒンジラーメンになる。全体に剛性（靱性）が均等であり（梁間方向には壁があるが横架材で拘束されておらず柱を上回る剪断抵抗を示すとは思われない）、水平外力は各接合部と部材に分散され、一部に集中することはない。また木材の曲げ応力に頼る構造であることと耐力壁も水平構面もない緩やかな一体構造であるため上下、水平および捻《ねじ》れの力に対して自由に変形する。すなわち外力を分散し各部が変形して分担した力を吸収する柔軟な制震構造である。また、在来軸組構法のように耐力壁の破壊で一気に倒壊することはない（図 41、42）。

■ 4　風力

壁面に対する風圧に対しては長周期の地震と同じく柱脚がピン状になり架構部材の曲げ応力で対抗する。屋根の吹き上げや吸い上げに対しては瓦葺きの荷重で対抗する。

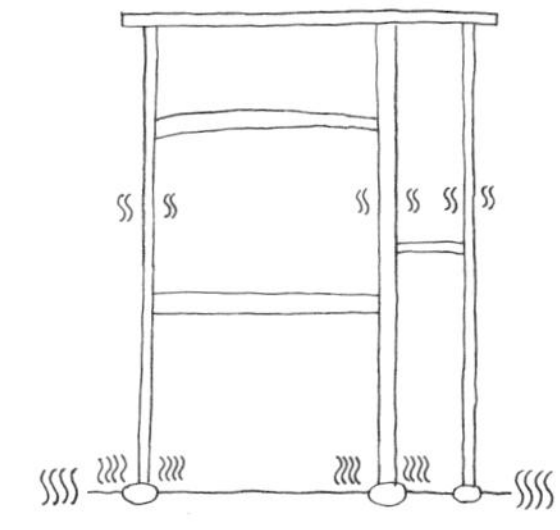

図 41　短周期のガタガタ地震
固定されていない柱脚がロッキングを起こし建物にかかる力を軽減する。建物の固有周期も長く理想的な免震構造

図 42　長周期のユッサユッサ地震
柱脚は摩擦力でピン状態になり、各部が大きく変形して力を吸収する。上下動及び平面上の変形（捻れ）についても同様

5　現代的価値と保全・再生——なぜ残すべきなのか

住宅が耐久消費財と呼ばれて久しいが、今や住宅は建てられてから壊されるまでの期間が、平均で25年ほどという。それは住宅ローンの期間に相当する。建て替え更新される理由は建物の物理的寿命だけではなく、売買、家族構成の変化、マンションや建売りの再販などさまざまであろうが、いずれにしてもこのような住まいが社会的ストックとはいえず、住宅の高耐久化・長寿命化が叫ばれている。

化石燃料や原子力の代替えエネルギーを見いだせないまま電力需要はのび続け、省エネ化が提唱され、住宅の高気密・高断熱化が推進される。しかし、冷暖房エネルギーの節約は考えられていても、高気密・高断熱が結露や湿気による蒸《む》れで木部の腐朽を促進して建物の寿命を縮めることによるエネルギー消費は考えに入っていない。

人力や天候に左右される現場作業は高コストで、かつ前近代的な生産システムとされ、プレファブ化が進められた結果、メーカー住宅では一定の成果が上がっている。ところが、需要見通しの困難性や販売コストなどによって必ずしもコストダウンには繋がっていないし、かつ、あくまで生産段階のプレファブ化であって、再利用のプレファブ化にはなっていない。

家電のリサイクル法が施行されるなか、建築現場の廃棄物や解体による廃材の分別が行われているが、出てしまうゴミをどれだけの割合で再資源化できるかという発想にとどまっているうえ、再資源化に伴い消費するエネルギーとそれによる環境へのインパクトが考慮されていない。

住宅供給の産業化は地域の職人を再編成する形で進められたが、経済効率の追求による構法の変化は熟練工を必要としなくなり、多くの熟練した大工や職人を廃業に追い込んだ。わずかに残った大工も木材のプレカット化や電動工具によって、墨付けの技術や木材の性質を体で覚える機会を失っていく。そのような状況のなかで起きた阪神・淡路大震災（兵庫南部地震）は建物の倒壊で多くの人命を奪い、建物の耐震性向上が緊急課題になった。熟練した木工技術を前提にできない状況化での（理由はそれだけではないが）規準強化は補強金物に頼ることになっている。しかし収縮する木材と金物の相性や金物の寿命あるいは点検もメンテナンスもできない状態での金物使用の是非、かつ木造軸組構法において剛性を高めることの良否は不問のままである。

以上は現代が抱える建築生産、それも主に木造住宅生産における問題とその対策について考察したものであり、それらの問題から抽出されるゼロエミッション（ごみ）、リサイクル、省エネ・低環境負荷、などのテーマは、人類を破滅から回避させるために不可欠な緊急課題とされるテーマと重なる。そして問題解決の目標である、良質な住宅ストック、建物の長寿命化、プレファブ化、省エネ・低環境負荷化、災害に対する安全性の確保、伝統構法の継承システム、メンテナンスフリーなどは「京町家の特性」で述べたように、京町家ではあたりまえのことだったのである。

現在、かつてなかったほど京町家への関心が高まっている。そこには感傷や流行的な要素もあるであろうが、底流には現代の対症療法的な科学や経済効率一辺倒の社会のあり様に対する不信感と違和感があって、京町家にはそうではない包み込むような包容力を感じているからに違いない。京町家に学ぶ意義はまさにそこにあり、現代の生活や地域あるいは社会のあり様を見直し、望ましいあり様を考える最良のテキストとしてそこにある。

京町家を保全・再生しようとすることは、単に町家を住めるようにすれば済むという問題ではない。町家が建てられなくなって既に60年以上を経過しているうえに、この間、町家の構法にふさわしい手入れもされなかったため、町家を建てて維持していく技術が失われてしまっている。現行基準は町家の構法を認めていないし、その考え方が全く異なるため、現在の構法で改修することは町家に大きなダメージを与えかねない。町家に使われている木材や材料の流通システムはすでになく、必要な材料が手に入らない。手間が安く材料が高いという関係が逆転し、手間をかけることが建設費の増大を招く。税金や相続などの制度が町家を守っていけるようになっていない。というハードの問題から、現代人には住まいが代々引き継いでいくものという観念が希薄である。頭ではエコロジカルな生活がよいとは思いつつも、体と惰性が物理的な便利さ・快適さを捨てきれない。行政や警察・消防が最終的に自分や家族、あるいは地域の安全や安心を守ってくれないことは解っていても、煩わしさから、あるいはコミュニティのマイナス面に目が向き、地域を住民の協働で守るという一歩に踏み出せないでいる、というソフトの問題まで、克服すべき困難が立ちはだかる。

しかし逆の見方をすれば町家の保全・再生が一般化するなかでそれらの問題の解決が計られていくということである。すなわち暮らしに密着した京町家の保全・再生は住まい造りの適正技術、循環的な流通システム、暮らしを基本にした経済および法律や制度、アイデンティティ、あるいはコミュニティの再生を併せて行うことになり、そこにこそ京町家の保全・再生の現代的意義がある。

第２章

〈図解〉京町家ができるまで

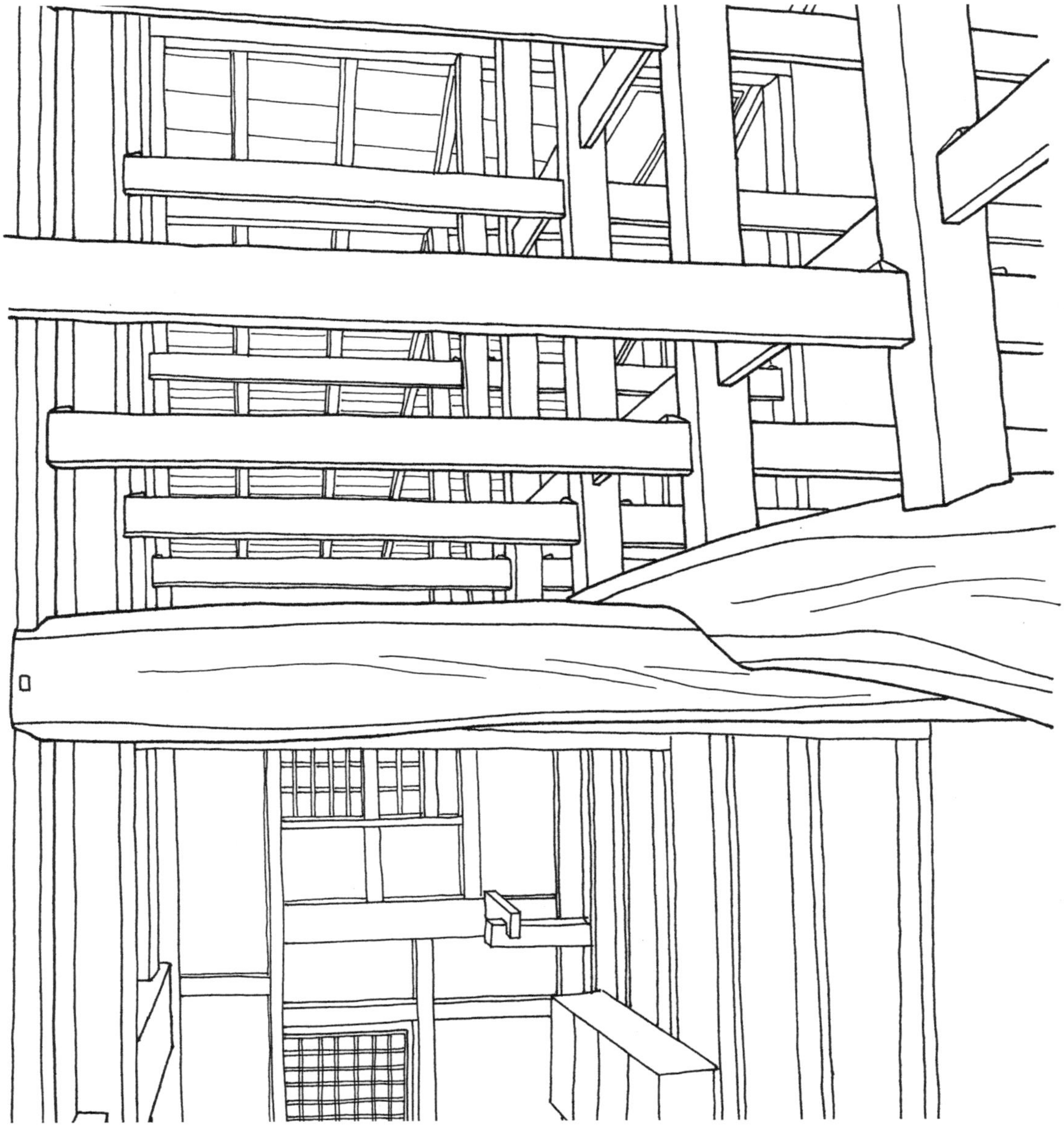

計画———かたちの決定と費用の合意

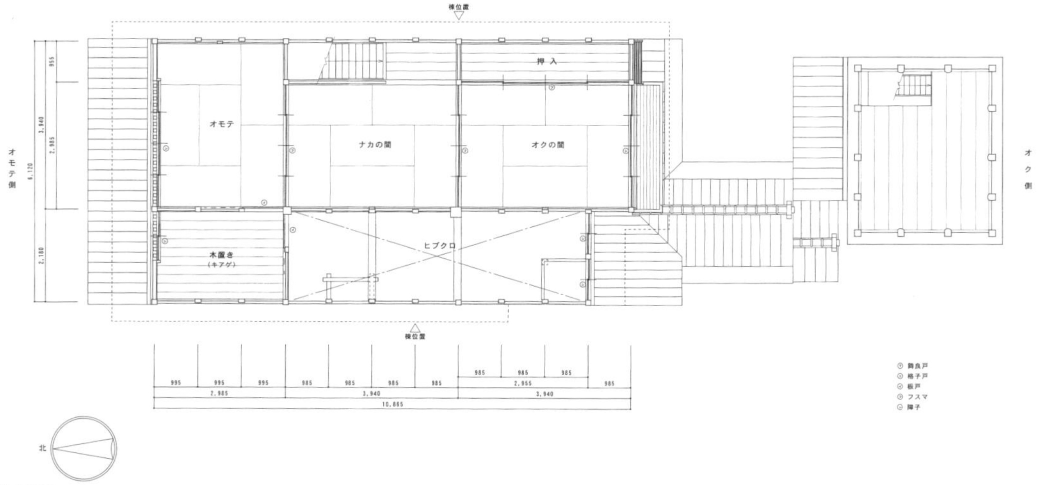

2階平面図

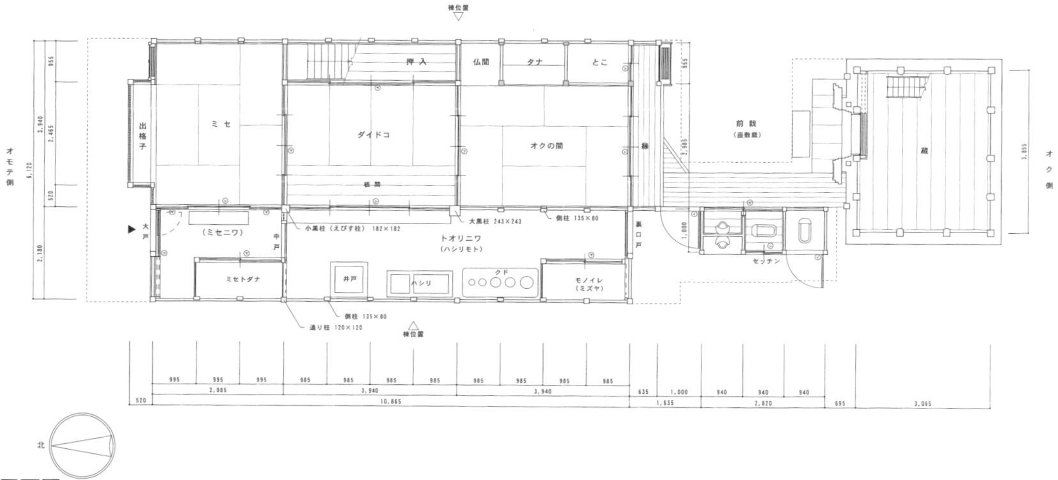

1階平面図

京町家がどのようにつくられたのかがわからなければ、適切な改修はできない。本章では改修をする上で理解しておくべき京町家の工法を知るために、ある京町家を事例に、完成に至るまでの過程を工程ごとに解説する。ここでは、なぜこのようなつくり方をしたのかを強調して工程を追っているため、必ずしも町家の建設に必要な全ての仕事をとり上げているわけではない。想定している町家は明治の初年頃、京都の中京あたりで建設されているものである。

まず配置・平面・断面を決定し、坪当たり工数の合意を得て仕入れ材の見積を行う。施主から依頼があったら、打合せをして設計することになるが、敷地の間口と奥行がわかれば平面形がおよそ決まることになり、今でいう設計行為は必要なかった。施主は仕事の上で常日ごろから出入している得意先であるから、仕事柄、家族人数、従業員数あるいは暮らしぶりなどがわかっており、次はオダレをつけるかどうか、トコまわりの室礼《しつらえ》をどうするかなどを相談し、古材や瓦、建具など、使いまわしのできる部材の確認をすればよい。あとはお店か、借家かといった施主の家格に応じた坪当たり人工《にんく》数（工数）の合意をして、仕入れ材の見積をすることになる。

間取り———敷地の大きさで室の配置を決める

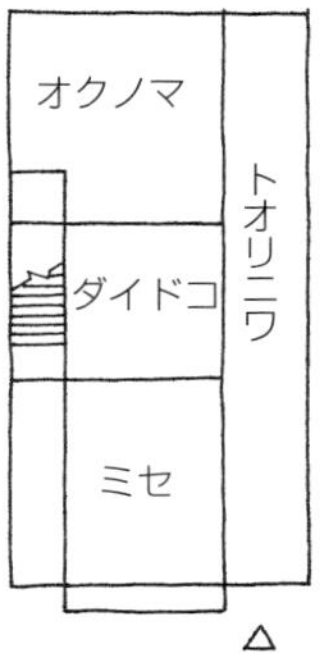
オクノマ
ダイドコ
ミセ
トオリニワ

間口２間台目

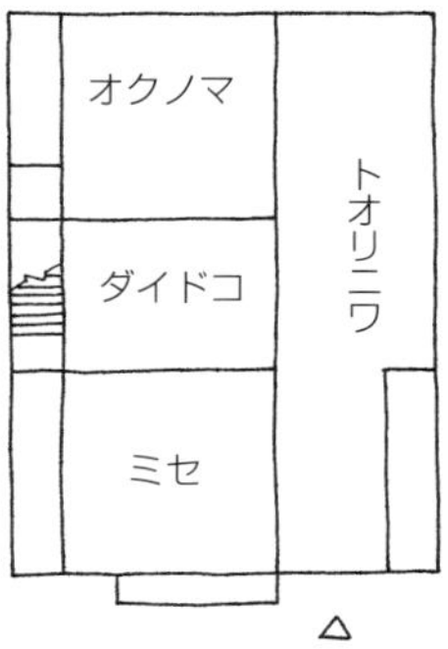
オクノマ
ダイドコ
ミセ
トオリニワ

間口４間

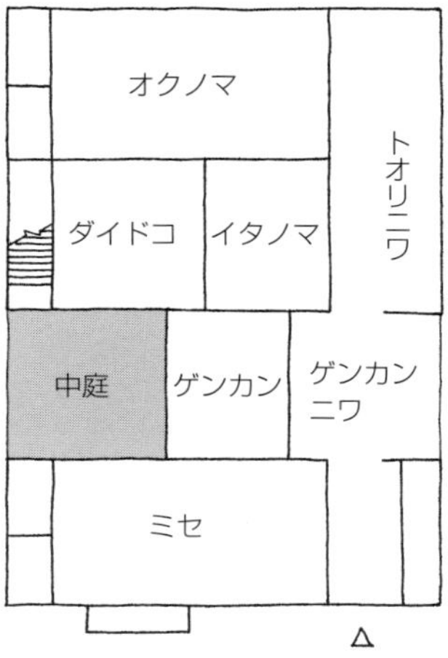
オクノマ
ダイドコ
イタノマ
トオリニワ
中庭
ゲンカン
ゲンカンニワ
ミセ

表屋造

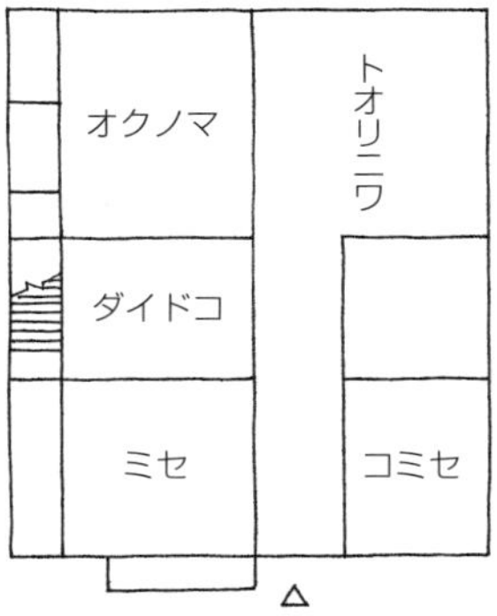
オクノマ
トオリニワ
ダイドコ
ミセ
コミセ

トオリニワにコミセの例

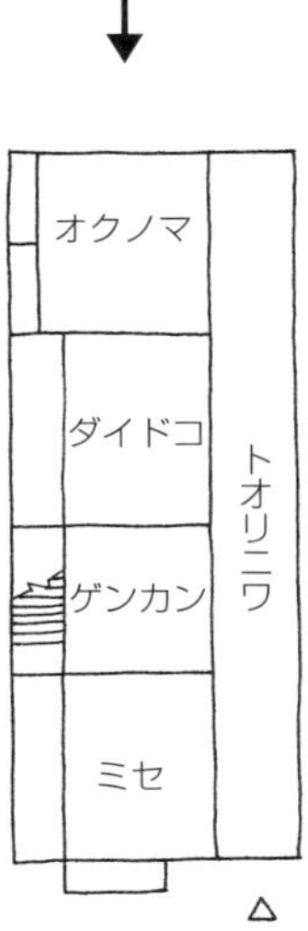
オクノマ
ダイドコ
ゲンカン
ミセ
トオリニワ

奥に４室の場合

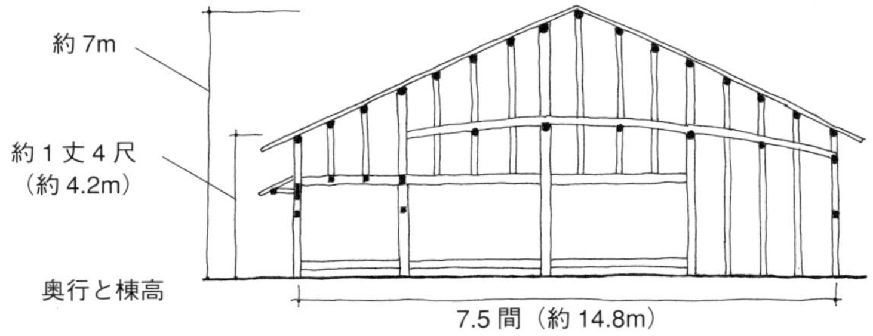
約 7m
約１丈４尺
（約 4.2m）
7.5 間（約 14.8m）

奥行と棟高

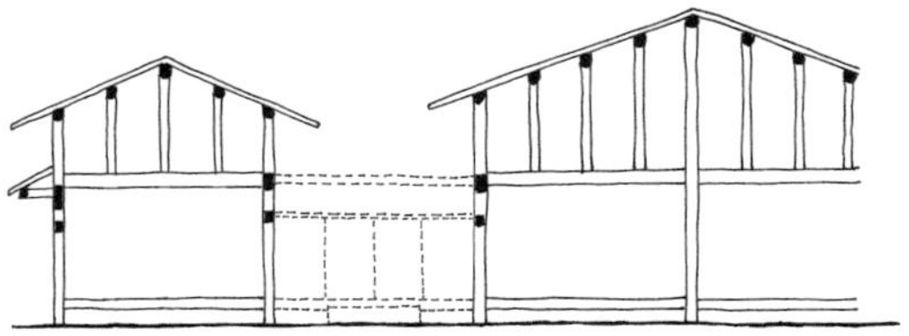

表屋造

建物の間口は、2間一《けんひと》小《こ》間《ま》（一小間＝1/4間、約1尺6寸）が最小である（ロージの奥にある借家などでは間口が1間半の場合もあった）。普通は1間半間口の室と、間半の押入・階段あるいはトコ、そして台目幅のトオリニワのスペースを取る。敷地の形状等から半端な寸法が必然的にうまれるが、そのようなモデュールにのらない寸法はトオリニワの幅や押入、トコの奥行などで調整する。敷地の間口が大きければ室の間口を2間にしたり、トオリニワの作業スペースの確保に充てたりする。さらに大きければ室を2列にするか、あるいはトオリニワをはさんで反対側に室（コミセ）を設けたりすることもある。

奥行は室が縦に3室ないしは4室ならぶことが多い。4室の場合は道路側からミセ（オモテ）、ゲンカン、ダイドコ、オクノマ（ザシキ）とつづき、3室のときはゲンカンとダイドコが兼用となる。京町家は瓦葺きなので屋根勾配は4寸前後は必要である。奥行が長くなると棟が高くなってしまうので不経済なのと、行灯部屋が増えるといった不都合が生じるのでオモテの次に中庭をつくりオクと分離する工夫がなされることもある。このようにしてできた町家の構成を「表《おもて》屋《や》造《づくり》」という。

配置———隣どうしが連担して住まう知恵

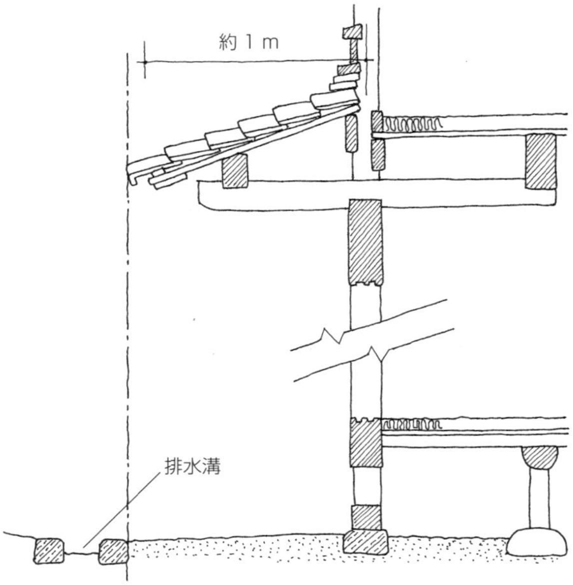

排水溝の際に下屋の軒先を揃え、そこから半間（約１メートル）後退したところにオモテの柱を立てる

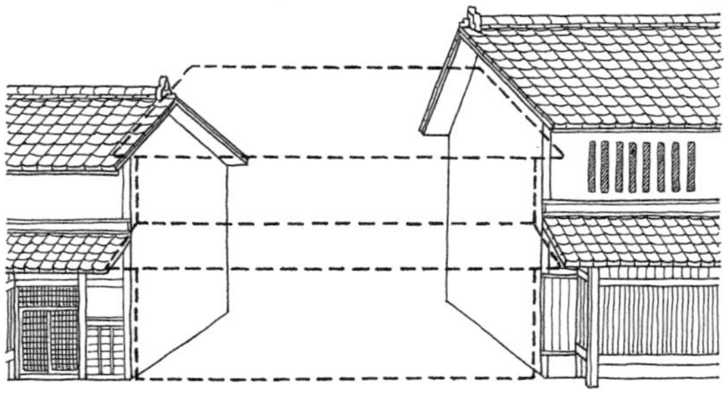

主屋根の軒高は両隣の軒とケラバの納まりで決まる

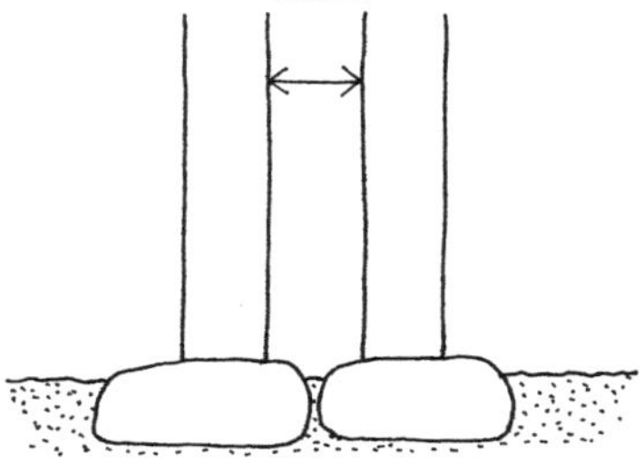

町家は隣接して建つ　そのあいだは約10cm

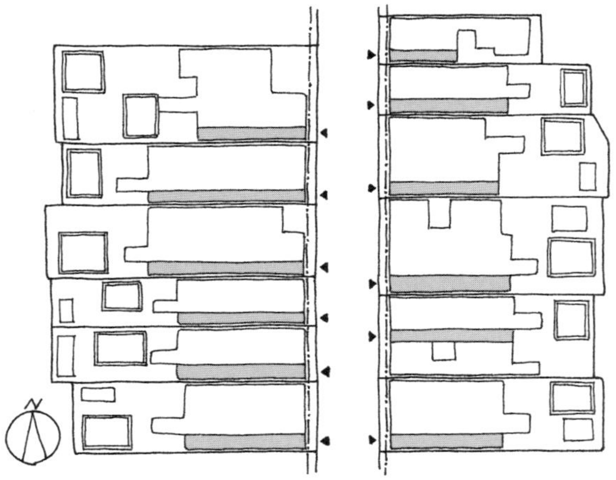

東西に長い敷地であれば南側にトオリニワをつくる

間取りが決まれば室の配置はオモテからオクへと順番に決まっていく。

道路の両脇には排水溝がつくられており、建物は排水溝から半間あまり後退させて建てられる。この排水溝から建物までの空間は道路の一部であり公共の空間であるから、本来はそこに出格子をつくることは禁止された場所であった。建物のオモテの柱を排水溝から半間程度引っ込めて立て、下屋の先端を排水溝の位置までのばすことは暗黙の了解とされるので、オモテの柱通り芯の位置は自ずと決定し、軒の先端は隣どうしがみな揃うことになる。両側面の柱の位置は敷地いっぱいに立てることになるが、施工上隣との間は10センチメートルほど必要である。

トオリニワは東西に長い敷地であれば南側、南北に長い敷地であれば東側にもってくるのが普通である。また奥には土蔵がつくられる場合もある。敷地の奥には木戸があり、非常時はそこから隣家あるいは裏の家に逃げられるようになっていた。

断面——家並みがそろうしくみ

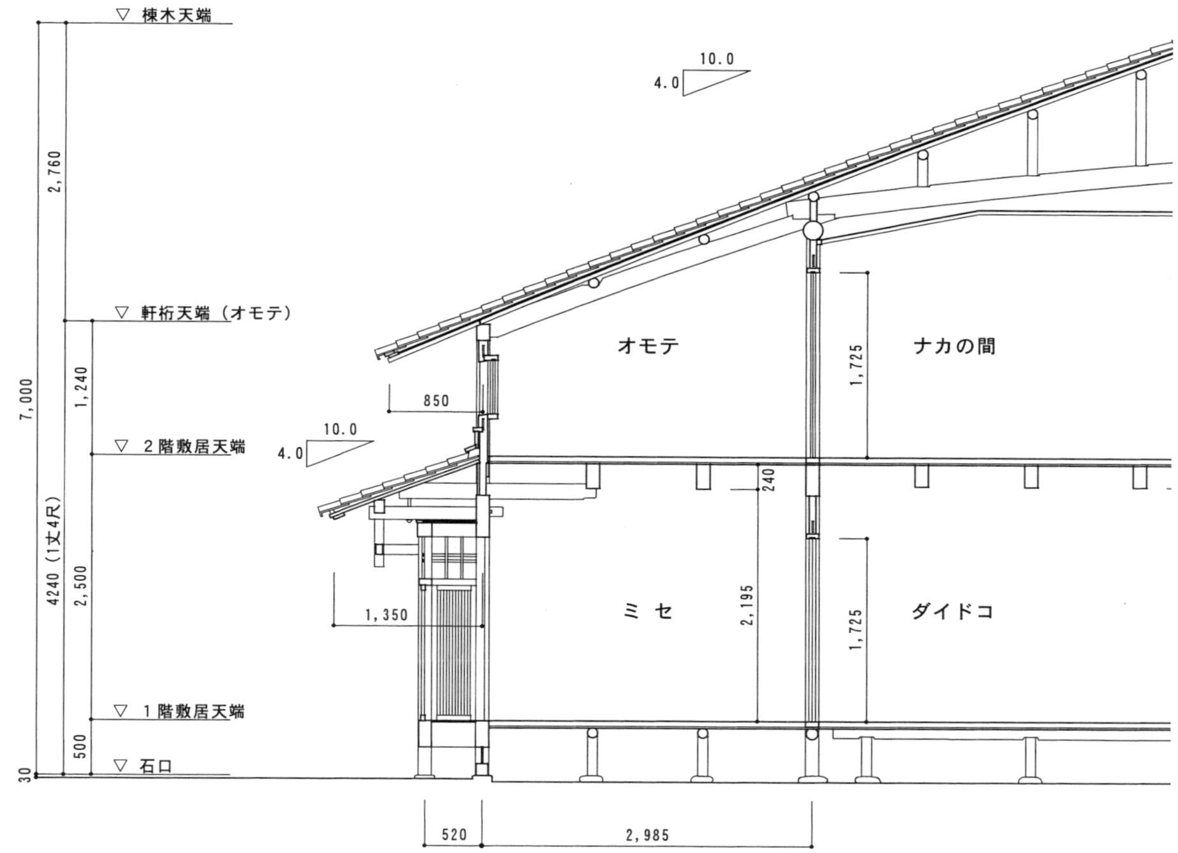

京町家・断面図

オモテの軒高は柱の規格寸法により1丈4尺（約4.2メートル）前後で、背の低い厨子《つし》2階になるのが標準である。両隣の建物との取り合い上、どちらかの屋根のケラバを隣の屋根にかぶせてお互いの外壁を保護する必要があるので、瓦仕舞が可能な範囲で段差をつけることになり、隣どうし全く同じ高さの屋根になるわけではない。

下屋は軒端の高さをそろえることが京町家の不文律であるため、下屋の屋根を支える通し腕木の高さも自ずと決まる。それを支えるササラとの関係から階高もほぼ決まる。ただし上図のように腕木を二段に出し、下の腕木を饅頭ボルトで吊る構造にすると階高を高くできる。

外観意匠——洗練された町並みを形成する

主屋根は互い違いに高低があるが、下屋の軒端の線はほぼ水平に揃う。職種、つくり手の共通性と協調的なルールが町並みに秩序をあたえる

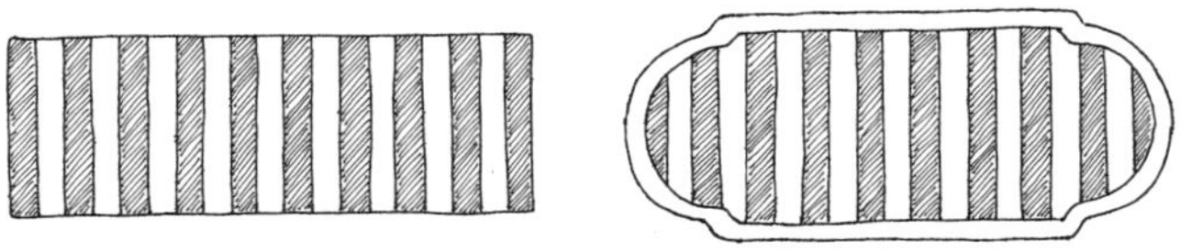

虫籠窓のかたち　矩形（左）を標準とするが、木瓜形（右）も稀にある

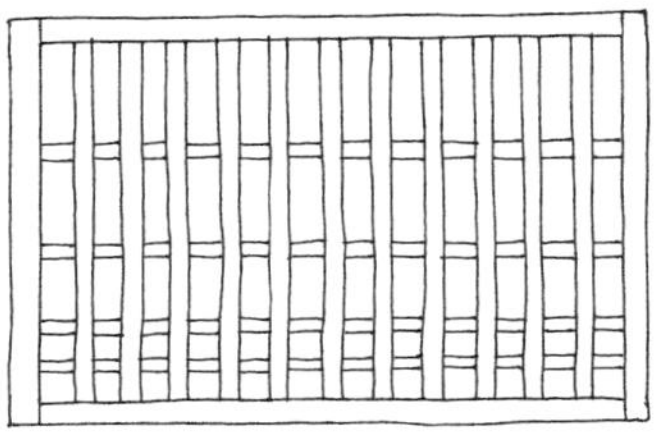

米屋格子
太い部材でがっちりした荒格子

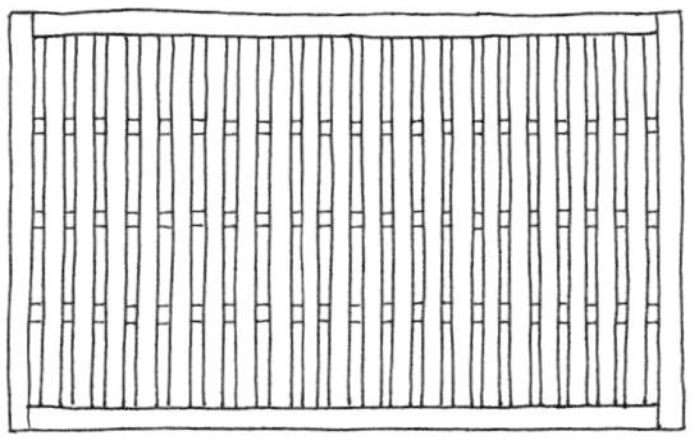

炭屋格子
安全のために竪子のあきが小さい

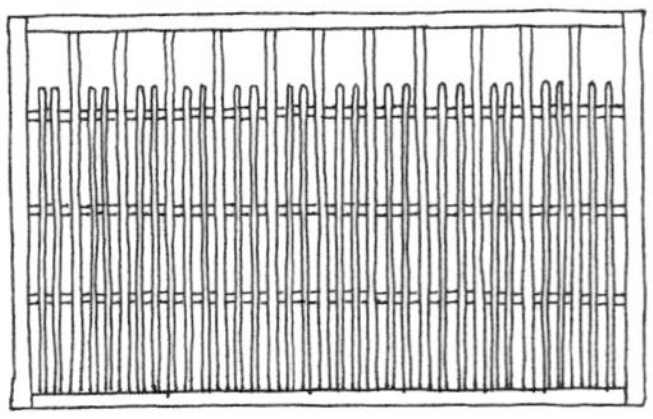

糸屋格子
一般的に見られる格子（京格子）。形状は１本通シ２本切子の切子格子

下屋の軒端の高さがほぼ一定で、オモテの軒高１丈４尺を基準に、隣家のケラバの納まりで一定の範囲内での段差がつく程度であり、全体に高さが揃った秩序ある家並みが形成される。お店か仕舞屋、あるいは借家といった建物の用途や業種によって外観構成上の重要な要素である格子の意匠などもほぼ決まる。そして町ごとに同業種が集中することと、担当する大工組が決まっているため、自ずと町並みの意匠は統一的なものになる。

格子は仕様や形状、使われ方などでさまざまな名称がつけられ、それはその家の職業とも関わっている。一般的に米屋や炭屋といった商屋格子は太い部材で構成され、織屋や糸屋などでは細い繊細な格子が用いられる。厨子２階の部分には虫籠窓があく。塗り回した太い竪子をならべたもので、全体の形は矩形が基本で、さらに四隅に少し丸みをつけたもの、あるいは木瓜形で額縁のついたものも稀にある。

板図と尺杖———棟梁の施工図とものさし

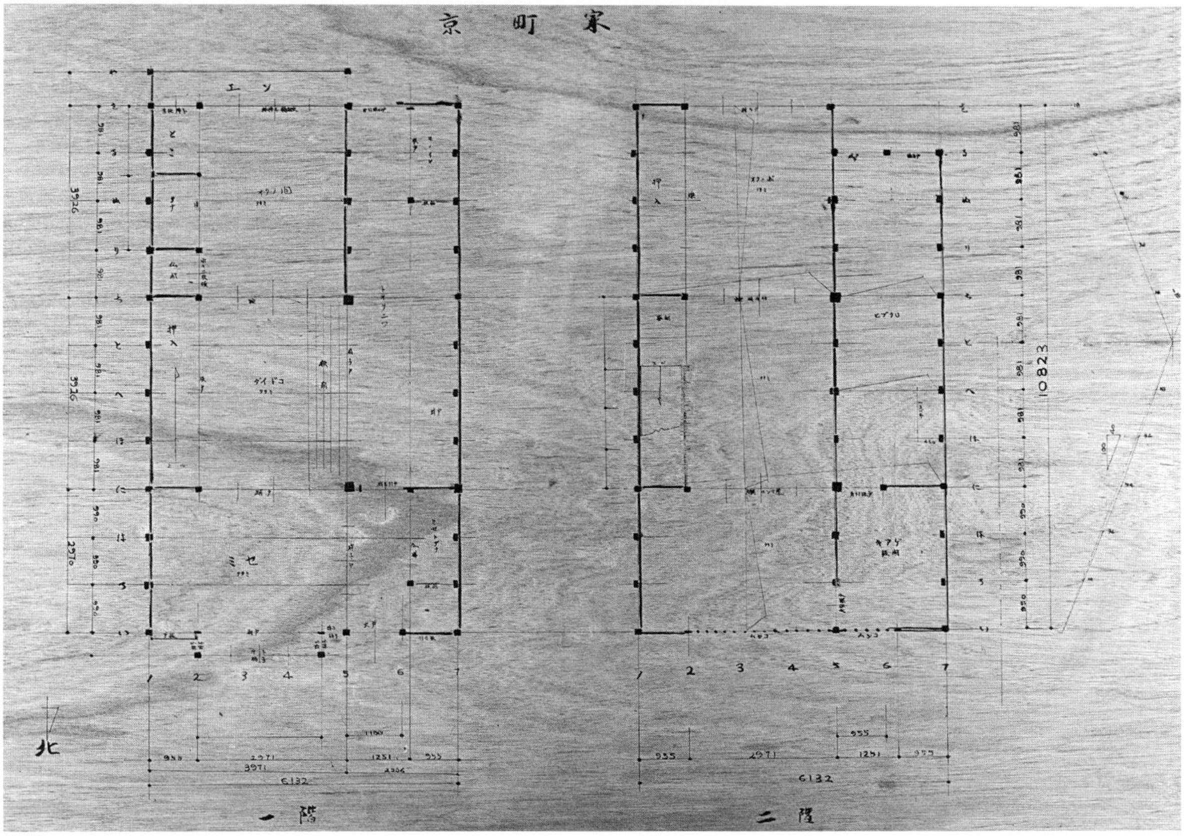

板図

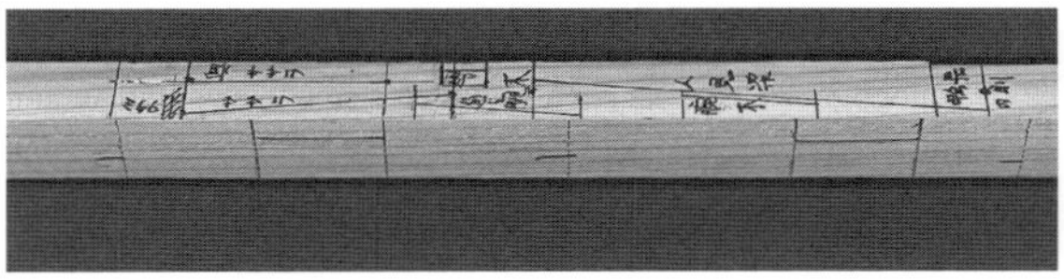

竪杖

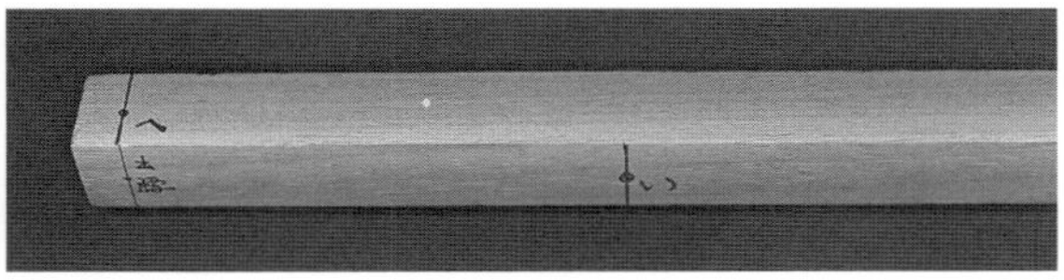

横杖

板図・尺杖（竪杖・横杖）作成：荒木正亘

間取り、意匠、予算が決まれば材料を発注して工事に取りかかる。現場では手伝いによって縄張り、基礎工事がすすめられ、庭石となる大きな石が先に入れられることもある。棟梁は板図（昔はかんばん板とも呼ばれた）を作成し、作業場で刻みに取りかかる。板図はこれから行う工事に必要な情報を一枚に集約し、しかもひと目でわかるように工夫される。

建築に際しさまざまな祭式が執り行われるが、お店など比較的規模の大きな建築の場合には地祭（地鎮祭）が行われることもあった。近所の神社に行って祈祷をしてもらい、お札と砂をもらってきて、お札は現場に拵えた祭壇に飾り、砂は敷地の四隅に撒いてお祓いする。方除け程度の簡単なもので済まされることもあった。また、大工の仕事始めを「手斧《ちょうな》始め」という。

尺杖は断面寸法１寸角、長さが２間（13尺）程度の素性のよい杉や檜の乾燥材で、バカ棒とも呼ばれる。平面や高さといった板図に描かれた必要な情報が基準墨としてすべて写し取られており、棟梁は尺杖に付けられた基準墨をたよりに木材に墨付けする。尺杖は施工する建築固有の定規であり、棟梁自らが現場ごとに作成する。

遣り方（縄張り・水盛り遣り方・丁張り）——建築の位置を決め、水（水平）を出す

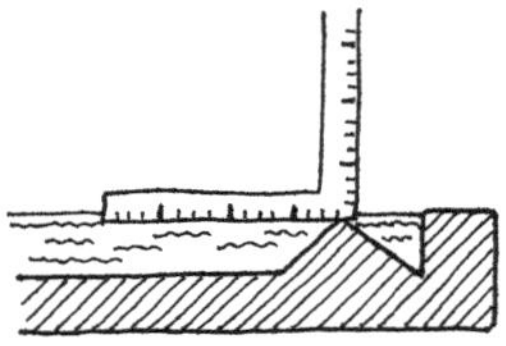

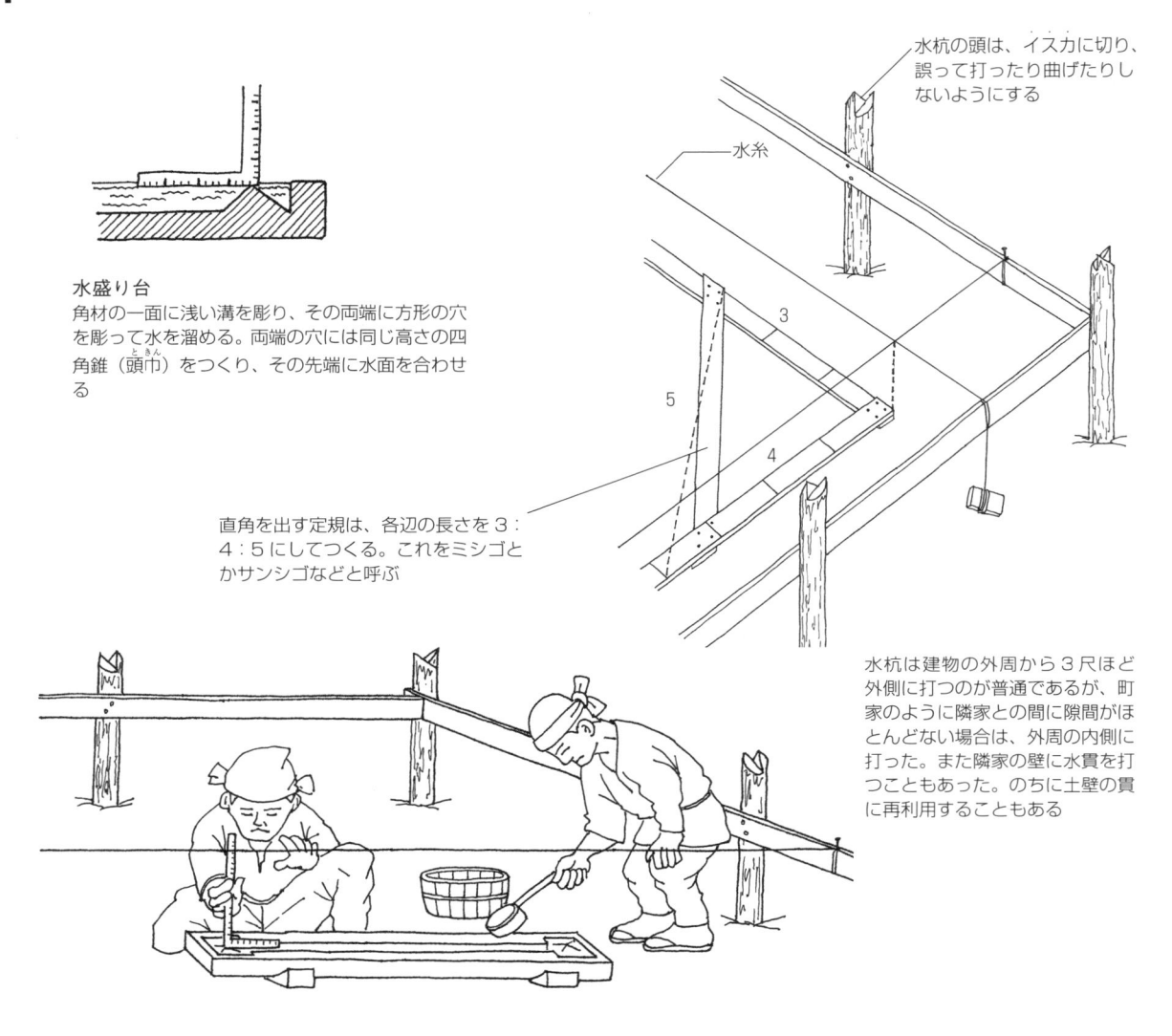

水盛り台
角材の一面に浅い溝を彫り、その両端に方形の穴を彫って水を溜める。両端の穴には同じ高さの四角錐（頭巾《ときん》）をつくり、その先端に水面を合わせる

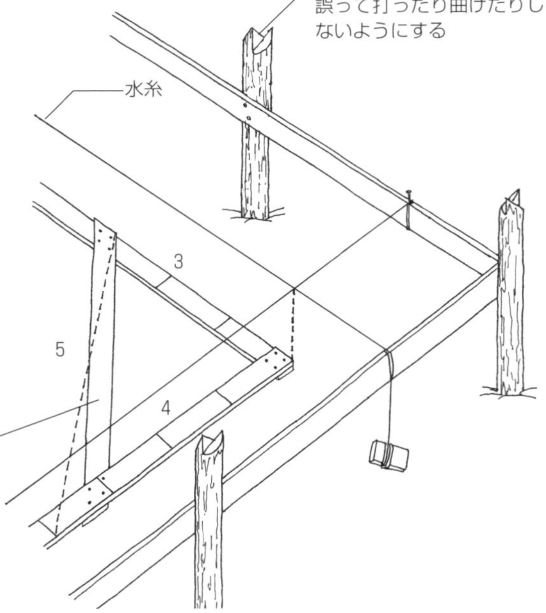

水杭の頭は、イスカに切り、誤って打ったり曲げたりしないようにする

直角を出す定規は、各辺の長さを３：４：５にしてつくる。これをミシゴとかサンシゴなどと呼ぶ

水杭は建物の外周から３尺ほど外側に打つのが普通であるが、町家のように隣家との間に隙間がほとんどない場合は、外周の内側に打った。また隣家の壁に水貫を打つこともあった。のちに土壁の貫に再利用することもある

工事に取りかかる前に柱芯および基準となる水平線を定めるための仮設物を「遣り方」といい、「丁張り」ともいう。水準器のひとつである水盛り台を使い水平をとって水貫を水杭に止める。水貫は以後の工程において高さ方向の基準となる。誤って頭を叩かれたり曲げられたりしないよう、水杭の頭はイスカあるいはヤハズに切っておく。水糸を張るときは、交差する水糸が正確に直行するように定規をつかって矩《かね》（直角）を取りながら張る。

敷地には板図に描かれた平面図をもとにして、建物の主要な柱の中心線上に糸を張って位置を出しておく。

柱の間や敷居と鴨居の内法には規格の大きさの畳や建具が嵌《はま》ることになる。したがって地縄の寸法や矩（直角）、水（水平）の誤りは許されず、細心の注意が必要である。

地かため（地業、地突き）———基礎となるひとつ石を据えるために地盤を補強する

蛸胴突きで栗石を打ち固める

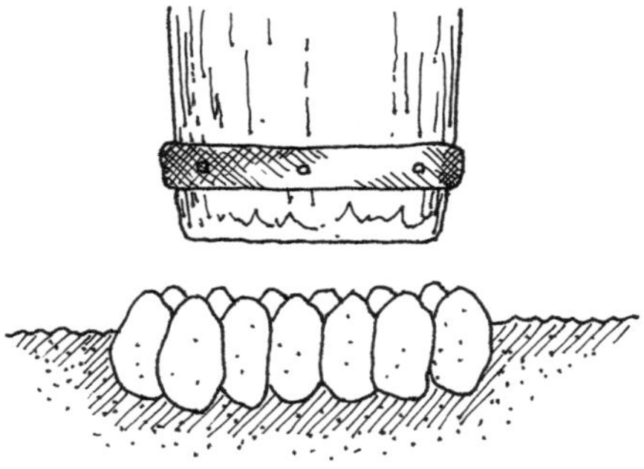

長楕円球状の栗石を地盤に打ちこむことで、周囲の土を締め固める

枘が４本あるのを大蛸、２本のは小蛸あるいはホッカイという。たいてい２人か３人で突き固めるが、ホッカイはひとりで使うこともある

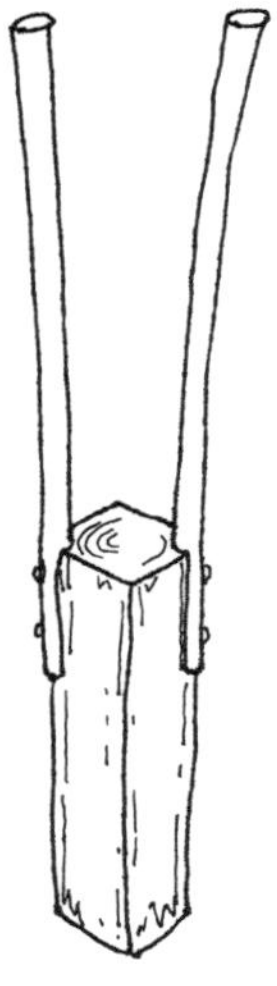

ホッカイ

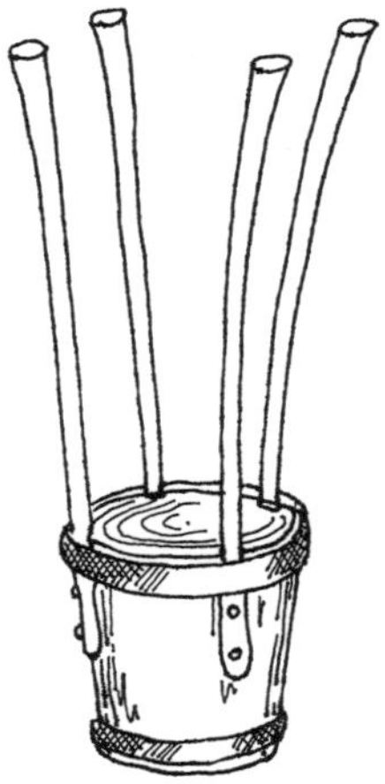

蛸胴突き（大蛸）

地縄が張られたら、ひとつ石（基礎石）を据えるための地突き（地盤補強）をする。現状の地盤をなるべく荒らさないために掘り方（掘削）はせずに直接栗石を打ち据える。栗石は硬い長楕円球状の川石を使い、蛸胴突きによって、２人ないしは３人がかりで充分に突き固め、目潰し砂利を栗石のすき間に充填する。

井戸は建築の工事を始める前に掘る場合が多い。工事がある程度できあがってトオリニワの状態になってから掘ることもあった。井戸を掘るのは井戸屋の仕事である。

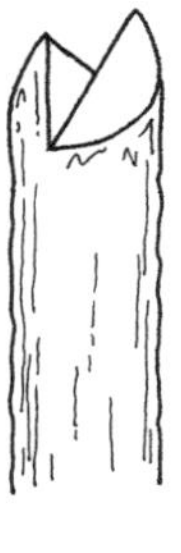

イスカ

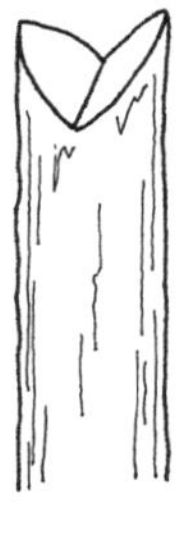

ヤハズ

遣り方

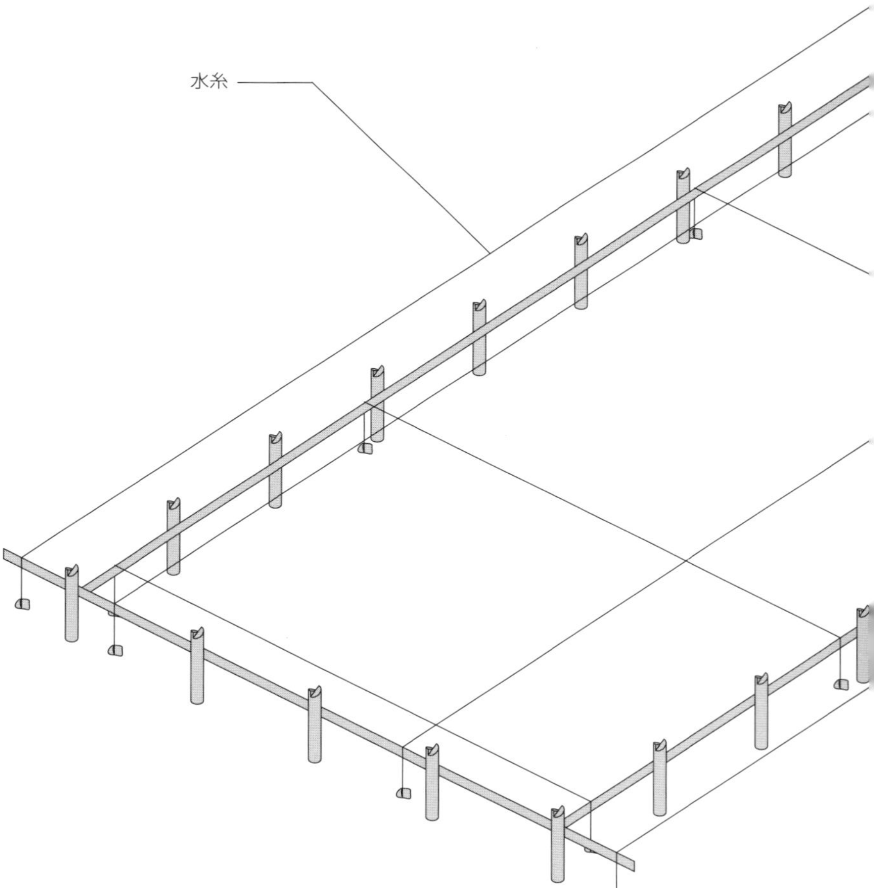

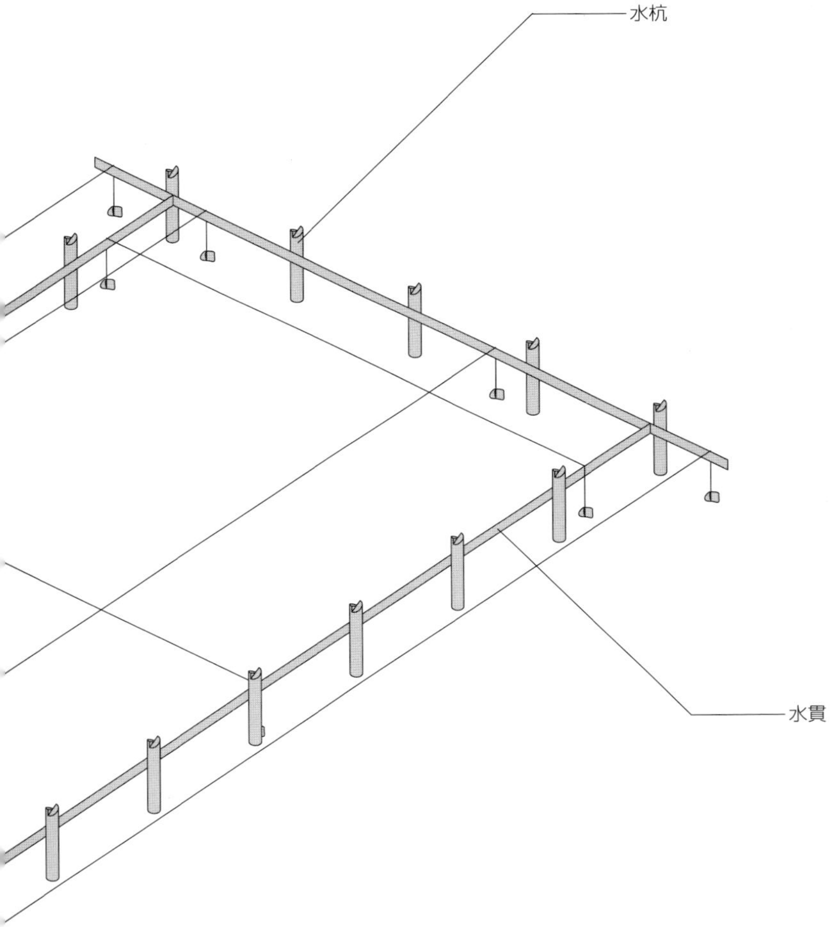

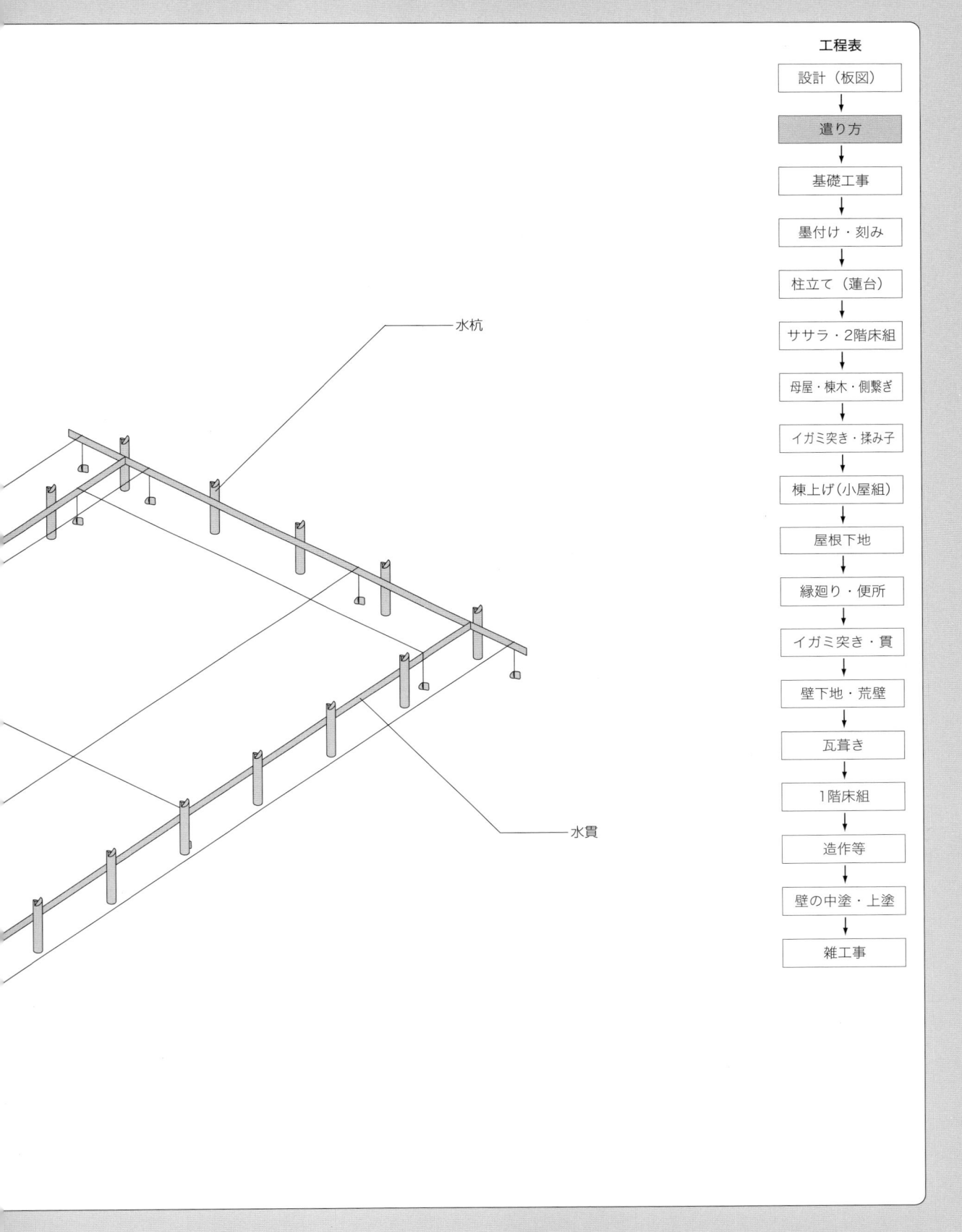

工程表

設計（板図）
↓
遣り方
↓
基礎工事
↓
墨付け・刻み
↓
柱立て（蓮台）
↓
ササラ・2階床組
↓
母屋・棟木・側繋ぎ
↓
イガミ突き・揉み子
↓
棟上げ（小屋組）
↓
屋根下地
↓
縁廻り・便所
↓
イガミ突き・貫
↓
壁下地・荒壁
↓
瓦葺き
↓
1階床組
↓
造作等
↓
壁の中塗・上塗
↓
雑工事

基礎工事——ひとつ石とカズラ石を据える

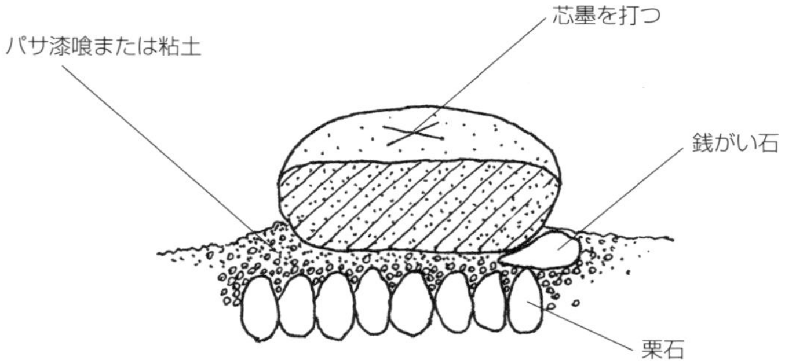

ひとつ石の断面構造

ひとつ石を据える

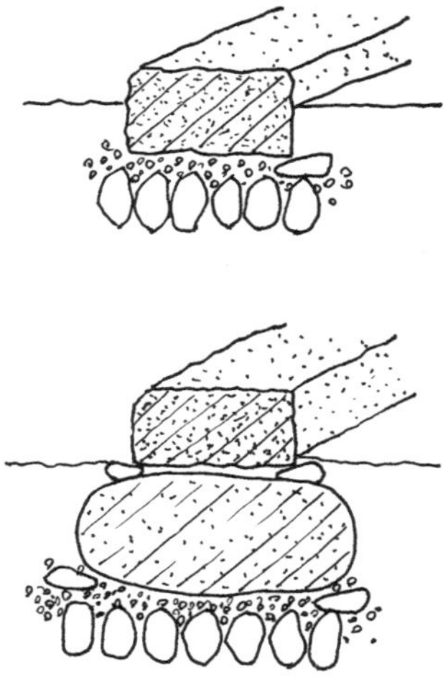

カズラ石の据えるのに、栗石の上に目潰し砂利を充填させてその上に据える場合と、栗石の上に自然石を置いて銭がい石で調整した上に据える場合の２通りある

水糸や水貫からの下がりを測って、ひとつ石に記入しておく

地固めができたらひとつ石を据える基礎工事にとりかかる。ひとつ石は割れにくく硬い川石で、上面にツラのある平らな石を用い、パサ漆喰や粘土を敷いて据える。ひとつ石の上に直接柱を立てることになるので、すわりを良くすることが大切になる。そのために「銭がい」と呼ばれる楔状の石をかまし、粘土などを詰めて石の傾きを調整する。大黒柱と小黒柱（えびす柱）の通りおよびオモテとウラの通りは、屋根や壁、床の自重・荷重が集中するところなので、より入念に突き固める。大黒柱・小黒柱はひときわ大きなひとつ石を据えることになるが、それがそのまま地面上に露出するのは納まりが悪いので、大きなひとつ石は土中に埋めて隠し、成形された御影石をその上に重ねて据えることがある。オモテとトオリニワのヘヤ側の足元には地固めをした後にカズラ石を据える。カズラ石を据えるのは、そこに地覆をのせるためであり、また特に目につくところであることから見《み》栄《ば》えのためでもある。

石の据え付けが終ったら、柱芯の位置に芯墨を打っておく。ひとつ石の天端の高さは必ずしも一定でないので、柱の長さを一本ずつ拾うために水貫からの下がりをひとつ石に記入しておく。

木拾い・木取り——使用する材を選び数量をひろう

主な材の木拾い

部　材	樹　種	寸　法（成×幅、単位 mm）
通り柱	杉・檜	120 ～ 135 角
大黒柱	檜・欅	180 ～ 300 角
小黒柱	檜・欅	150 ～ 180 角
側柱	杉	80 × 100 ～ 85 × 120
化粧柱	杉・檜・栂	100 ～ 115 角
梁	松	100 × 210 ～ 110 × 250
胴差	松	100 × 240 ～ 110 × 300
ササラ	松	100 × 150 ～ 110 × 200
桁	松	100 × 150 ～ 110 × 270
ヒトミ	松	100 × 360 ～ 120 × 500
地棟	松	末口 250 ～ 300
登り梁	松	末口 150 ～ 270
側繋ぎ	松	末口 150 ～ 270
小屋束	杉	末口 90 ～ 110
母屋	杉	末口 90 ～ 120
棟木	杉	末口 100 ～ 130
足固め	杉・檜	90 ～ 110 角
床束	杉・檜	90 ～ 100 角
大引	杉・檜	80 ～ 110 角又は丸太
根太	松・杉・檜	33 × 40 ～ 40 × 60
貫	杉	105 × 12 ～ 110 × 16
棰	杉	30 × 40 ～ 40 × 50
野地板	檜・杉・椹	75 × 12
敷居	松	45 × 110 ～ 50 × 120
鴨居	杉・栂	40 × 100 ～ 45 × 110
化粧棰	杉・檜 小丸太	40 × 40 ～ 43 × 45 ϕ 33 ～ 40
上がり框	松・桜	100 × 180 ～ 110 × 300
天井廻り縁	杉	40 × 40 ～ 45 × 45

木の反る方向を考えて木取りする
木取りによって収縮の仕方が異なる

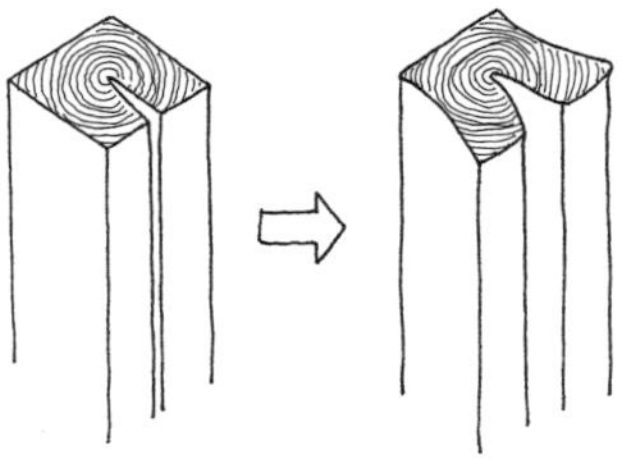

背割りをすることによって、背割りをしていない他の三面に割れが出にくくなる。背割りは必ず樹芯部まで入れておく

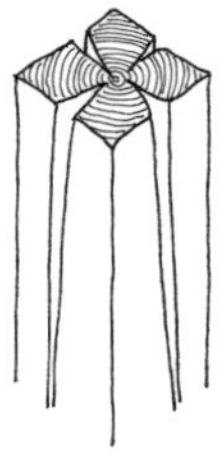

背割りをしなければ四方から割れが発生する

板図から各部位ごとに樹種や等級、断面、長さに応じて部材の木拾いを行う。

木は製材後も生きているから、樹種による木の特性と、経年による木の動きを読むことが大切である。板目取りの場合は必ず木表と木裏ができる。立木だったとき樹皮側を木表、樹心側を木裏という。木裏は木表に比べると硬く、逆目が立ちやすい。また板目材は乾燥すると収縮が大きく、木表側を凹にして反る。

芯去り材は、樹芯をはずしているため割れが少ないので化粧材や造作材に用いられる。芯持ち材は土台や柱、梁といった構造材に使用される。乾燥による割れが生じやすいので化粧になる柱には背割りを施す。

樹種は杉・松・檜・栂を主体に樅や栗、椹、桜など多様な材が用いられる。

基礎

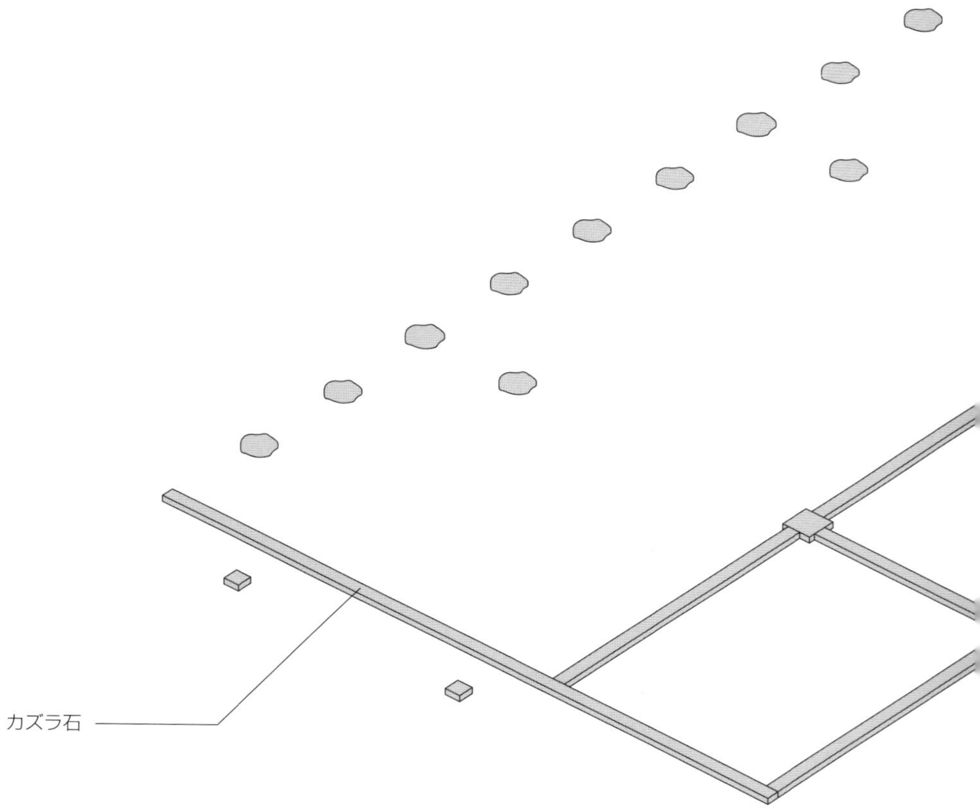

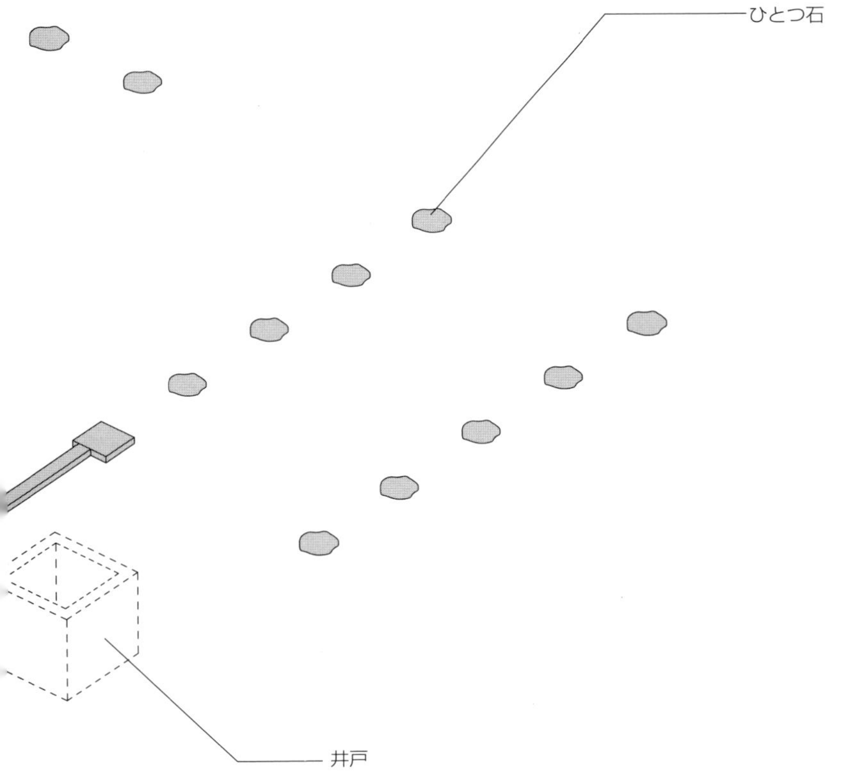

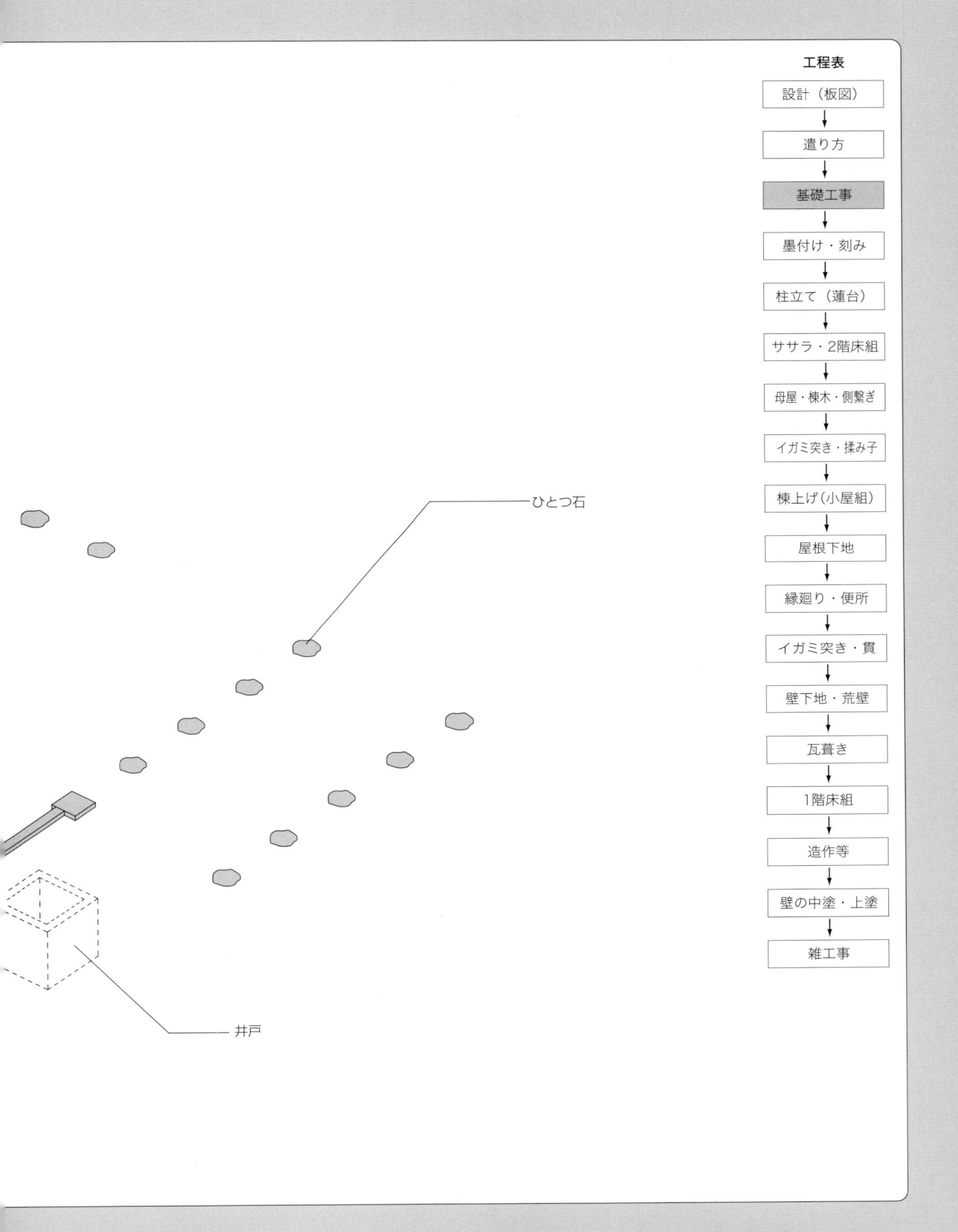

工程表

設計（板図）
↓
遣り方
↓
基礎工事
↓
墨付け・刻み
↓
柱立て（蓮台）
↓
ササラ・2階床組
↓
母屋・棟木・側繋ぎ
↓
イガミ突き・揉み子
↓
棟上げ（小屋組）
↓
屋根下地
↓
縁廻り・便所
↓
イガミ突き・貫
↓
壁下地・荒壁
↓
瓦葺き
↓
1階床組
↓
造作等
↓
壁の中塗・上塗
↓
雑工事

墨付け（墨出し）——施工する上で基本となる通り芯、高さ、仕上げ位置などを出す

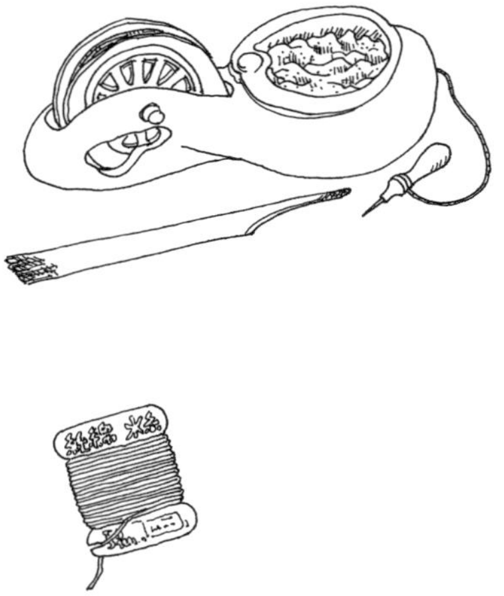

墨付けには曲尺、墨壺、墨差が用いられる

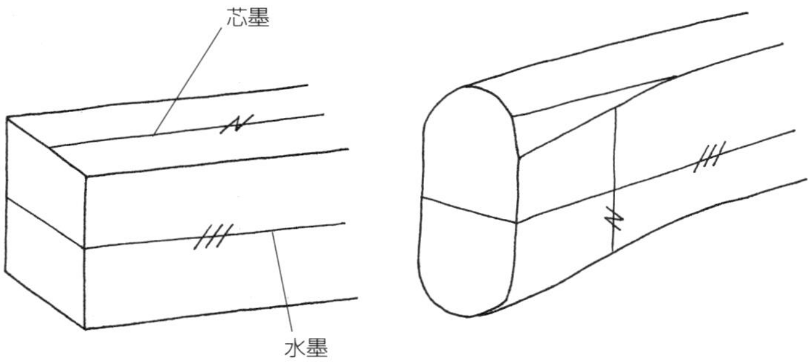

墨付けの例と記号 芯墨・水墨・消し墨

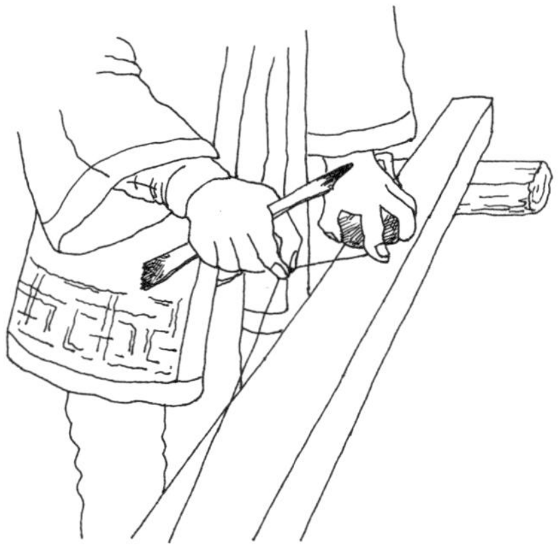

墨付け

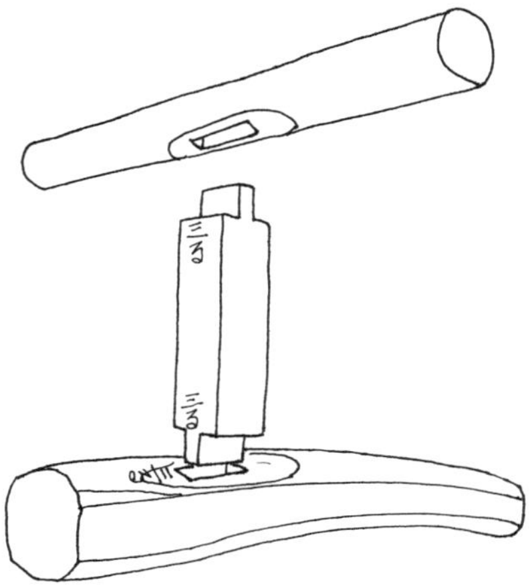

番付 横架材は上端にうつ

平面位置と天地の情報を材に記す。通り柱の芯を芯墨（真墨）とし、側壁の横貫は芯より外側に入れる。側柱は部材が細く貫を貫通させることができないので、貫の厚さ分だけ柱を欠き込み、室の外側（トオリニワ側および外壁側）に逃げる。

構造材か半構造材かを問わず、材は正寸ではなく並寸（呼び寸）であるため、材には大きさのばらつきや歪みがあることに注意する。室の柱間内法寸法が正確に出るように墨付けをし、材の大きさのばらつきから生ずる端数（ズレ）はトオリニワおよび外壁側へ逃げる。室の桁行に柱が立つことは稀であるが、もし柱が立つ場合はナカノマあるいはダイドコ、ゲンカン側に逃げる。ササラの架かる胴差に歪みがあるときは、大入れの掛かり（押しはだ）が十分に取れるように注意する。

番付は横軸に漢数字、縦軸にかな文字を使い、入口の正面に向かって左手前を「い－一」とし、のぼり番付とする。一般に面番付は、柱の南面に付けるが、京都では方位を記して見え隠れの面につけることが多い。こうすると建前時や移築時に便利である。

刻み――墨の指示に従って、仕口・継手を刻む

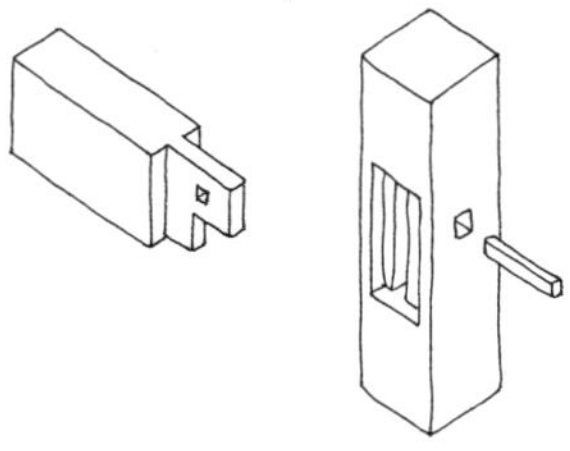

胴突き小根枘込み栓

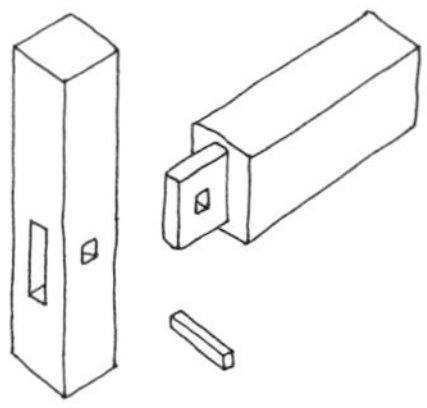

枘差し込み栓

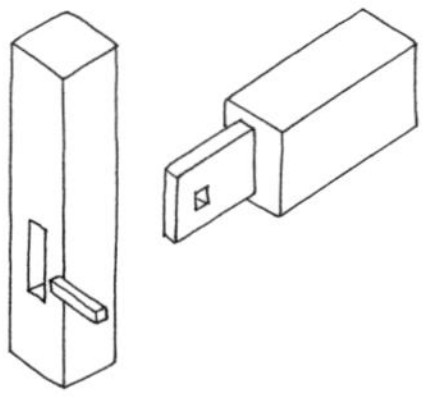

枘鼻栓

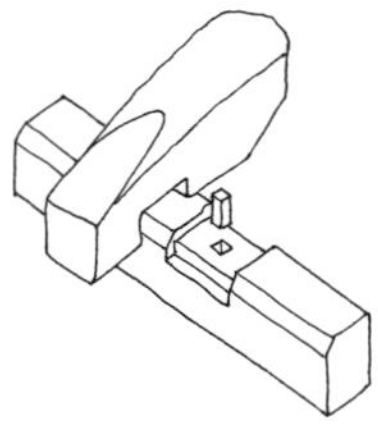

渡し込み

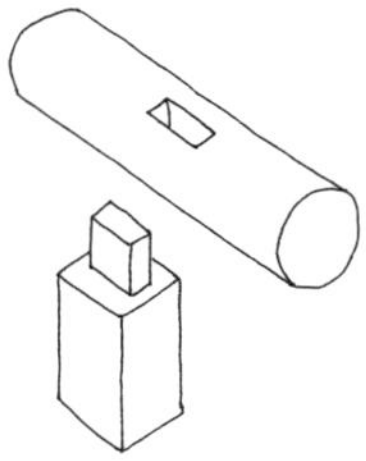

長平枘

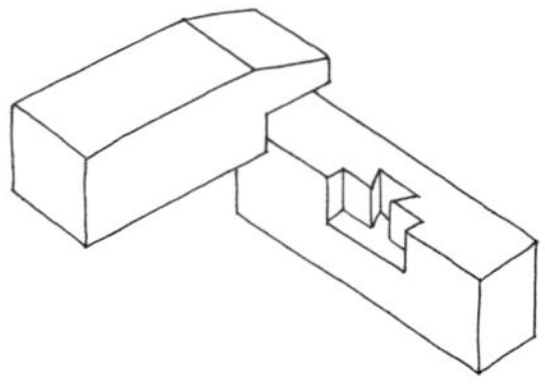

かぶと蟻

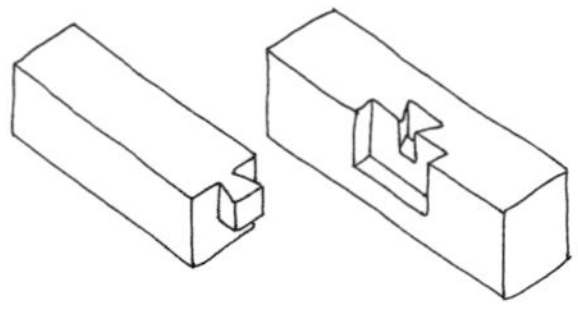

大入蟻

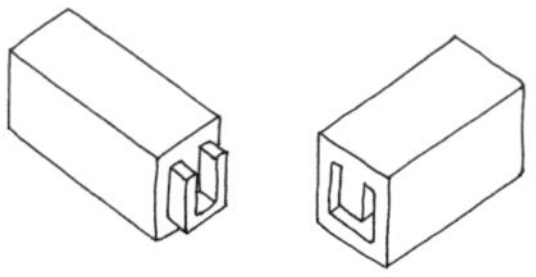

箱継ぎ（イモ継ぎ）

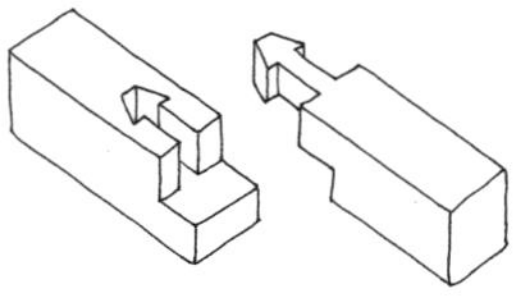

腰掛鎌

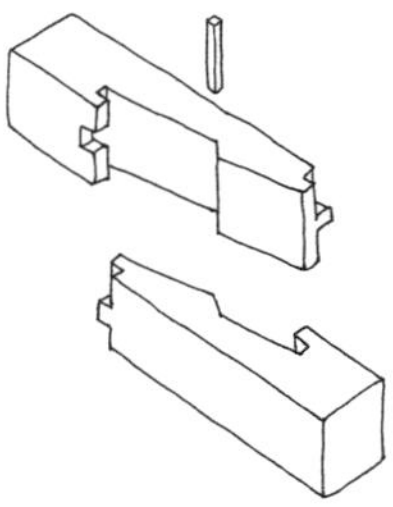

金輪継ぎ

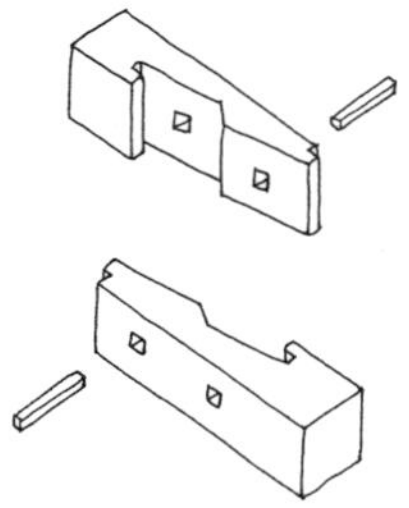

追掛け大栓

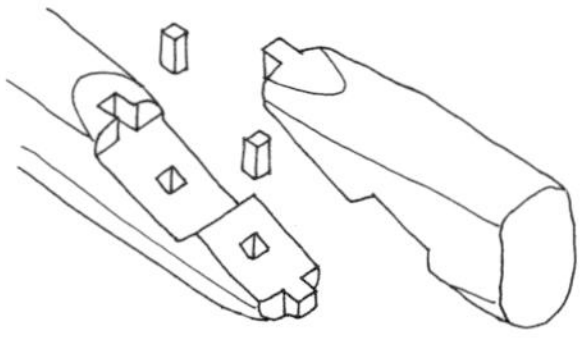

台持ち

外力による建物の揺れに対して木材の曲げ抵抗に頼っている伝統的な木造軸組では、部材と部材をつなぐ仕口・継手が構造上最も重要な部分となる。

仕口……柱と胴差やササラなど、縦と横物との取合いは枘差に込み栓打ち、胴差とササラなど横物どうしは蟻を標準とする。

継手……横物は両側壁および大黒柱通りあるいは階段の内側の壁通りを支点として架け渡し、できるだけ継手は設けない。やむを得ず継手を設ける必要がある場合は、追掛け大栓など圧縮、引張および曲げに強い継手とする（特に胴差、ヒトミ梁など）。

箇　所	仕　口
大・小黒柱――梁・胴差	胴突き小根枘込み栓
通り柱――梁・胴差	胴突き小根枘込み栓・鼻栓
側柱――ササラ	枘差し込み栓
梁・胴差――ササラ	大入蟻
地棟――登り梁	渡し込みダボ付き
桁――登り梁	かぶと蟻
柱――母屋・桁	長平枘
箇　所	**継　手**
胴差・梁・ヒトミ	追掛け大栓、箱継ぎ（イモ継ぎ）
登り梁	台持ち
桁・母屋・棟木	腰掛鎌、箱継ぎ（イモ継ぎ）
柱	金輪継ぎ

地足場組み——建方の準備

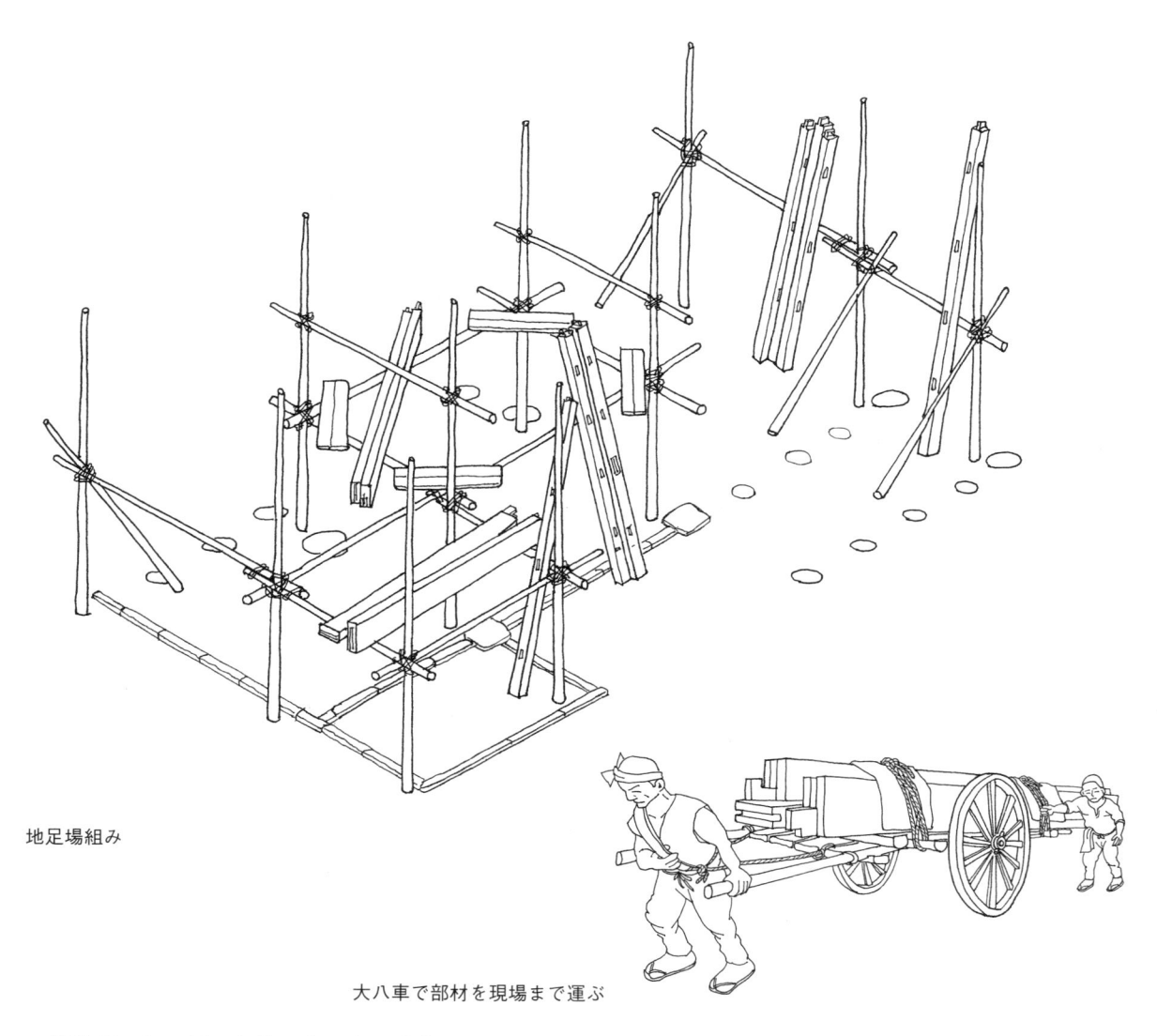

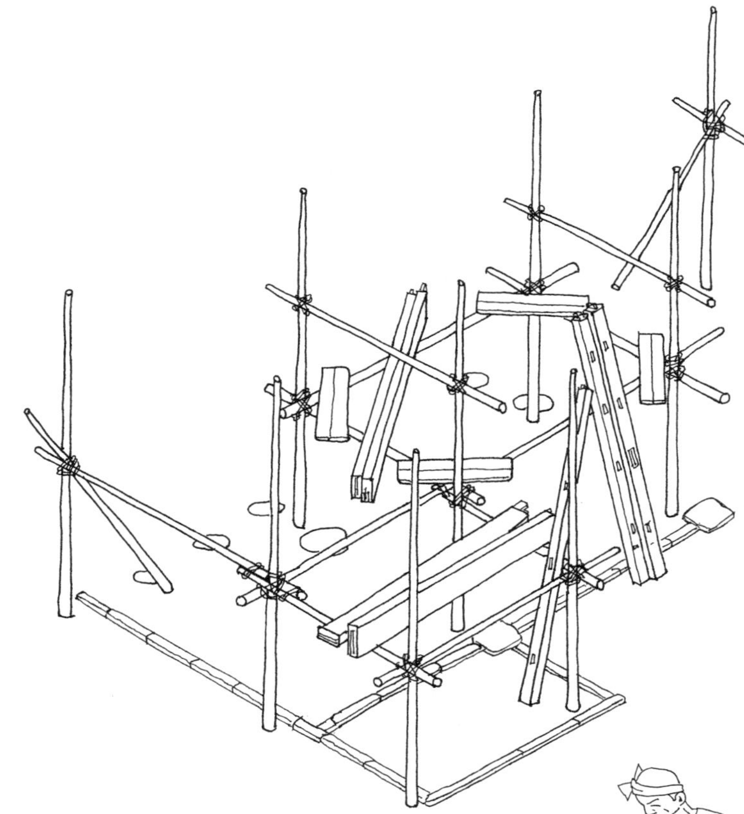

地足場組み

大八車で部材を現場まで運ぶ

基礎ができ、刻みが終ったのち、造作にかかるまでの木工事を建方という。建方は手伝い方（現在の鳶・土工にあたる）の仕事である。材は大八車で作業場から現場に運ぶ。

まず足場を組む。現在の在来工法のような土台のある構造ではなく、胴差や梁・桁などの横架材が建物の周囲をぐるりとまわる架構ではないので、柱や壁を支える地足場を先に組み、そこに胴差などの材を仮置きしておく。地足場は蓮台を組むときに邪魔にならないよう、蓮台の下端くらいの高さに組む。

建て方のとき遣り方が邪魔になったら、水杭と水貫ははずす。はずした水貫は後の工程で壁貫に使う。

建方に用いる材のうち、塗装の必要なところには紅殻《べんがら》を塗っておく。

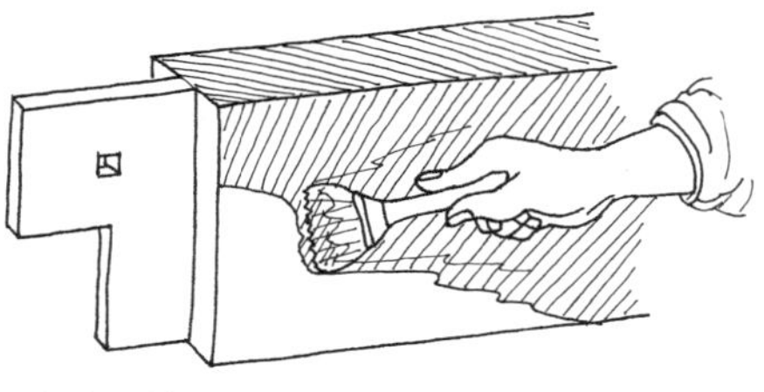

先に紅殻を塗っておく

柱立て——蓮台を組む

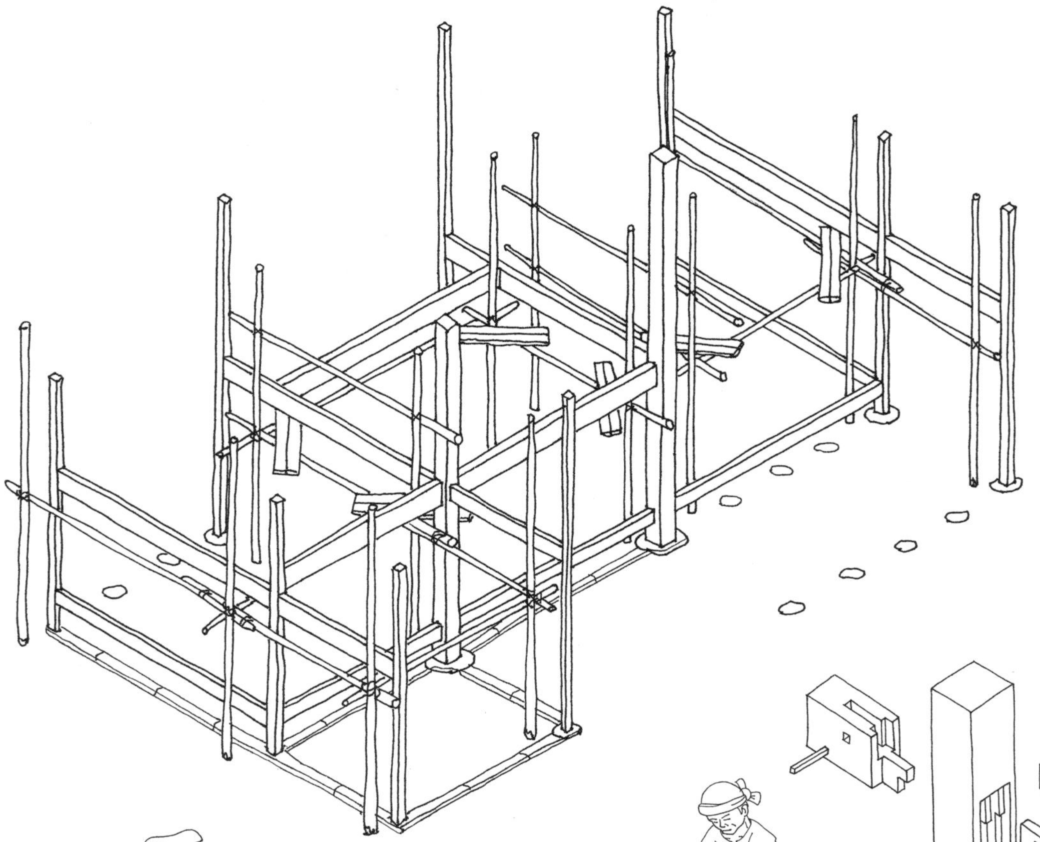

蓮台（「広辞苑」より）

カケヤで打ち込む

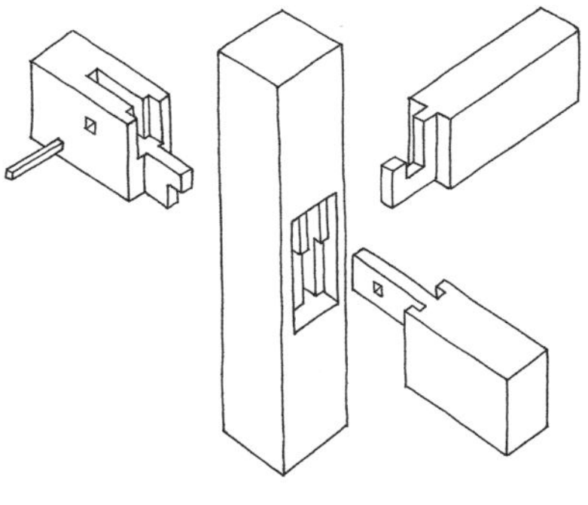

町家のコア部分（蓮台） 接合部は三方差しに

主要な通り柱を立てて、オモテのヒトミ梁、大黒柱通りの胴差、およびダイドコまわりの胴差あるいは床梁を組んだものを「蓮台」という。蓮台とは江戸時代、旅客を乗せて川をわたるのに、2本の棒に板をわたし、人をその上に乗せて数人で担いだ台のことである。

組むときはまずオモテ側桁行方向の軸組を立て、次に大黒柱通り梁間方向の軸組を立てる。あとは1本1本立て起こす。階段がある場合は階段のヘヤ側にも胴差が入るので、他の軸組と同時に組む。

仕口と継手はカケヤで打つ。仕口と継手の締りは程良くきついのが理想で、特に仕口の幅（横方向）はゆるく、背（竪方向）をきつくするとよい。いずれにしてもその微妙な加減は大工の腕の見せどころである。固すぎる場合は種油を注ぎながら打つこともある。

蓮台

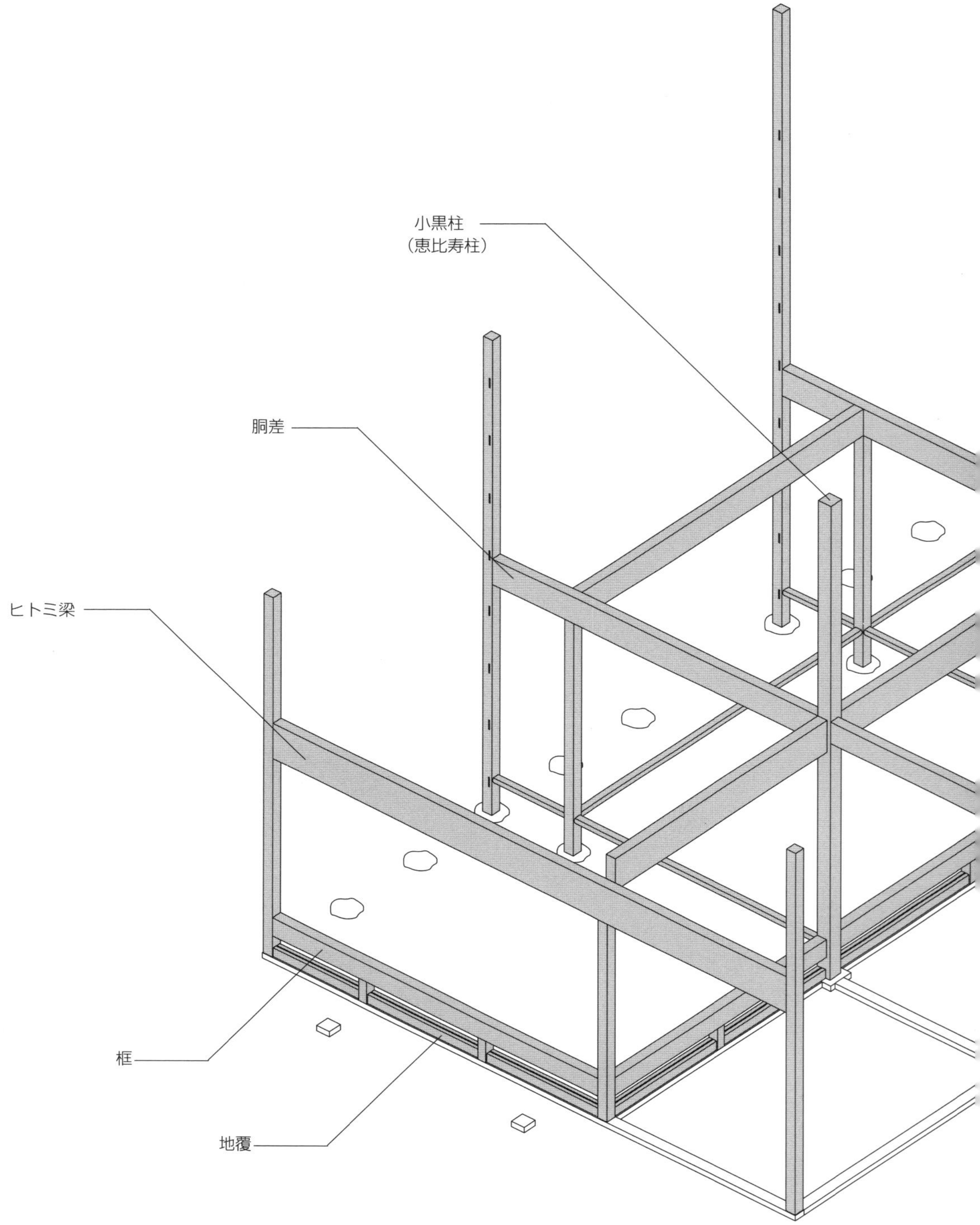

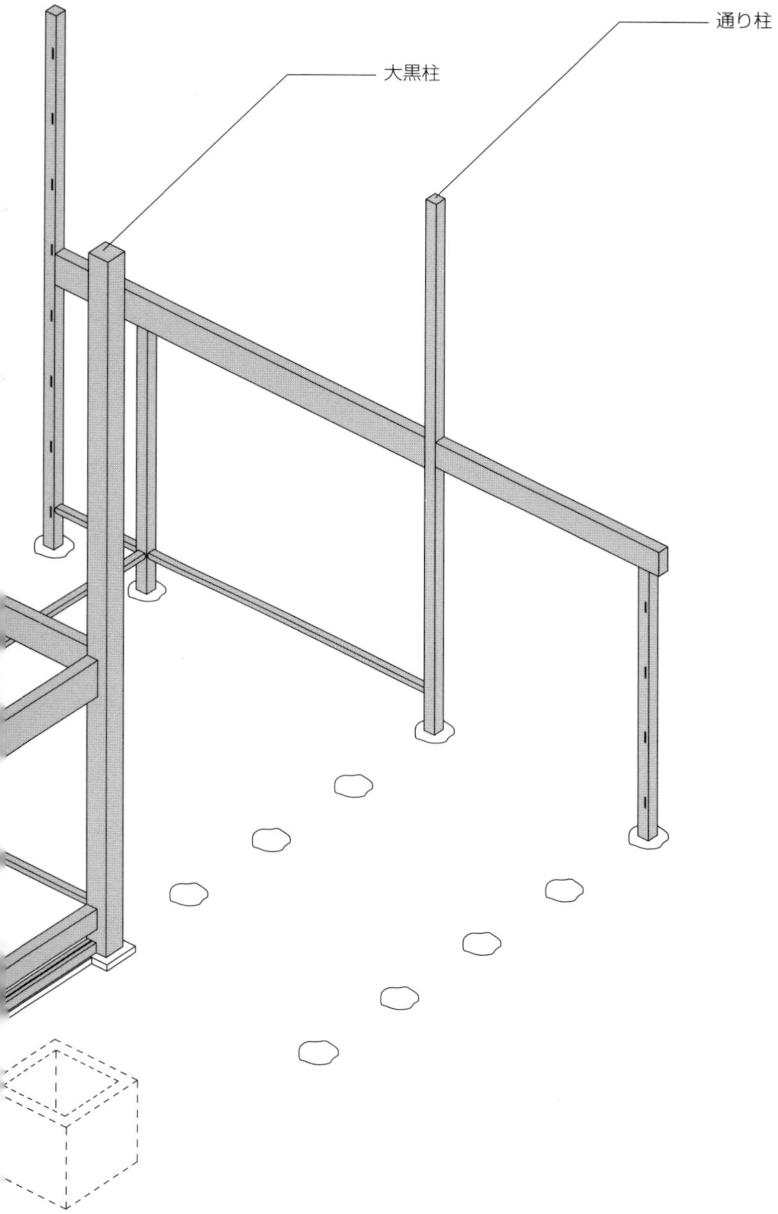

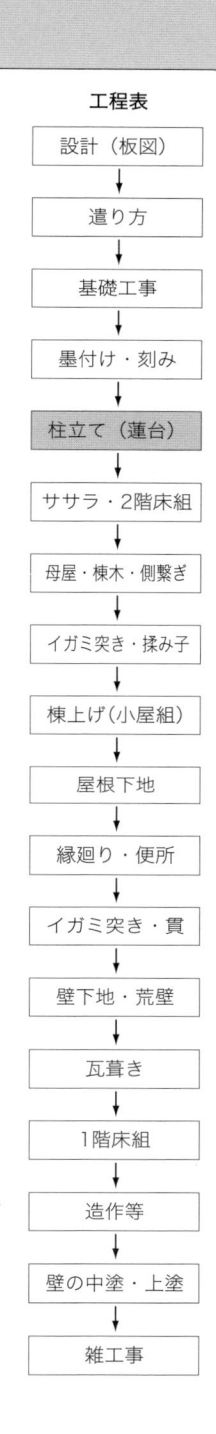

工程表

- 設計（板図）
- ↓
- 遣り方
- ↓
- 基礎工事
- ↓
- 墨付け・刻み
- ↓
- 柱立て（蓮台）
- ↓
- ササラ・2階床組
- ↓
- 母屋・棟木・側繋ぎ
- ↓
- イガミ突き・揉み子
- ↓
- 棟上げ（小屋組）
- ↓
- 屋根下地
- ↓
- 縁廻り・便所
- ↓
- イガミ突き・貫
- ↓
- 壁下地・荒壁
- ↓
- 瓦葺き
- ↓
- 1階床組
- ↓
- 造作等
- ↓
- 壁の中塗・上塗
- ↓
- 雑工事

※足場は省略しております

ササラ・2階床組――桁行方向に2階の床梁をかける

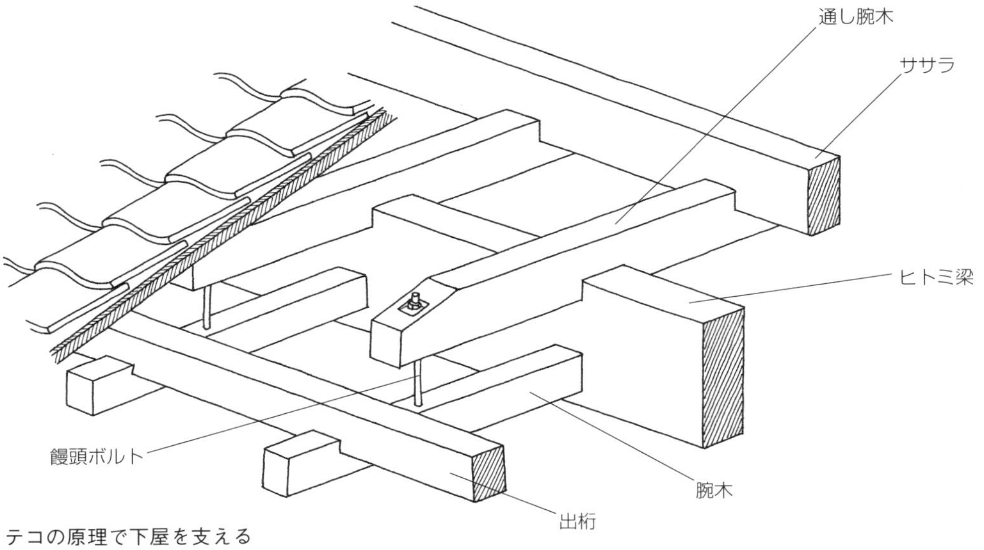

テコの原理で下屋を支える

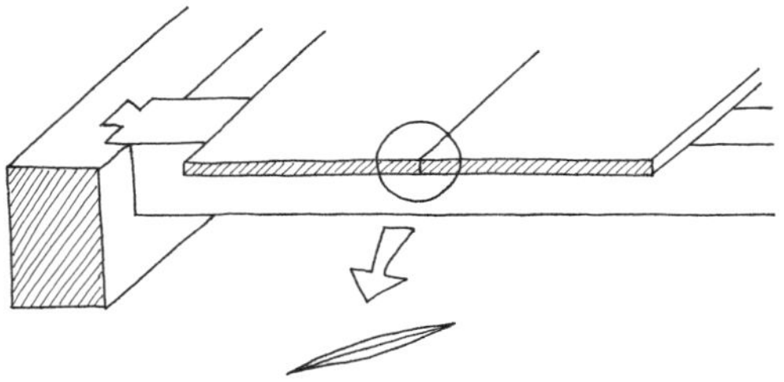

2階の床板は、合釘で接合

ササラ（小梁、甲乙梁）をみせる大和天井

ササラは桁行方向に、大黒柱通りと側柱に架け渡すのを基本とする。これは2階の床荷重を、胴差を介さずに最短距離で地面に伝えるためである。また、下屋の荷重は人見梁を支点にして通し腕木がテコの原理で支えており、通し腕木の尻をササラで受けるためにも都合がよい。

ササラに直接2階の床板がのるので、ササラおよび蓮台などの構造材は天端がそろうことになる。1階の天井を見上げるとササラと2階の床板が見え、いわゆる大和天井になる。2階の床板は6分～8分厚の松板で、合釘で矧ぎ合せ、ササラに釘止めする。

テコの原理

母屋・棟木・側繋ぎ——トオリニワ側の壁を起こしてイエ側とつなぐ

トオリニワの準棟纂冪
イエ側の架構と側柱は側繋ぎと母屋・棟木で連結されている。構造的には必要以上に束や貫を入れて見栄えを重視した

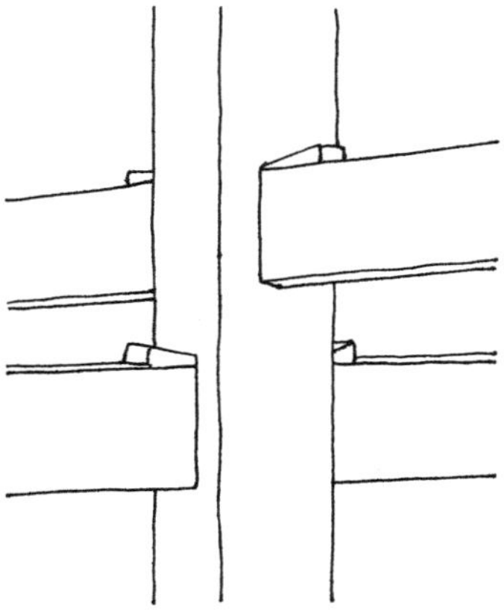

小屋束の貫

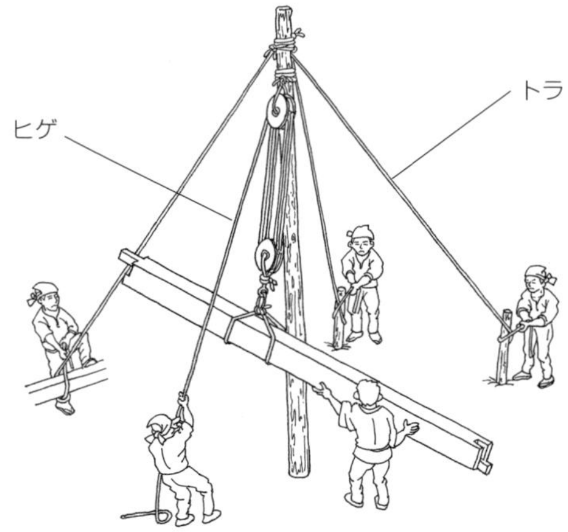

センボウ

イエ側（室の両側）の軸組がつながったら、トオリニワ側の軸組を立て起し、キオキなどの床がある部分のササラを側繋ぎ梁でつなぐ。普通は隣家との間に施工可能な隙間がほとんどないので側起こしを行う。すなわち、ひとつ石の内側で側壁の軸を組み、貫やエツリを柱にとめてから軸組ごと持ち上げて移動し、ひとつ石に載せるのである。そして柱の頂部を桁および母屋で仕口打ちして繋ぎ、最後に棟木を仕口打ちして上棟である。地棟、登り梁の引き上げはセンボウで行う。

小屋束の貫には揺れ止めの楔を打つ。登り梁の際は貫の下に、そのほかは貫の上に楔を打つと効果が大きい。

建前は小規模な建築であれば一日でおわるのが普通である。荒壁を先につけてから側起こしをすることもある。隣家との間に隙間がない場合、先に木舞掻きをして荒壁を付けておかないと、壁を立ててからでは荒壁の裏返しができなくなってしまうのである。したがってその作業の分で数日必要となるが、側壁の裏返しを省略する例が多い。

ササラ、2 階床組

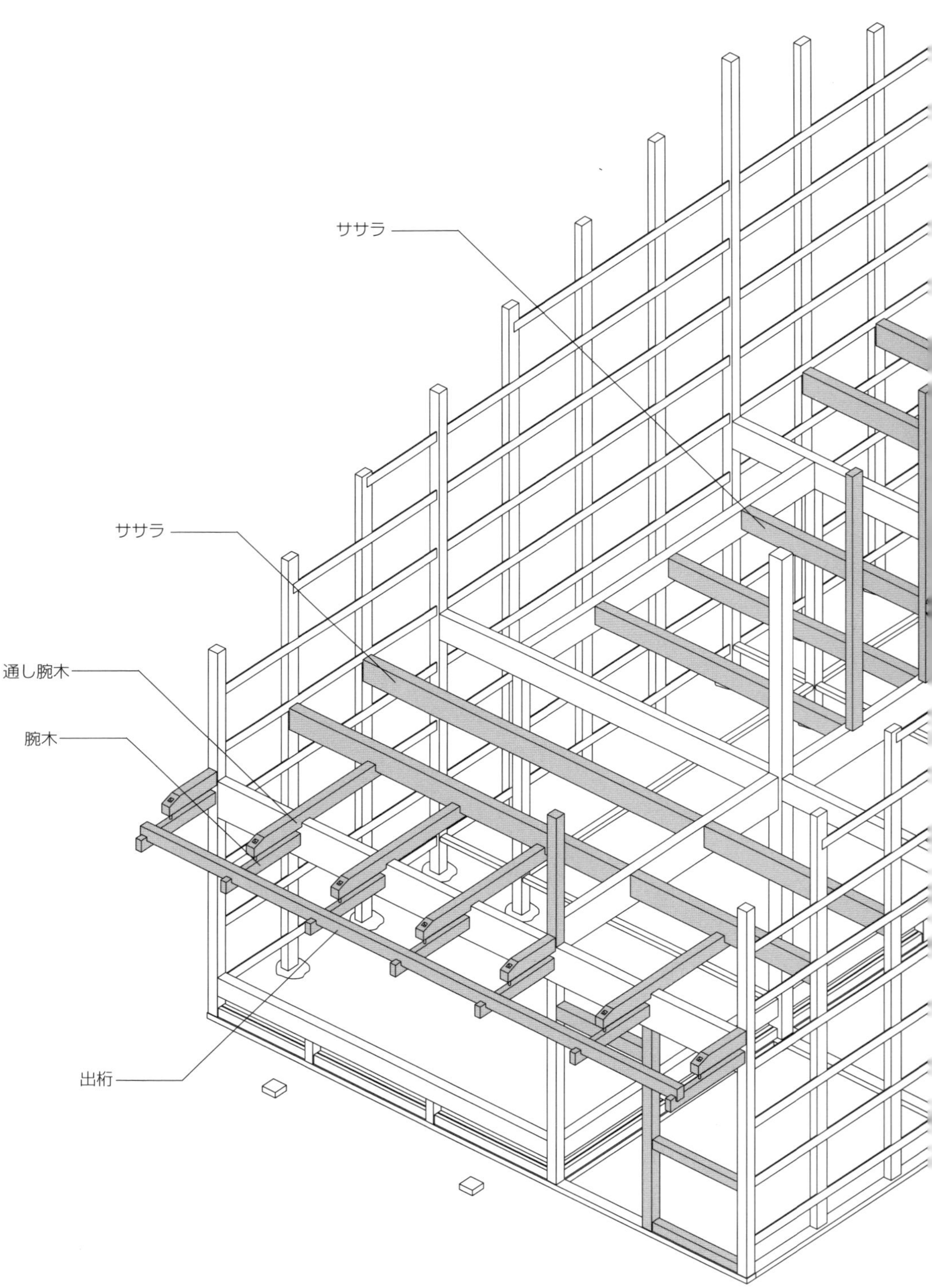

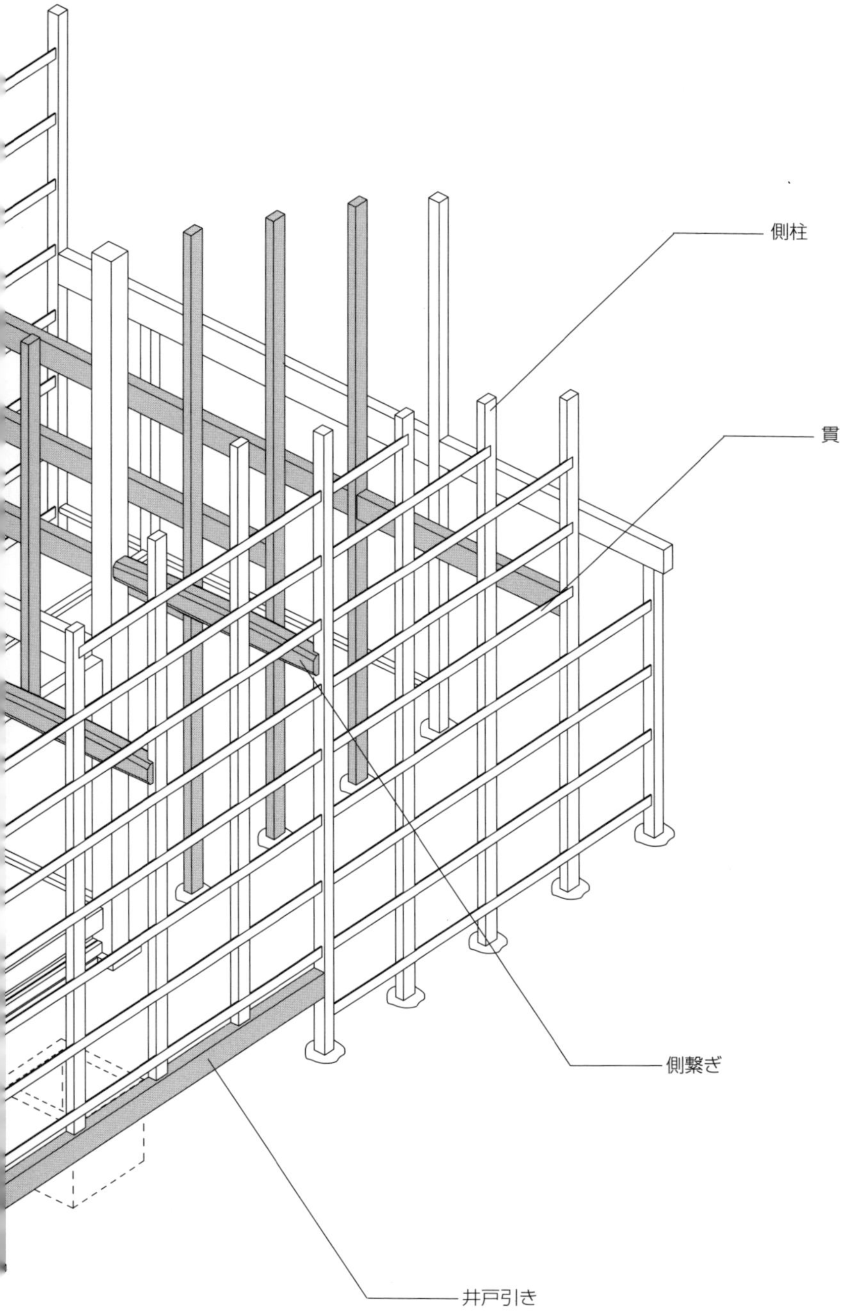

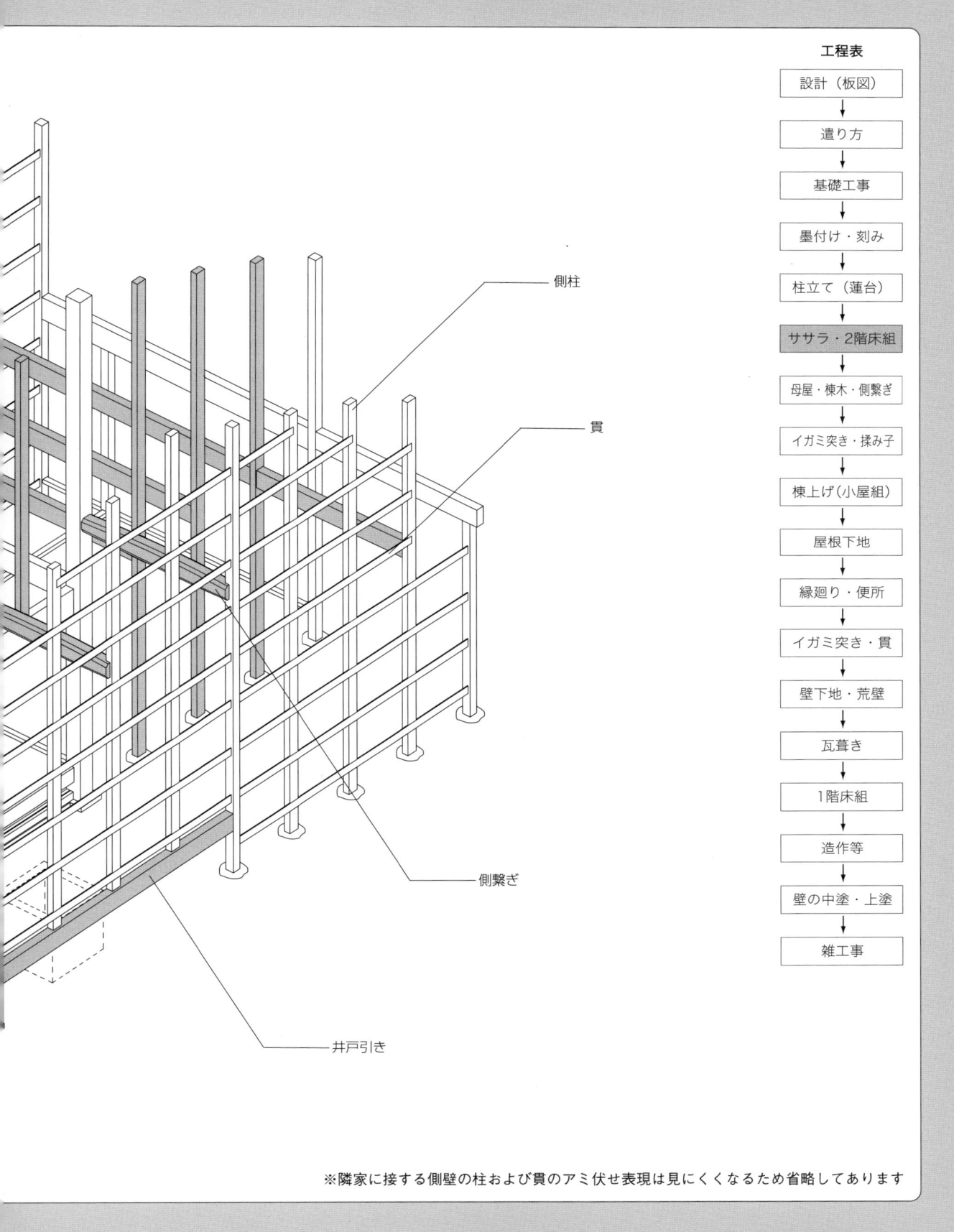

工程表

設計（板図）
↓
遣り方
↓
基礎工事
↓
墨付け・刻み
↓
柱立て（蓮台）
↓
ササラ・2階床組
↓
母屋・棟木・側繋ぎ
↓
イガミ突き・揉み子
↓
棟上げ（小屋組）
↓
屋根下地
↓
縁廻り・便所
↓
イガミ突き・貫
↓
壁下地・荒壁
↓
瓦葺き
↓
1階床組
↓
造作等
↓
壁の中塗・上塗
↓
雑工事

※隣家に接する側壁の柱および貫のアミ伏せ表現は見にくくなるため省略してあります

イガミ突き(立ち直し)と揉み子(仮筋違)———垂直を調整する

イガミ突きをして、揉み子を打つ

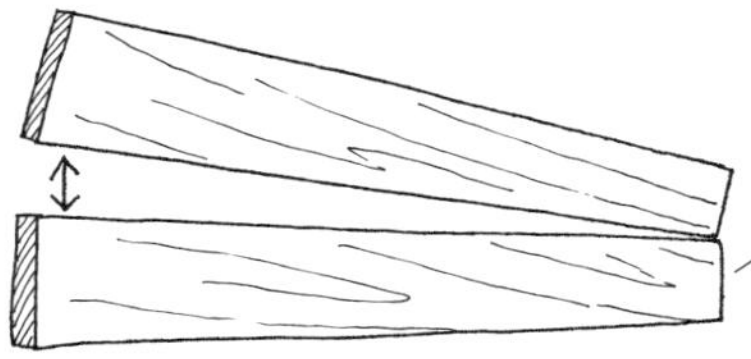

貫の切れ端材を半分に割ってつかう

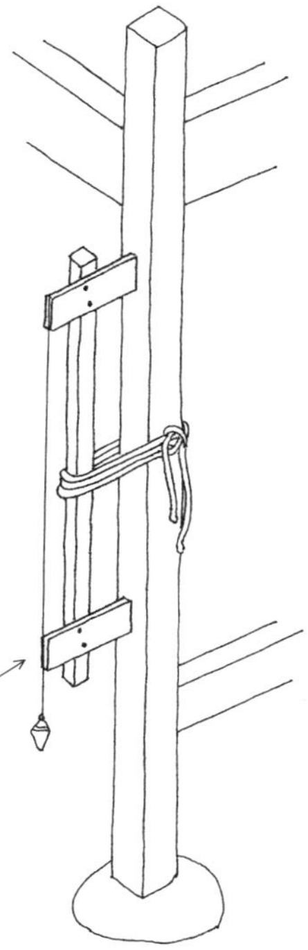

トンボで垂直をみる

軸が組み上がったらここで一度立ち直しをする。立ち直しのことを「イガミ(歪み)突き」という。棒で押したり、縄で引っ張ったりしながら柱を垂直に直し、垂直になったところで揉み子(仮筋違)を釘打ちして固定する。当然釘は仕上がったときに化粧で出ないところに打つ。垂直はトンボで見る。トンボは柱の六ツ割材に貫材の切れ端を半分に割って、釘付けしてつくる。

〈なるほどばなし・その1〉
ことわざ「千両の普請も裏アラ木」

40人工《にんく》/坪の大店も、7人工《にんく》/坪の借家も、竣工後隠れてしまう構造材の部分は大差ないことをいうが、往時は古材を使うのは節約の心掛けからあたりまえであった。臣民の塗炭の苦しみをよそに山荘の普請に憂身をやつした足利義政がつくった東山殿も古材でできている。

棟上げ（上棟式）――職人たちが伝えてきた神聖な儀式

棟上げの風景

ヘゴシ（幣串）

くり込み風景

棟が上がれば上棟式の準備に取り掛かる。

北側の軸組にヘゴシ（幣串）を数本（2・3・5・7本）立て、その前に祭壇をこしらえて米・塩・神酒・と山海の供物を並べる。並べ方は左から「みき・みけ・えん・すい」つまり「神酒・肴・塩・水」となる。また板図や尺杖《しゃくづえ》、曲尺《かねざし》、手斧、墨壷なども祭壇に上げる。

祭主は棟梁で大工や手伝いも参加する。上棟式が終ってからヘゴシを棟木あるいは棟束にくくりつける。格式の高い家では棟札も打つ。直会《なおらい》のとき手伝いが「木遣り」を歌う。あるいは木遣りを歌いながら施主の家や大工の棟梁の家にくり込んで祝儀をもらうこともあった。

また、大店などでは工事の期間中に、土蔵手打、手斧《ちょうな》（釿）始、地つき、石つき、棟上げ、棟包み、かこい払、足場払、作事方惣仕舞、町内披《ひろ》き、など、各職方の工程の折節に「祝儀日」といって諸職人に祝儀がふるまわれた。

上棟式までに時間があれば、棰打ちや荒床の仮敷き、あるいは木舞《こまい》のエツリなど、次の工程の準備作業をしておく。また人手があるうちに野地や床板などの荷揚げをしておく。

小屋組

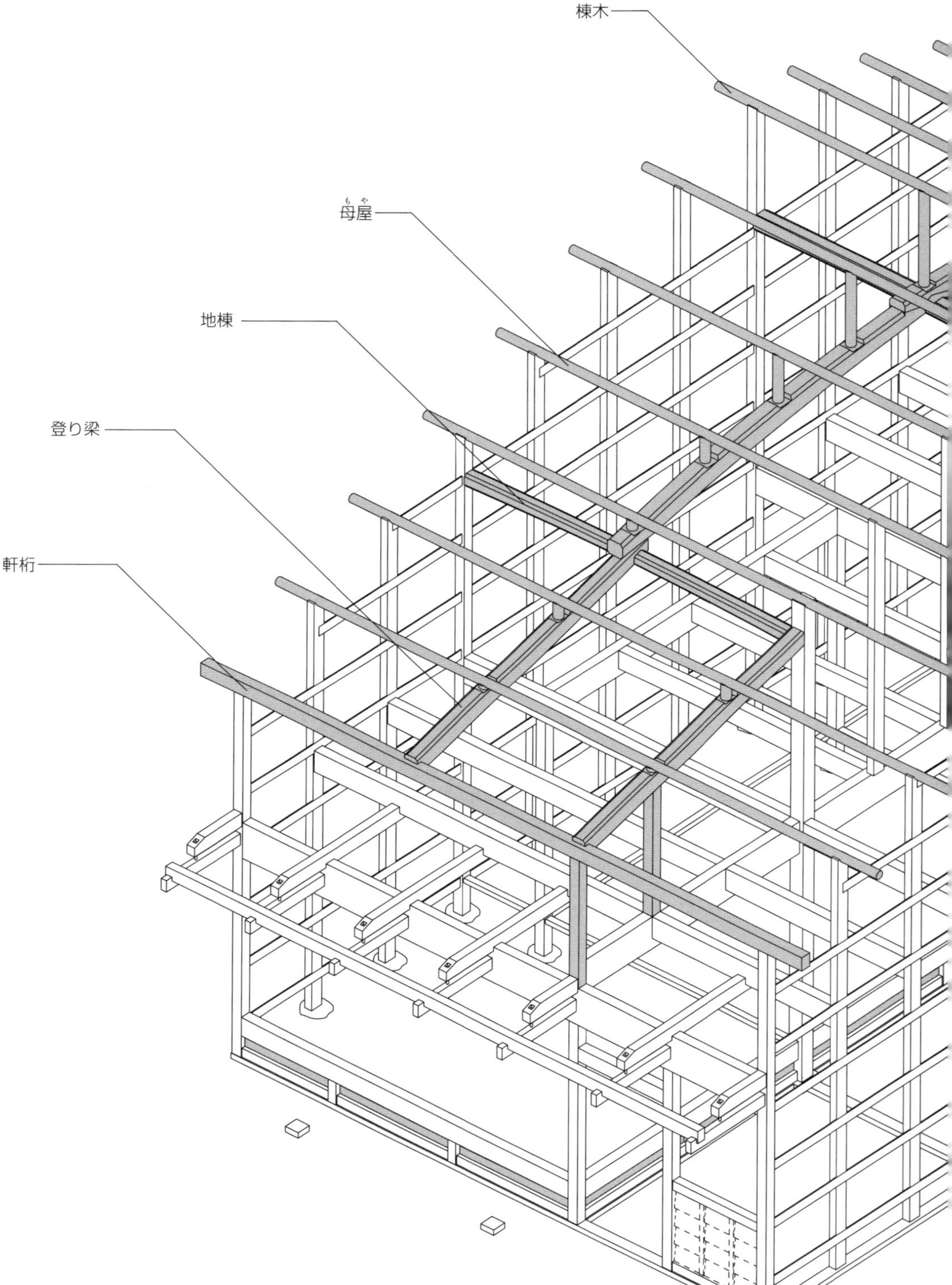

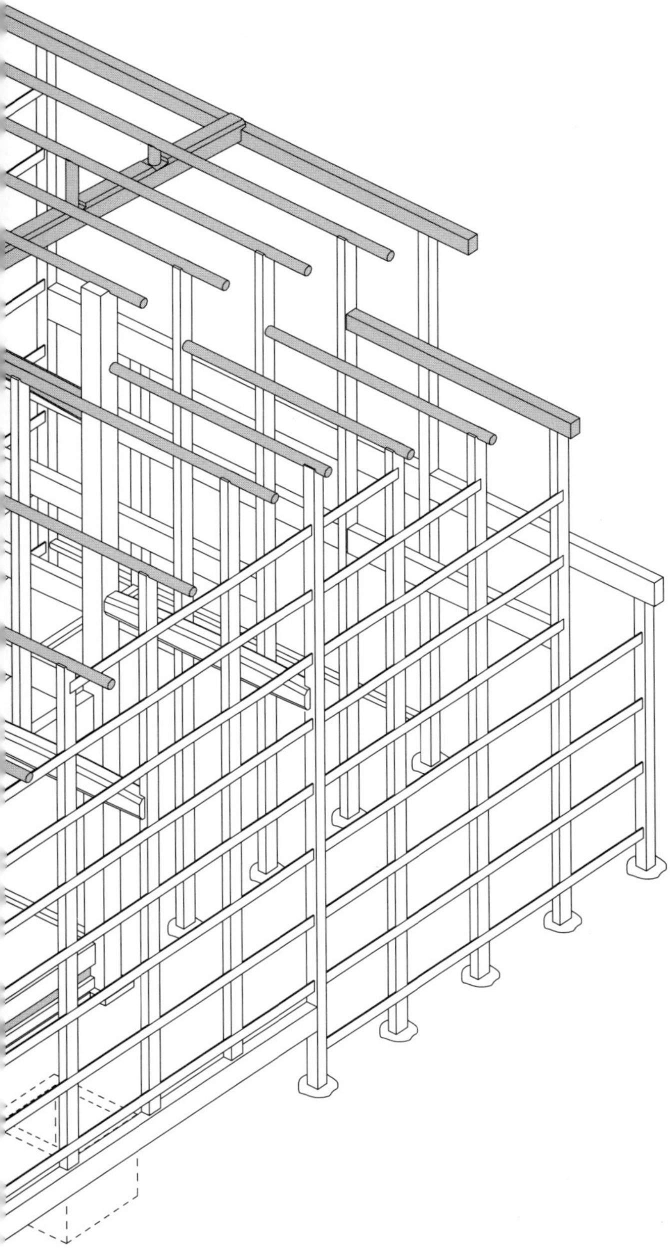

工程表

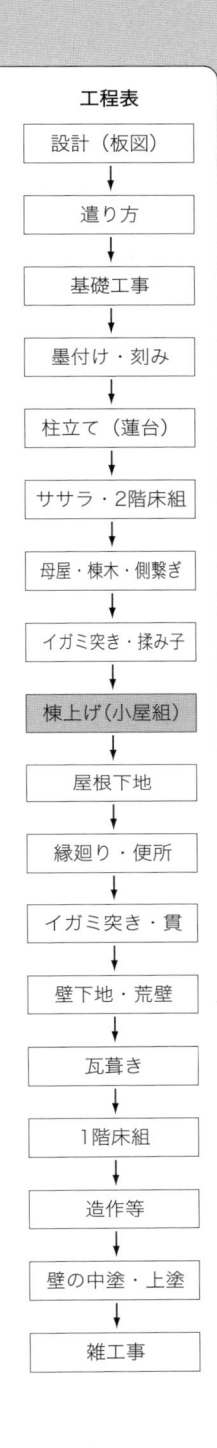

設計（板図）
↓
遣り方
↓
基礎工事
↓
墨付け・刻み
↓
柱立て（蓮台）
↓
ササラ・2階床組
↓
母屋・棟木・側繋ぎ
↓
イガミ突き・揉み子
↓
棟上げ（小屋組）
↓
屋根下地
↓
縁廻り・便所
↓
イガミ突き・貫
↓
壁下地・荒壁
↓
瓦葺き
↓
1階床組
↓
造作等
↓
壁の中塗・上塗
↓
雑工事

屋根下地——屋根勾配を決め、雨漏りを防ぐ

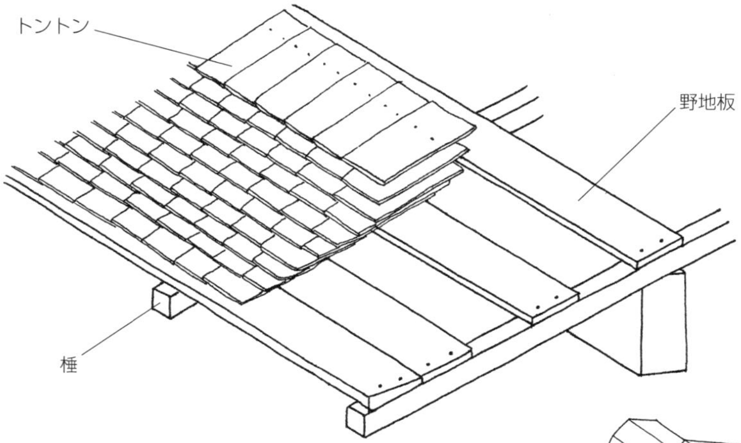

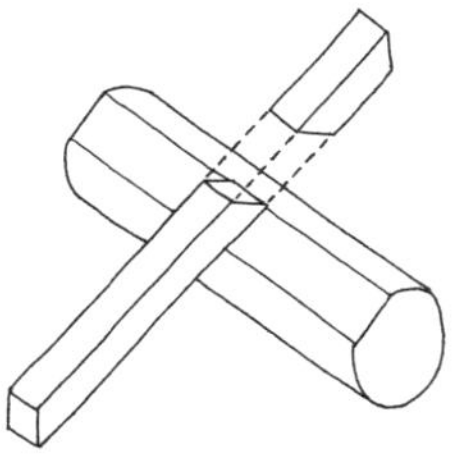

棰彫り

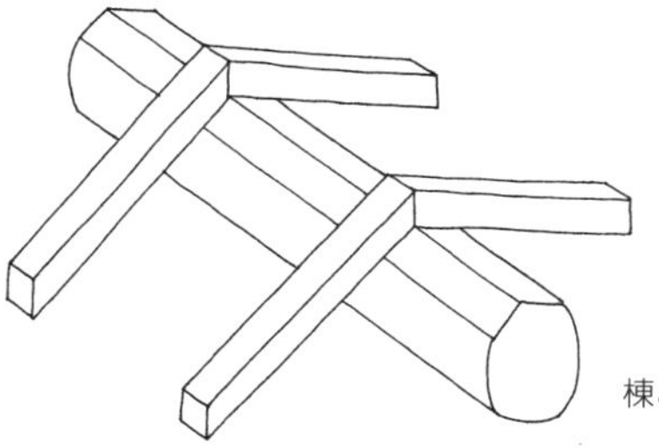

棟と棰の納まり

屋根下地　トントンは左から打っていく

トントンの葺足は２～３寸程度。木裏を上にして打つ

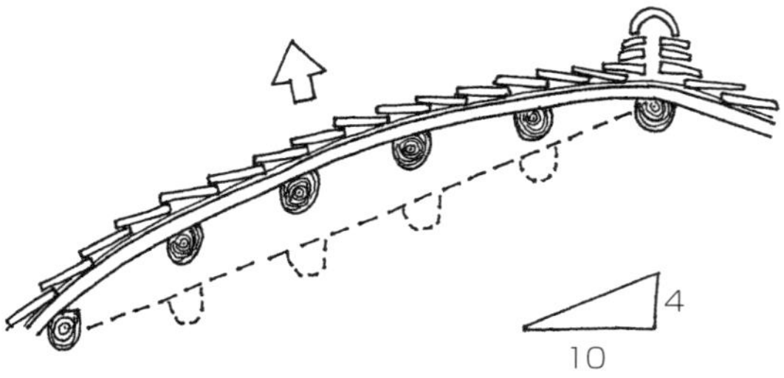

引き通しで４寸勾配に起《むく》りをつける

上棟式が終ると、雨よけの都合もあり早々に屋根下地に取り掛かる。またそれと並行して壁下地である竹木舞《たけこまい》を掻く。

まず棰を打ち付ける。棟高をむやみに高くしないために屋根勾配は引き通しで３寸８分から４寸程度に抑え、そこに「起《むく》り」をつける。起りのつけ方は母屋材の高さ調整で取れる程度で、目安として1/300程度であるが、大工によって２間で棰の成《せい》程度にしたり、母屋１間で５分上がりにしたりなど、手法は様々である。屋根の頂部は流れる雨の量が少ないので勾配は緩くてもよいが、軒先は逆に流れる雨水の量が多いので勾配をきつくする必要がある。したがって屋根に起《むく》りをつけるのは自然に適ったデザインでもある。

棰が打てたら、広木舞の位置を決め、棰の先端の出を切りそろえ、その後野地板を打ち、トントン（土居葺）を竹釘で止めれば一応の雨仕舞が完了する。野地板はニゴヌキ（２寸５分で厚さは４分）を木返し（木間返《こまがえ》し）に打つ。トントンを打つのは屋根屋の仕事である。

縁まわり・便所・バッタリ

バッタリ床几

回り戸袋

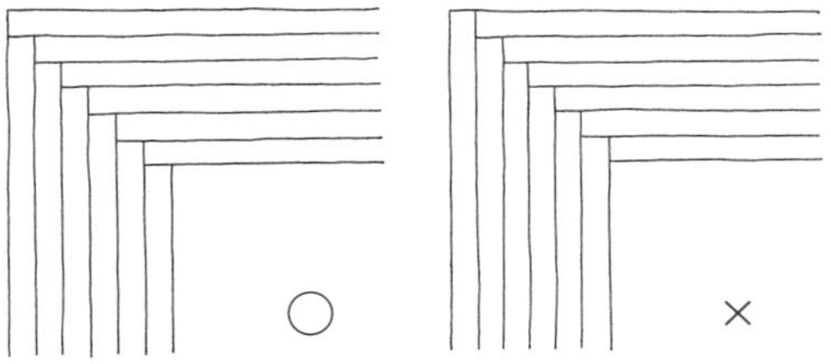

縁板の角の納め方
上から見て「入」の字になるように納めるのが良い。「人」にすると人を踏みつけることになる

棟上げが終ると、大工は裏にまわって縁側や便所の工事にかかる。

オクノマ（ザシキ）には縁が設けられる。普通は縁先に建具が立たない濡れ縁の形式である。雨戸は縁のザシキ側に立つ場合と縁先に立つ場合とがある。戸袋を回転式（回り戸袋）にしておいて、オクノマへの採光の増加をはかる工夫がされることもあった。

便所はトオリニワの奥で、オクノマから縁伝いにつくられることが多い。くみ取りは、トオリニワを通って外に出した。水まわりを集中させるため、風呂は便所の横につくる。この場合一般的に風呂が手前で便所は奥につくられる。風呂を沸かすのに火を使うので、トオリニワのクドに近いところに風呂をつくるようにして、火を使う場所もできるだけ集中させる。

表のバッタリ床几はミセの延長として使われる装置で、商店ではここに商品を並べる。床几が下ろされているところは公《おおやけ》の場所なので夜は床几をたたんで揚げておく。

屋根下地

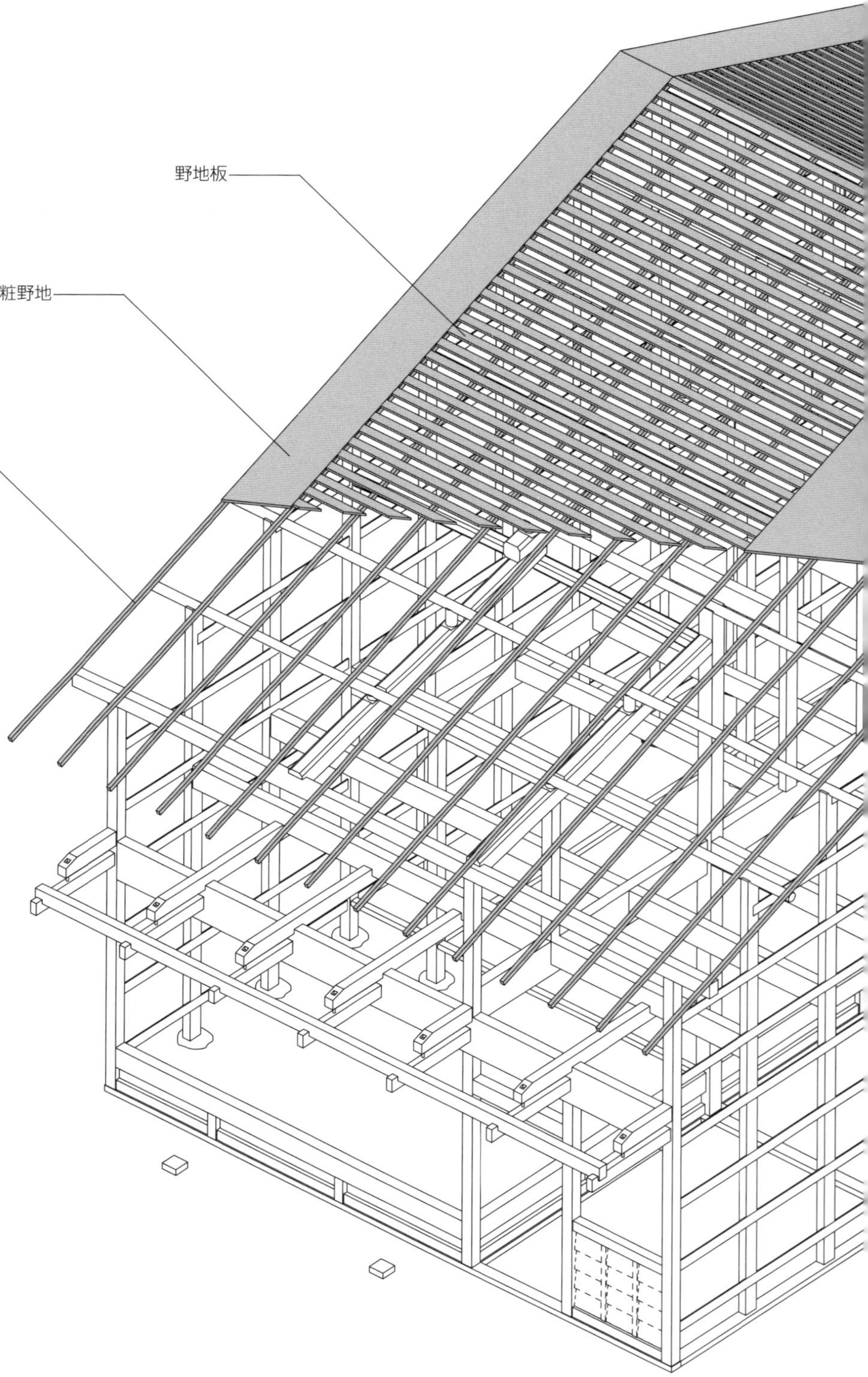

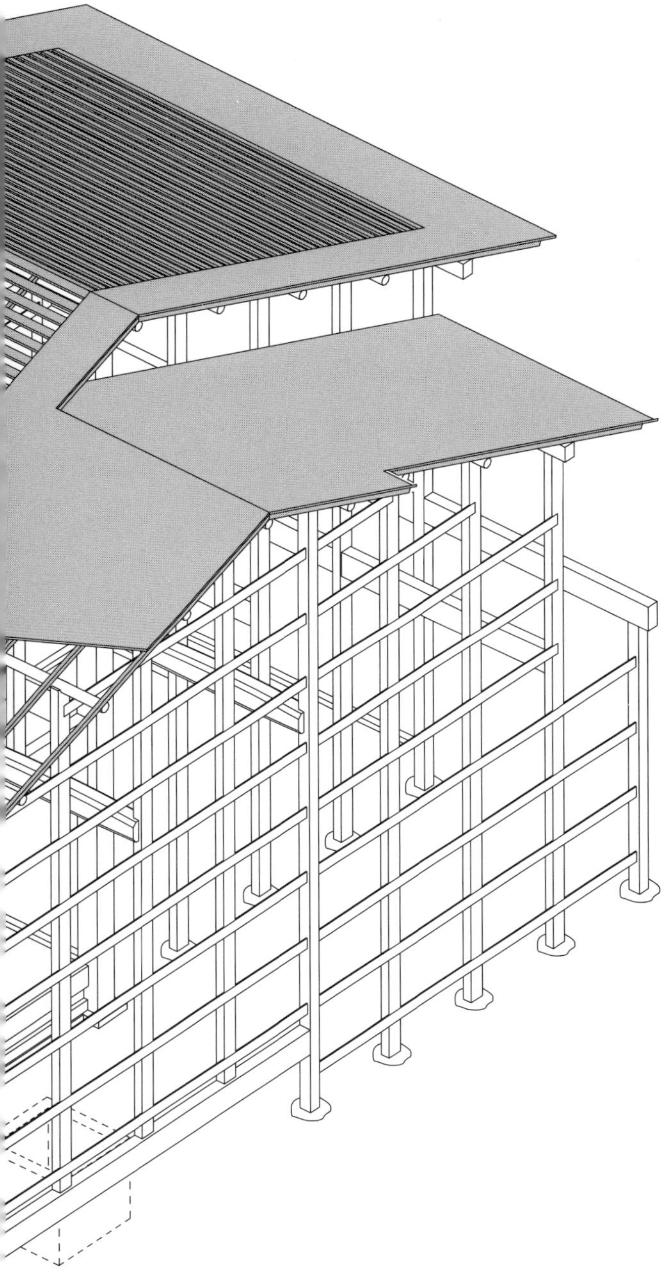

工程表

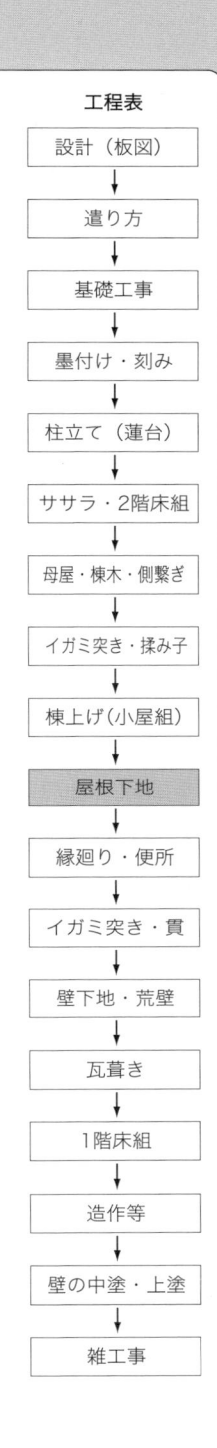

設計（板図）
↓
遣り方
↓
基礎工事
↓
墨付け・刻み
↓
柱立て（蓮台）
↓
ササラ・2階床組
↓
母屋・棟木・側繋ぎ
↓
イガミ突き・揉み子
↓
棟上げ(小屋組)
↓
屋根下地
↓
縁廻り・便所
↓
イガミ突き・貫
↓
壁下地・荒壁
↓
瓦葺き
↓
1階床組
↓
造作等
↓
壁の中塗・上塗
↓
雑工事

イガミ突き・貫——軸組をかためる

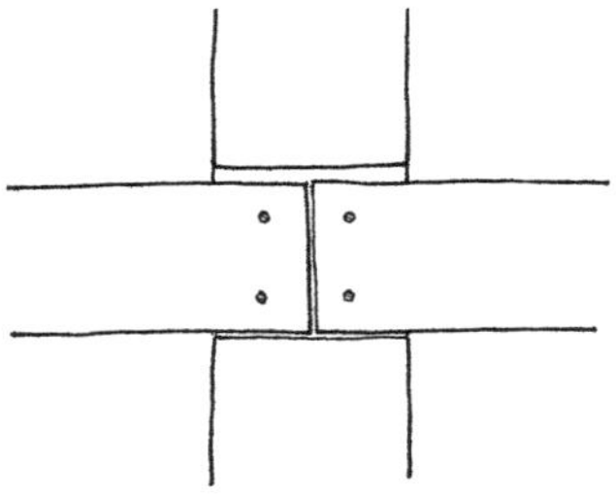

貫の継手はイモ継ぎのことが多い

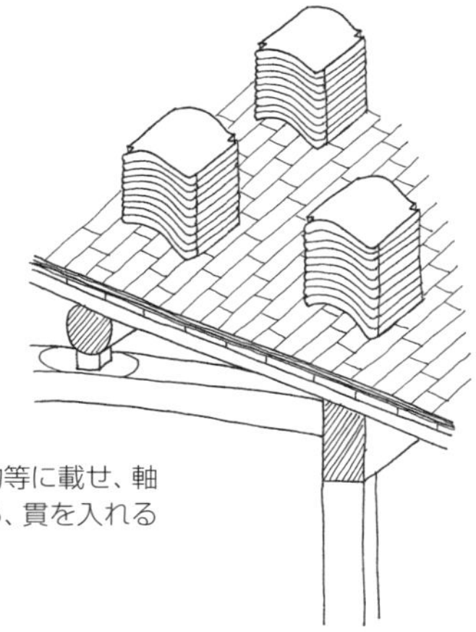

屋根に瓦を分散して均等に載せ、軸組に荷重をかけてから、貫を入れる

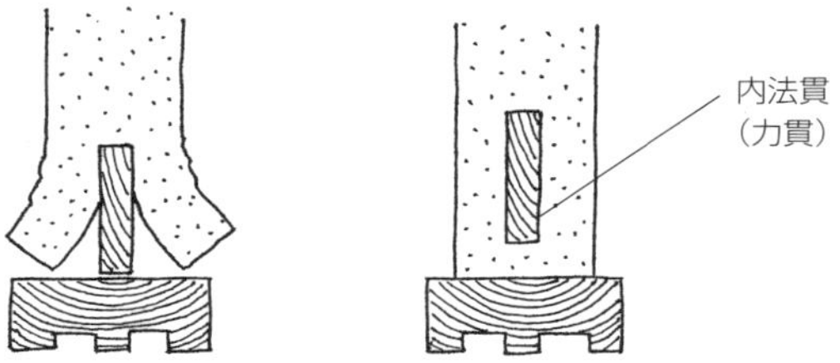

内法貫
（力貫）

内法貫は鴨居から５分ほど離して入れる

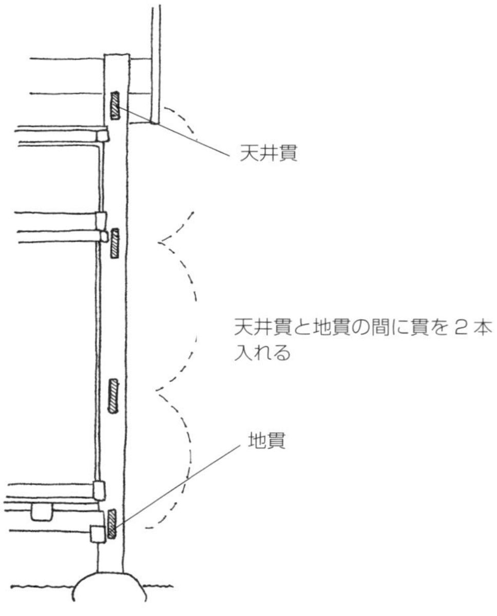

天井貫
天井貫と地貫の間に貫を２本入れる
地貫

貫の位置

屋根下地ができたら、瓦が葺けた時と同じ屋根荷重の状態で壁や造作の工事を進めるため、瓦を荷重が均一にかかるように屋根に分散して載せておく。この状態でもう一度しっかりと立ちを直し、柱を垂直にして貫を入れる。

貫は壁を仕上げる側を木裏にする。上等な仕事では貫は柾目を使い、壁の割れをおこさないように貫の四隅に面をとっておくこともある。内法貫を鴨居の上端につけると壁が割れを起こすので、鴨居から5分程度離して入れる。

〈なるほどばなし・その２〉

「カワが起きる」

棟上げ工事は手伝いさんが主役である。棟梁は刻みにまちがいがないかとヤキモキしながら下でウロウロしていたとのこと。納まらない部材があると手伝いが「入らん」といって材を放り投げた。自分の技に対する矜持《きょうじ》から、棟上げの最中は現場に出向かず家でお茶を飲んでいた棟梁もいたそうである。そして現場から手元（丁稚）が駆けつけ、「親方、カワ（側）が起きました」と報告するとおもむろに腰をあげて現場に向かったという。「カワが起きる」とは側壁が起きて棟木が架けわたされたことで、すなわち無事に上棟したことを意味した。

壁下地（エツリ・木舞掻き）——壁の下地を編む

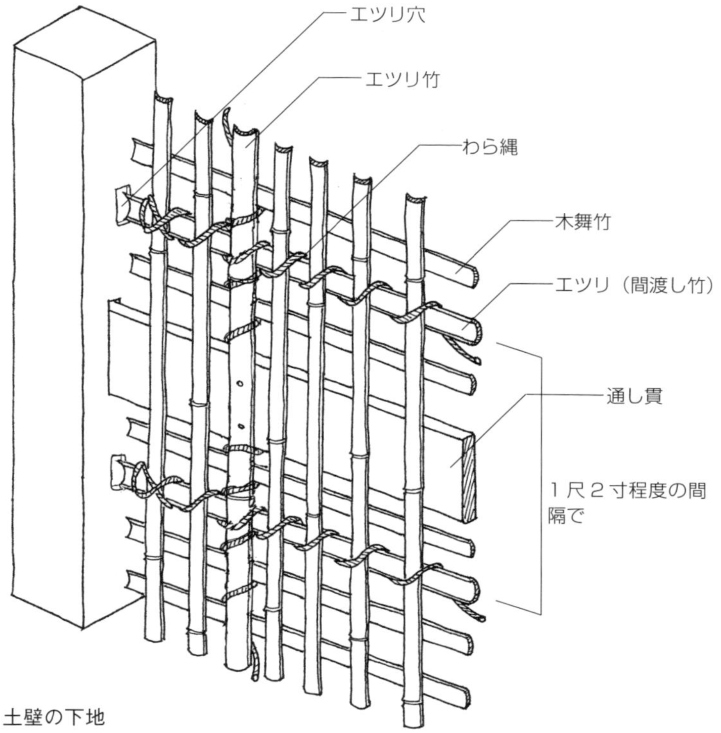

エツリ穴
エツリ竹
わら縄
木舞竹
エツリ（間渡し竹）
通し貫
1尺2寸程度の間隔で

土壁の下地

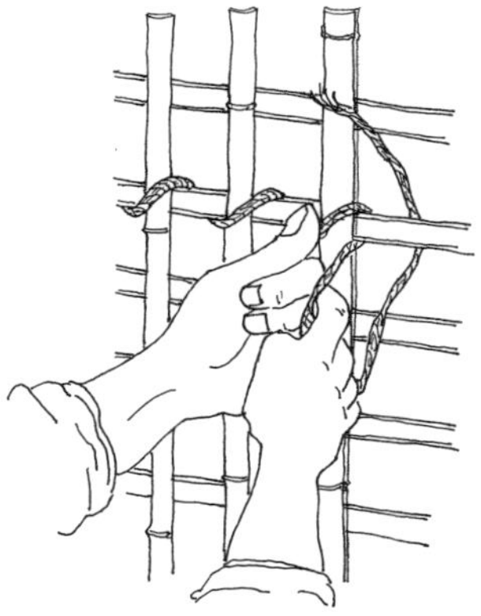

わら縄で木舞を編む

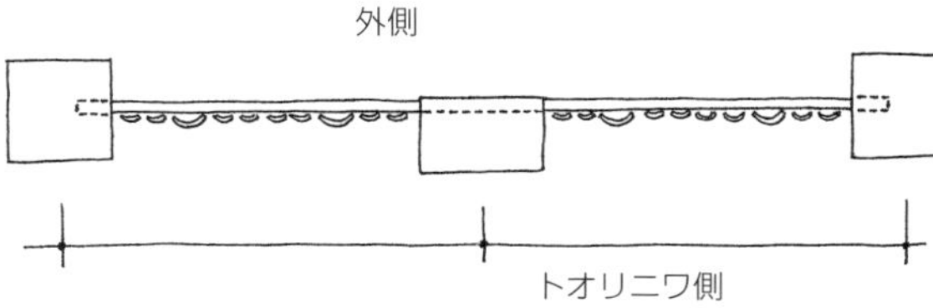

外側
トオリニワ側

貫とエツリの納まり

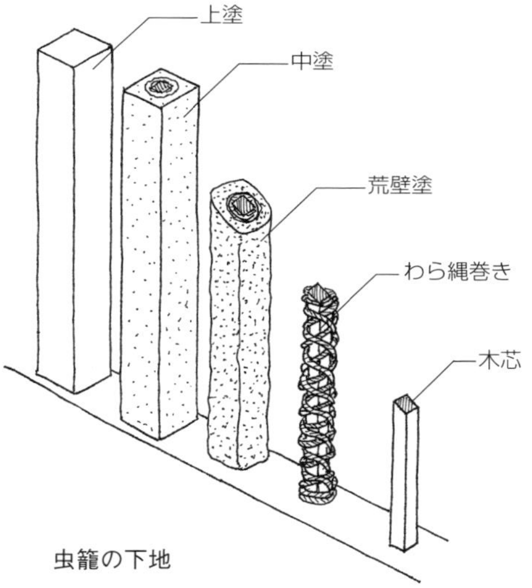

上塗
中塗
荒壁塗
わら縄巻き
木芯

虫籠の下地

柱が3寸5分〜4寸で壁厚が1寸5分〜2寸程度と薄いためエツリ（間渡し竹）は真竹《まだけ》か淡竹《はちく》の割り竹を用い、座敷側に竹の皮目がくるようにする。エツリの間隔は1尺〜1尺2寸程度でトオリニワ側が竪《たつ》になる。横は刻みの段階であらかじめ柱にあけておいたエツリ穴に差し込む。竪は壁土の荷がかかった時に撓《たわ》まないようにカズラ石や胴差から3〜4分浮かせておく。竪貫の場合も同様とする。

京都では貫は大工の仕事。エツリと木舞掻きは手《てっ》伝い《たい》の仕事である（左官がやる場合もある）。今では専門の下地屋がいる。柱のチリ決《じゃく》りはほとんどしない。

虫籠窓は芯となる棒に縄を巻きつけて下地とする。

〈なるほどばなし・その3〉
「つくる先から材の転用を考えていた」

セメントが輸入主流から国内生産に切り替わり、一般に普及してもパサ漆喰のかわりにパサモルタルを使ってはだめだといわれていた、とのこと。理由は建物が何らかの理由で壊されるときにひとつ石にこびりついたモルタルを剥がすのが大変だということらしい。ということは、これから建物を建てようとする取り掛かりのとき、既に礎石の転用を考えていたことになるから驚く。

荒壁塗——壁の肉付け

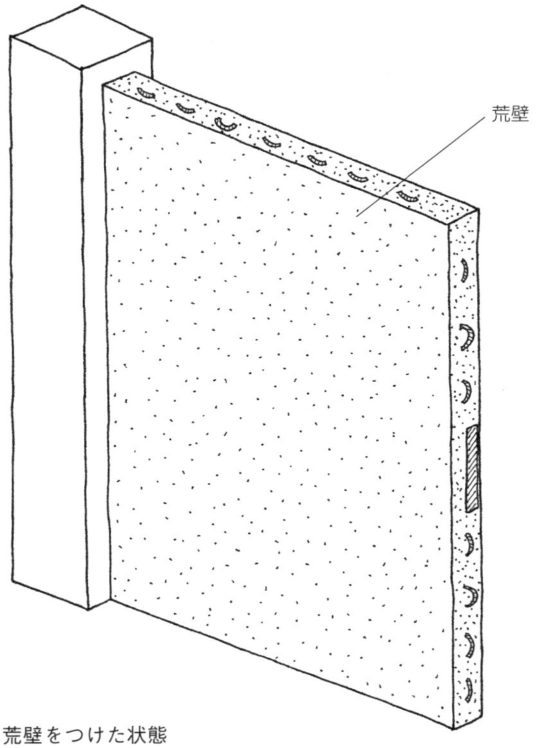

荒壁をつけた状態

荒壁の施工

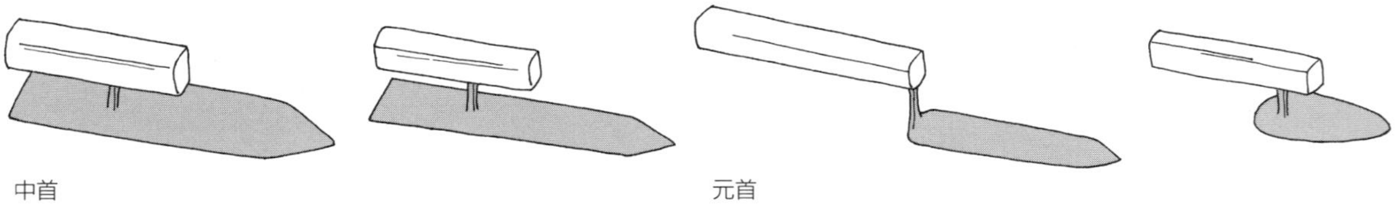

鏝のいろいろ

土壁は風雨を凌ぐという役目を超えて、外観や空間に肌目細やかな風趣をあたえる。

荒壁土はわら苆を入れ、3～6ヶ月ほど十分に練り置きして発酵させ、塗る2～3日前に短めのわら苆を混ぜておく。段取りとして荒壁をつけた後から造作にかかれるように、室側から塗っていき、必要に応じてムラ直しをしておく。

荒壁が塗れたら、裏返しの施工のため裏掻きをしておく。裏返しは季節による乾き具合が異なるが、およそ2～4週間程度乾かしてから行う。隣家の壁が文字通り隣接している場合は、隣家側の裏返しはできないことになる。その場合でも、隣家との隙間は屋根と壁でふさがれるので風雨については支障がないし、防火については隣家との壁と一体となって防火壁の役割を果たすことになる。

この時、床組は組み終っている。1階の床板は汚れ防止のため裏返しておく。

荒壁をつけると建物が固まるので、イガミ突きの時に打った揉み子は荒壁をつけてからはずす。

瓦葺き――土になじませて瓦を差し葺きする

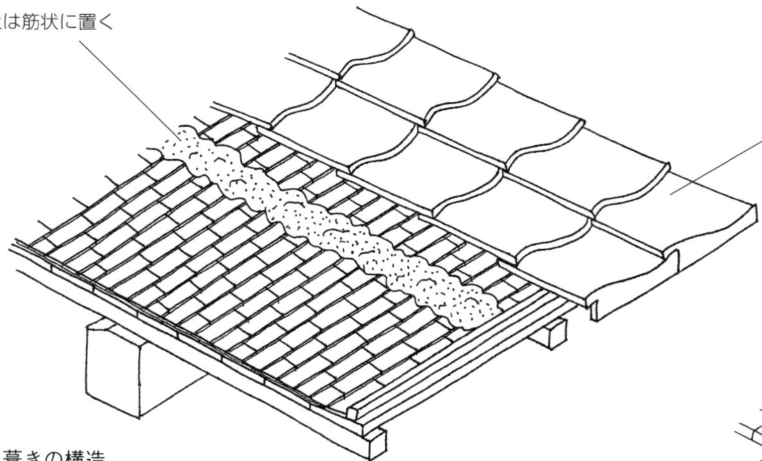
土は筋状に置く
64版いぶし桟瓦
軒は一文字葺、棟は平熨斗３段〜５段積み、紐丸（雁振（冠））瓦に覆輪鬼、これが京町家の標準仕様である

土葺きの構造

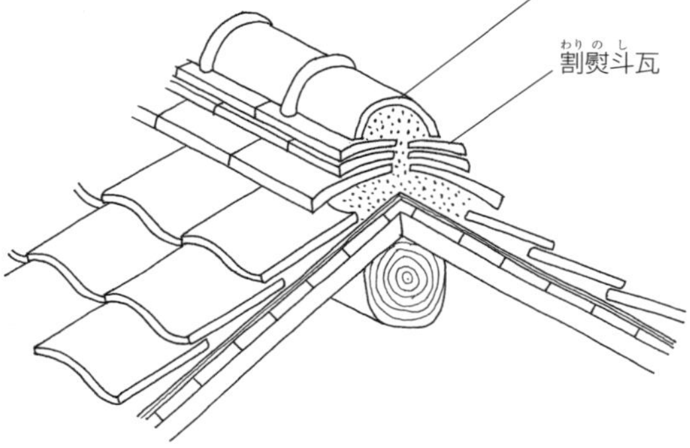
紐丸《ひもまる》瓦
割熨斗《わりのし》瓦

棟の納まり

縦に糸を張り、左側から瓦を差し込んでいく

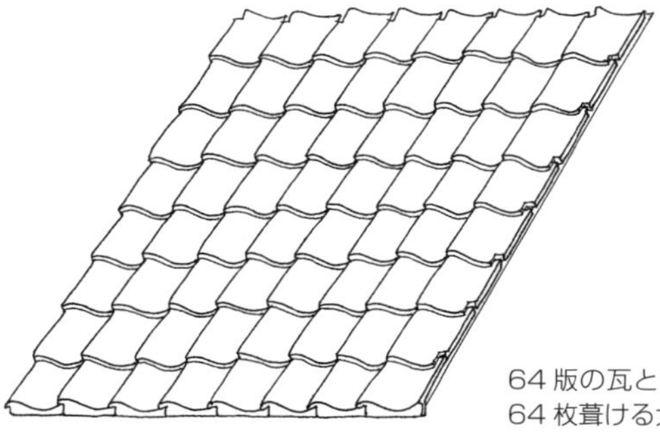

64版の瓦とは、１坪に64枚葺ける大きさの瓦

荒壁が乾いてきたら瓦を葺く。

64（ロクシ＝１坪に64枚葺ける大きさ）版の瓦はケラバの出が１尺５寸できっちり割付ができ、小版で厚みも薄いため重量が小さく具合がよい。一方、流れ方向の重なりによる水勾配の戻りが大きいため雨仕舞に難がある。

葺き方は土葺きとするが、土厚は８分程度の筋葺にして屋根の重量を小さくする。瓦の飛散を防ぐため尻釘止めが奨励されることもあるが、止め過ぎると割れによる差し替え修繕がし難くなる。葺土は割れや落下を防ぐため、わら苆を混ぜてじゅうぶん寝かせて使う。棟は飛散を防ぐため南蛮漆喰を使い、軒の雀口、棟の面戸および鬼の裏込めは灰墨を混ぜて黒くした南蛮漆喰を使う。右の瓦の下に左の瓦を差し葺きして重ね部分をきれいにそろえる。最初に軒先の瓦を道路から見て右から左へと葺いて、あとは右の列から順に下から上へ葺き重ねていく。

下屋の屋根は後まわしにする。下屋の屋根と２階の壁の納まりは、須覆《すおい》と前包みを入れる。瓦との取り合いには木熨斗《のし》を入れる。熨斗瓦は止めようがなく、ずり落ちてしまうので、木熨斗と瓦を漆喰で止める。

1階床組——束を立てて床をつくる

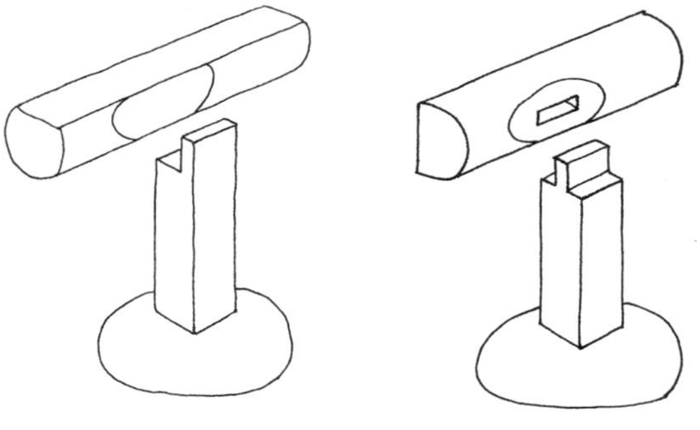

床束と大引き

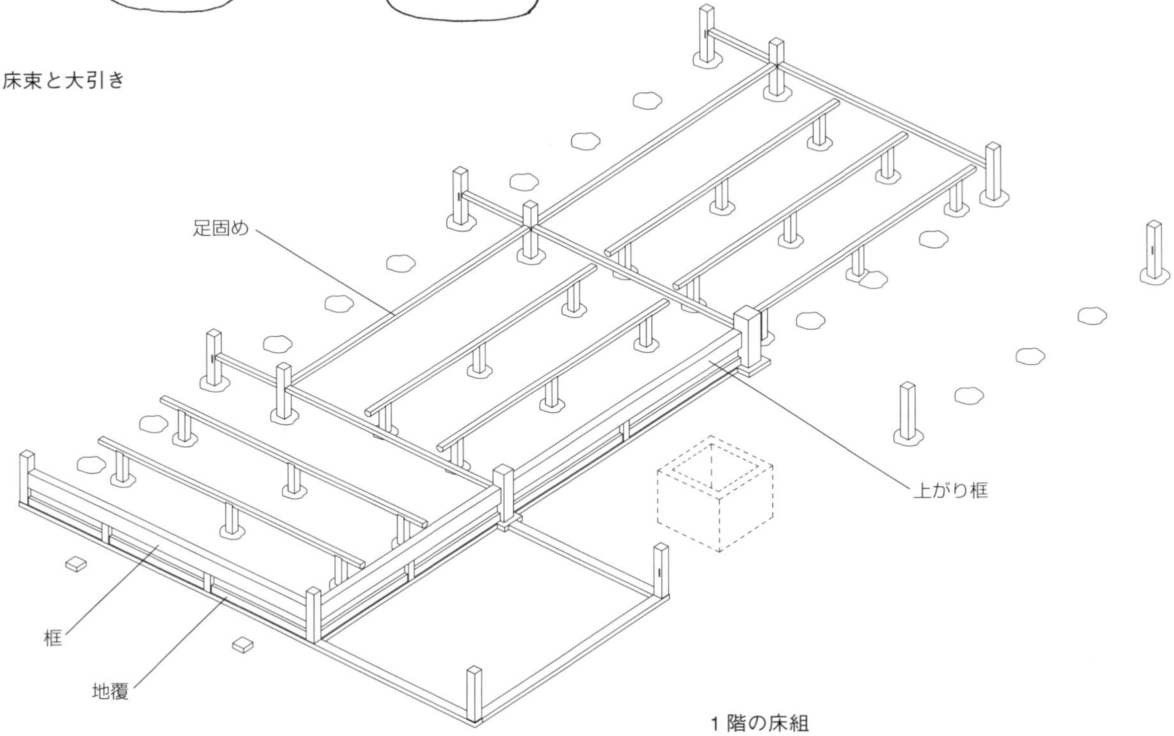

1階の床組

1階床組は最後に組む。これまでの工程で1階の床組が組まれていると工事の邪魔になるからである。大引は末口3寸程度の杉丸太を間半《まなか》間隔で渡し、台《だい》目《め》（約1.4メートル）以内毎に床束に枘差しして受ける。大引は足固めや側柱に止める必要はなく、むしろ自立させた方が骨組に床荷重を負担させずに済むし、後々の床の不陸直しにも都合がよい。床板は6分～8分の厚さの松板で、普通は足固めの上にのせるだけであるが、敷居をドッコでとめる場合は足固めを決《しゃく》り込んで天端合せで張る。1階の床板は室の周囲のみ釘止めし、あとは敷き込みでもよい。上がり框は長押引きをすることが多い。

〈なるほどばなし・その4〉
「木を殺す」

木は工業製品とちがい組織が均質でない。木表、木裏による反りがあり、木理のバラツキによる捻れがあり、節やアテもある。また年輪のつんだ木もあれば疎らな木もある。さらに木取りの仕方によって狂い方にちがいが生ずる。このような暴れん坊の木の質（たち）を見分け、適切な使い方と処理をすることが大工の腕の見せどころである。木を手なずけることを「木を殺す」といった。

造作（内法、天井等）——敷居を踏んで造作仕事の完了

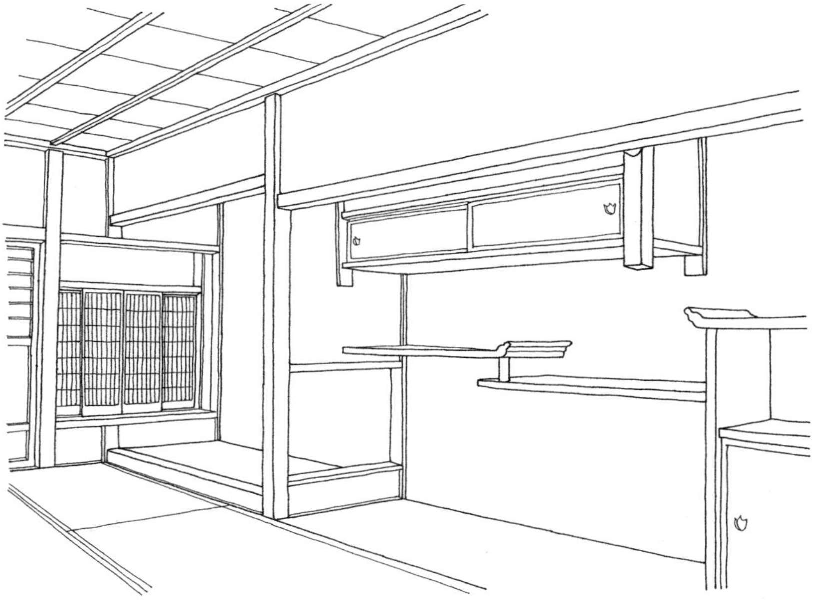

床まわりの例

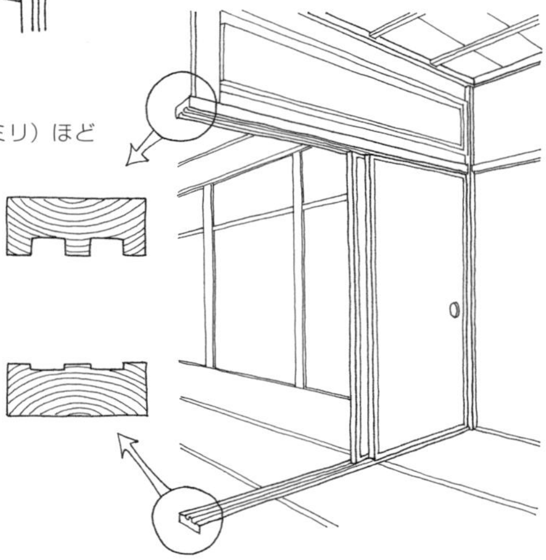
ソバ（傍）柾《まさ》にして鴨居は木表を下、
敷居は木表を上に使うと反っても故
障がなく、目に付く見付が柾目になり
見栄えもよい
鴨居は２間につき２分（６ミリ）ほど
起《むく》らせる

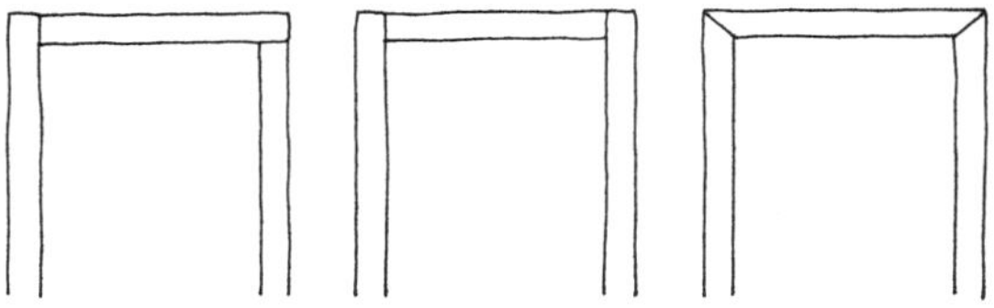
× 追組み
○ 本組
× 留め

廻り縁の納まり
仕口は追組み·留めにせず、メチ（目違い）で納める。本組（箱組）で長手通しが基本

荒壁がつき瓦が葺けたら造作に取りかかる。まず小壁を先につくる必要から、左官の工程と関係する鴨居の仕事から取りかかる。鴨居は胴差の垂れや小壁の重みによる垂れが生じることを考慮し、小屋裏で吊束による調整が可能なようにしておく。

畳寄、廻り縁、竿縁などを付ける。廻り縁や竿縁など天井まわりを造作することを「骨しばり」という。廻り縁は材の節約から皮付きの辺材を木裏使いすることもあった。トコまわりの造作はキズや汚れを防ぐために十分に養生し、できるだけ後まわしにする。違い棚は貫に留める。

敷居を取り付けることを「敷居を踏む」というが、敷居は施工中にキズがつきやすく、また納まり上、床板や縁板が仕上がってから納めるため、内部造作の終了を意味することばでもある。敷居はドッコで足固めに止める場合もあるが、擦り減りによる取り替えを考えて容易に取り外せるようにしておくのがよい。

長押を入れるのは稀である。入れる場合は成を２寸５分からせいぜい柱寸までとし、あまり高くはしない。数寄屋風に杉の磨き丸太を入れることもある。

階段・物入れ

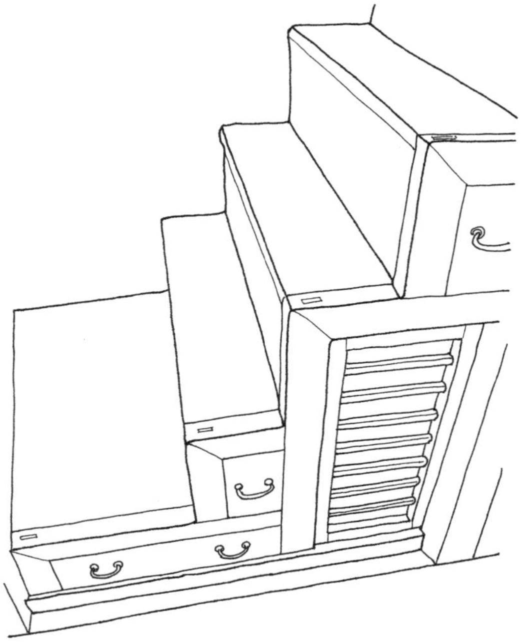

階段をもの入れとして使う例

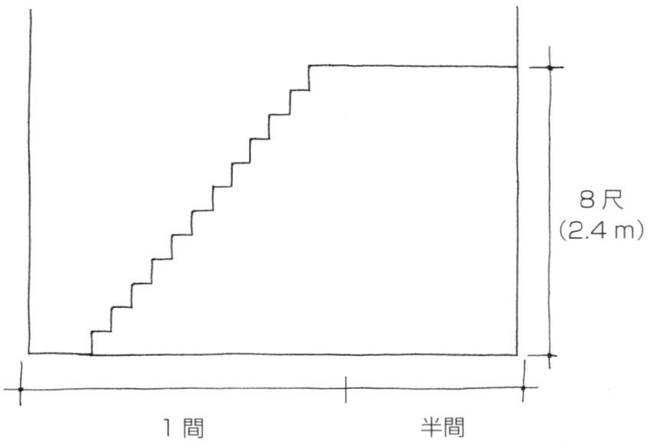

2階まで、1間で上がる。踏面は16cm、蹴上は21cm程度になる

〈なるほどばなし・その5〉
「ヤケ・コケ・クサレ」

棟上げの時、大工は口のなかで「ヤケ・コケ・クサレ」と唱えた。これはこの家が火災による焼け、地震による倒壊、およびシロアリや湿気による腐れといった、木造建築の致命的な災厄に遭わないようにとの祈りの文句であった。
ところで町家を建てた大工は家の寿命をどれくらいと思っていたのだろうか。町家を調査するとよく「祖父が『親父が建てた時大工が200年はもつといっていた』といっていた」とかいう話を聞くが、実際は何年もつということではなく、一度建てたらヤケ・コケ・クサレさえなければ、いつまでも建っているとと思っていたのではないだろうか。事実、江戸時代の大工の仕事は大半が修繕であって、新築は稀であった。それだけに棟上げの喜びはひとしおであっただろう。

階段の取り付けは左官の中塗までにやる。

階段は1間前後の長さで上がる。階高がだいたい2.4メートルに決まっているので、これで勾配も自ずと決まる。段数は12段前後に上るようにする。13段は嫌がられるので避ける。そうするとだいたい踏面が16センチ、蹴上が21センチ程度になる。

普通はササラ桁に踏板を取り付けるだけか、あるいは下に板を打ち流す程度の簡単な構造の階段である。側面を引出しや戸棚として利用する箱階段の場合も大工の仕事で、作業場でつくって持ってくる。

階段の上部で板戸を水平にすべらせて2階の床下に出し入れする工夫も見られる。防犯、落下防止のほか1階の座敷で温めた空気を無駄に2階に上げないなど、様々な役割がある。

物入れやハシリの類はいちばん後の仕事。他にも神棚、水棚、ちょうちん箱、嫁隠しなどがある。

壁の中塗・上塗——壁を仕上げる

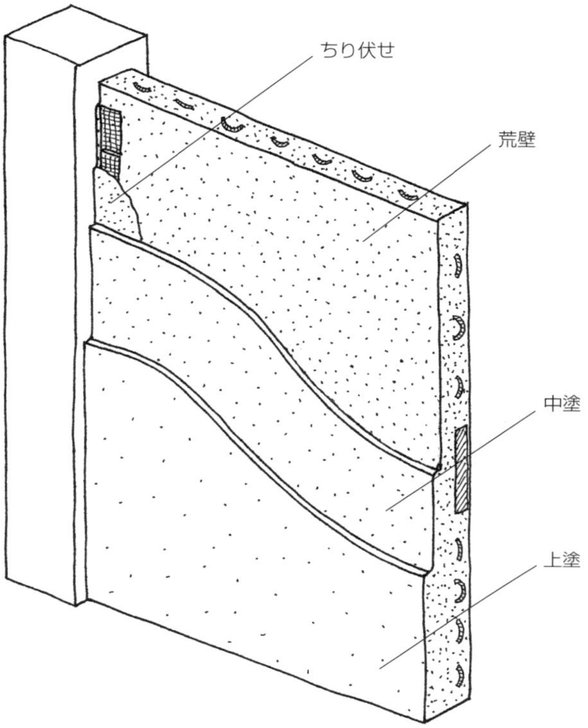

中塗・上塗

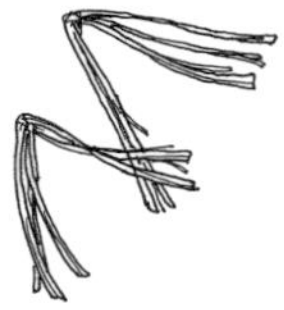

ヒゲコ

ちり伏せ

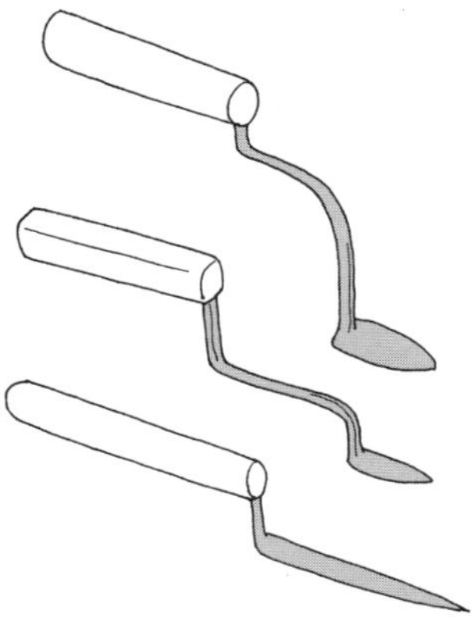

鶴首

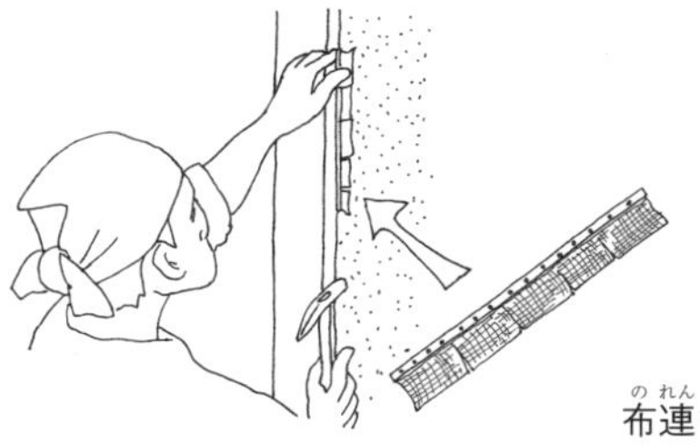

布連《のれん》をうつ

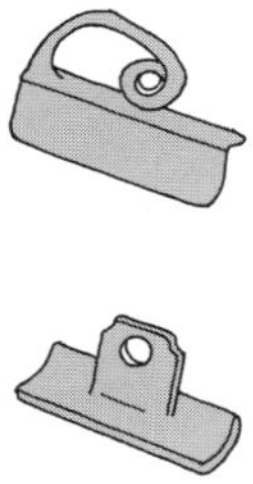

つまみ鏝

造作の骨しばりの前に壁の裏返しをしておく。

貫は杉材の目のおとなしいものを使っているが、それでも狂いや反りが発生するので中塗に先がけて寒冷沙《かんれいしゃ》などで貫伏せをする。チリ分れを防いだり、トコまわりなど特に丁寧な仕事をする場合にはヒゲコでチリを補強したり、布連《のれん》などを用いて補強する場合もある。丁寧な仕事では中塗の段階で平滑を得るため中塗に準じる土で底埋め（ムラ直し）をしておく。チリ際は中塗が厚いと収縮割れが起きやすくなるため少々厚めに底埋めする。

暴れをまって１年から２年程度上塗りをせず中塗のままで放置しておくこともあるので、中塗は仕上げ並みの精度で塗っておく。中塗の精度が仕上がりを左右することはいうまでもない。塗り厚は２〜３分とする。普通は１回で塗るが、ムラが出ないように２〜３回に分けて薄く塗り重ねることもある。

上塗は部屋の機能や趣によって仕上げの仕方を選ぶ。座敷は本聚楽、大阪土など。妻壁やトオリニワ、階段、廊下は強さと防汚性、耐水性などに優れた黄大津、漆喰。オモテは稲荷土や黄大津などが選ばれることが多い。

建具の建てあわせ・畳の敷きあわせ

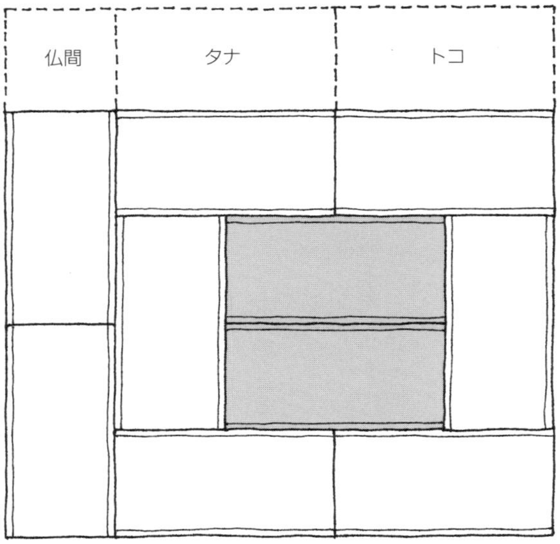

仏間
タナ
トコ

高さのムラ直し（不陸直し）のため、中の２枚は最後に敷きこむ

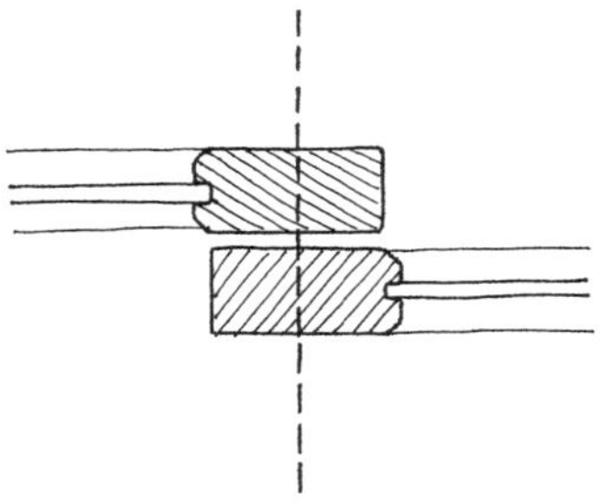
建具の竪框の中心位置

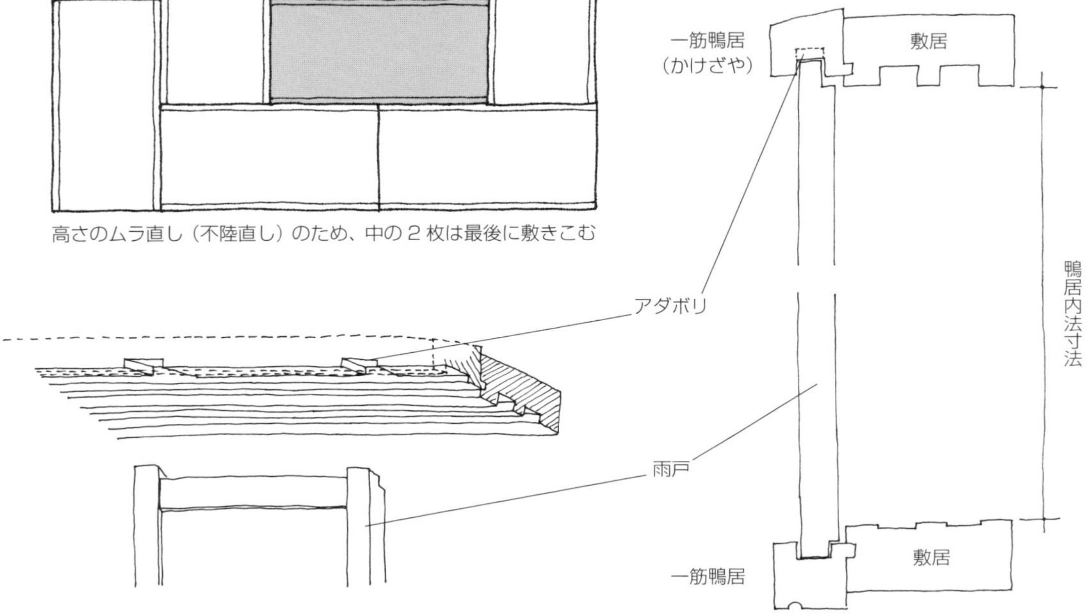

一筋鴨居
（かけざや）
敷居
アダボリ
鴨居内法寸法
雨戸
一筋鴨居
敷居

雨戸をはめる工夫
竪框の幅に合わせて鴨居にアダボリ（建具掘り）をしておき、そこから建具をはめる

建具の建てあわせ
敷居の溝は半紙 2.5 枚程度の深さ

明治期までは畳を入れる前に室《へや》の採寸をすることはまれで、畳は使いまわしていた。室を採寸する場合は、まず室の図を描き、四方の長さと対角線、それに敷居、畳寄の高さを正確に測定し図に記入する。畳は規格化（京間は６尺３寸×３尺１寸５分）されているとはいえ、それぞれの室を正確に採寸してつくった畳は１枚１枚大きさや形が微妙に異なるので、畳裏に敷き込みの位置を記入しておく。掃除や表替えなどで敷き替えをしても、その記号をたよりに元と同じ位置に敷く。畳のヘリは黒か茶色のものが多く、商家では皮べりも用いた。職人の家などでは丈夫な茶色のものを好む傾向がある。厚みは、1.6～1.7 寸程度の薄いものであった（現在の畳は 1.8 寸程度）。畳に上敷きを敷く場合は、畳表の保護や防湿のため、間に渋紙（柿渋を塗った紙）を敷くとよい。

建具、特にふすまは仮組みして現場で地合わせしてからつくる。大工が内法の寸法を測り、建具屋に伝えてつくる。簡易な雨戸は大工がつくった。盗難防止のため、雨戸の鴨居にはアダボリをしておく。

庭と蔵

庭と蔵のある風景

中庭や前栽《せんざい》は換気・通風・採光のほか、部屋からの景色としても町家の重要な要素である。打ち水による熱の対流や通風のため、土のままであることが重要であり、また床下の構造が束立てで開放されていることによって風の通り道ができる。

中庭は採光と通風を重視し、シダ・コケ類とシュロ竹を植える程度にすることが多い。白川砂を敷いて明るくすることもある。

一方前栽はオクノマからの景色となるため、多種多様な樹が植えられる。なかでもマツ、マキ、モッコクは江戸時代から流行した。庭の景として一般に飛石《とびいし》、蹲踞《つくばい》、燈籠《とうろう》などが取り入れられる。縁先《えんさき》手水《ちょうず》鉢《ばち》は実際の手洗い用としても使用される。限られた庭の面積をなるべく広く見せるために、座敷側を低くして、奥に土を盛り上げて高くしたり、地面を掘り下げて蹲踞を据える降《お》り蹲踞の形式にしたりすることも多い。降り蹲踞は庭の排水の役割も果たす。伽藍石や燈籠など大きな石ははじめから入れておくこともある。

蔵は仕上げを残し、主屋より先につくっておく。

すだれは、雨の吹き込みを防いだり、客人への目隠しの役目を果たす。

その他、雑工事——そして竣工

おくどさんは左官の仕事

鍾馗さん

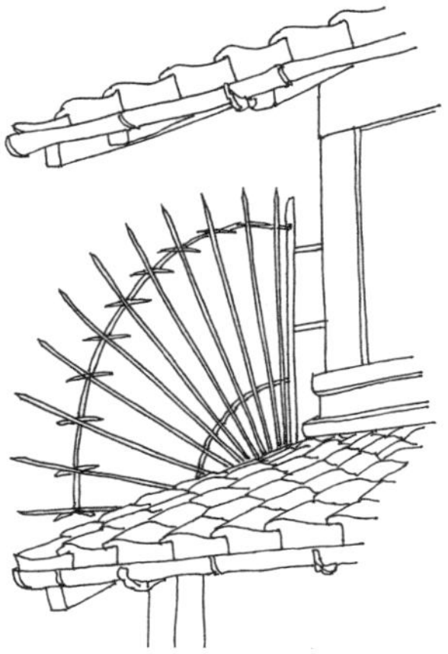

忍び返し

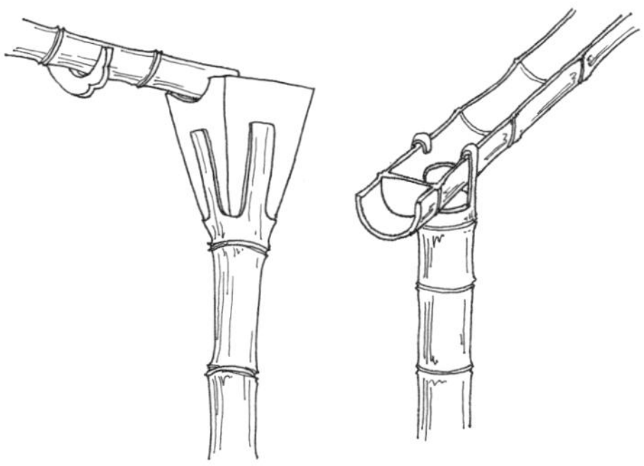

横樋と竪樋は鮟鱇《あんこう》でつなぐ（左）　横樋に穴をあけておいて竪樋をその穴から引っ掛ける程度の簡単なものもある（右）

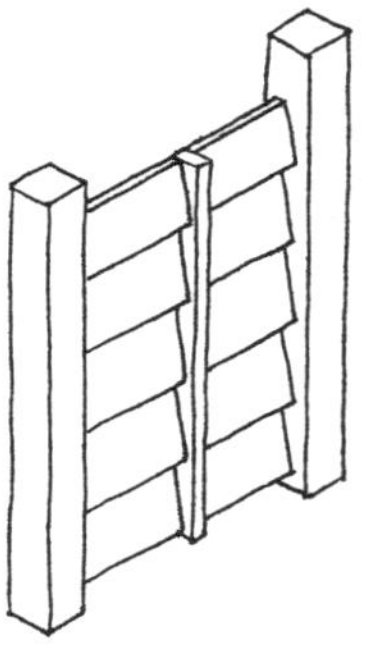

下見板は建て方の時に嵌めてしまう

雨樋の横樋は直径10センチ以上の青竹を半割する。横樋と竪樋は、上等なものであればアンコウでつなぐ。横樋の端に節を残して下部に穴をあけ、竪樋の皮の部分を残しておいて横樋の穴に引っ掛ける程度の簡単なものもある。4～5年はもつ。

表の外壁の腰に下見板を嵌める時、柱際に押縁をつける場合は後からでも嵌められるが、方立をつけない場合は柱に切り込みを入れておいて、建て方の時に嵌めてしまう。

門口の上の下屋庇にまつられる瓦製の小さな鍾馗《しょうき》像は疫病神を追い祓い、魔を除くと信じられた、中国の故事に因む神。出世や商売で向かいの家に負けないようにと、にらみをきかせているともいわれる。

〈なるほどばなし・その6〉

「敷居を踏む」

敷居はあとから取り外しができるように柱に固定せず、落とし込むだけである。敷居を落とすことを「敷居を踏む」といった。仕事の途中で誤って踏んで傷や汚れなどをつけないように、敷居は仕事のいちばん最後に入れる。大工は敷居を踏んで仕事を終えるのである。すなわち敷居を踏むとは大工仕事の完成を意味した。完成後、敷居は跨ぐものであって、決して踏んではいけない。

第3章

〈実践〉
改修マニュアル

1　調査——どこをどのように改修するのかを見極める

まず、どこをどのように改修するかを知るために調査をする。これは改修工事の優先順位を決めるために、あるいは改修費用を算出するためにも、入念に行う必要がある。要点としては、代々受け継がれてきた町家にどのような手入れがなされてきたかに思いを至らせることである。また、単に故障部分の改修をするだけでなく、なぜその故障に至ったかという原因を究明して、その原因を除去する手立てを併せて採ることが大切である。

■1　基礎の不同沈下

京都は平安京造営時から湿地帯であった右京を除けば､沖積層であっても地盤の耐力は十分ある｡従って、不同沈下の原因は地盤の耐力以外にあることが多く、さらにそれは極めて現代的な理由によるものが多い。

■1　調査方法

レベルで床や鴨居の上がり下がりで沈下状況を調べる。そのときの基準点は状況に応じて決めざるを得ないが、一般的に妥当性が高い基準点は、鉛直荷重が最大になることを考慮して入念な基礎工事を施してある「大黒柱」である。

■2　原因究明

調査者の状況判断が優先されるが、一般的に不同沈下の原因と考えられるのは以下である（不同沈下が過去に起きたものか、進行中であるのかを確認)。

①隣地に異なる基礎構造の建物が建ったことによるもの

町家の地業は根切りをせず、地面に直接栗石を打ち込んでつくる。隣地に根切りをする在来軸組構法の基礎や鉄骨、あるいは鉄筋コンクリートの深い基礎をつくることは、町家の支持地盤を取り去ることになる。この原因は起きてしまったことなので除去することはできないが、これから隣地にそういう建物が建つという時には、町家の基礎の支持地盤に影響を与えない構法を求めることが必要であろう。

②隣家との隙間に雨水が侵入

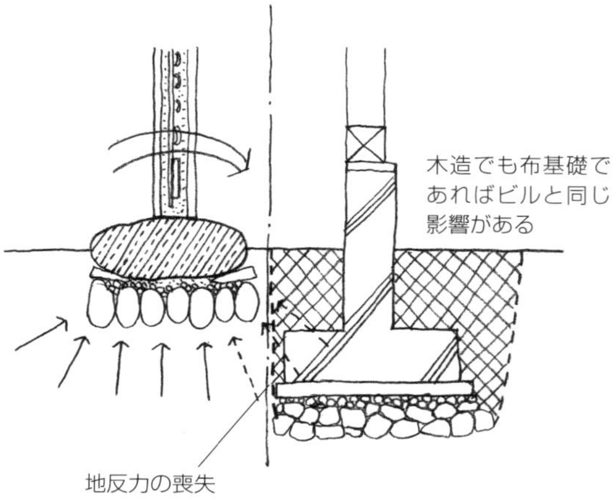

図１・１　基礎の不同沈下
隣地の異種基礎で支持地盤が荒らされる

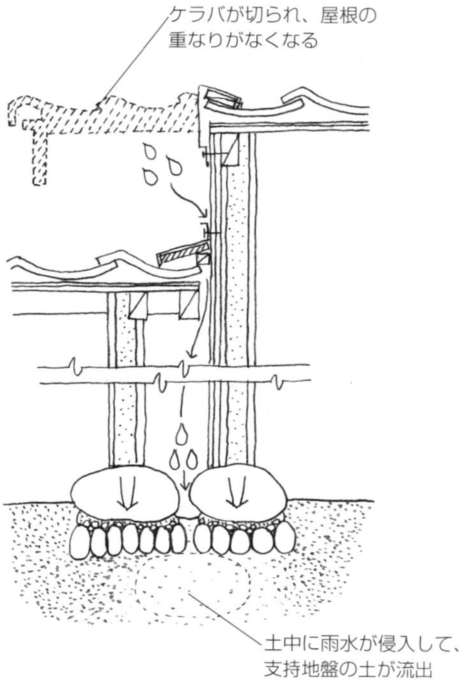

図１・２　隣家との隙間に雨水が侵入
ケラバの重なりがなくなった取り合い部から雨水が侵入

町家同士の屋根は高さを変え、高い方がケラバを1尺5寸ほど隣へ伸ばして、お互いの壁を保護するのがルールであった。しかし最近では木造以外の建物を建てるときや町家を壊して更地にするときに、隣にケラバを切ることを要求したり、場合によっては何もしないのにケラバが切られているケースすらある。その際、お互いの建物間で雨仕舞いをきっちりしておけばよいが、そうでないときは建物間に雨水が侵入し、逃げ場がないため基礎下の土が雨水とともに流失して、建物の沈下につながる。

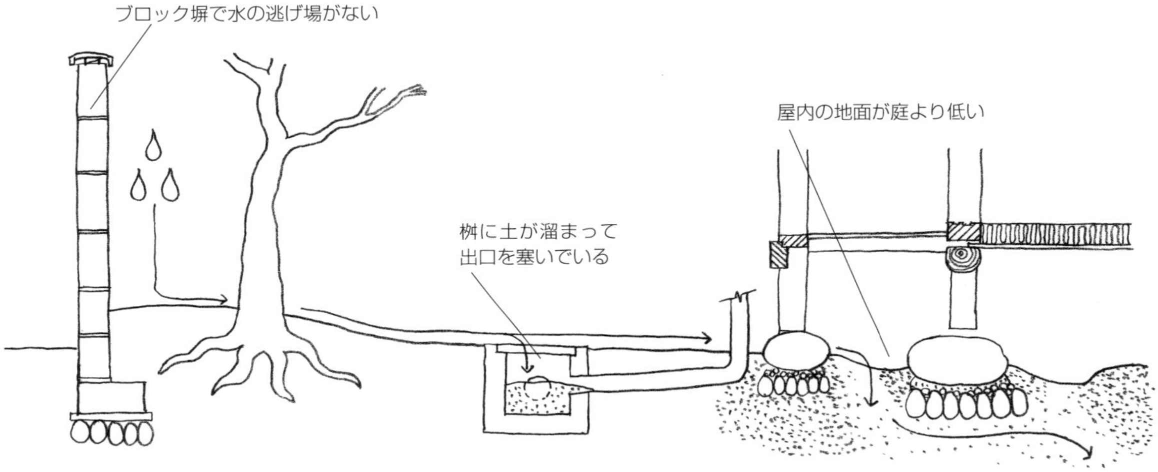

図1・3　庭の雨水が屋内に侵入

③庭の雨水の侵入によるもの

庭の隣地境界をブロック塀で囲ってしまい、雨水の逃げ場がなくなったり、庭の地盤が建物内の地盤より高くなっていることにより、雨水が建物内に侵入することで起きる。

④トオリニワの排水管の漏水によるもの

汚水管や雑排水管が土管のままのものが多く、ジョイントから漏水した水が水みちを作り基礎下の土を流す。

⑤大型車両通行の振動によるもの

地下鉄や路面電車の影響もあり得る。

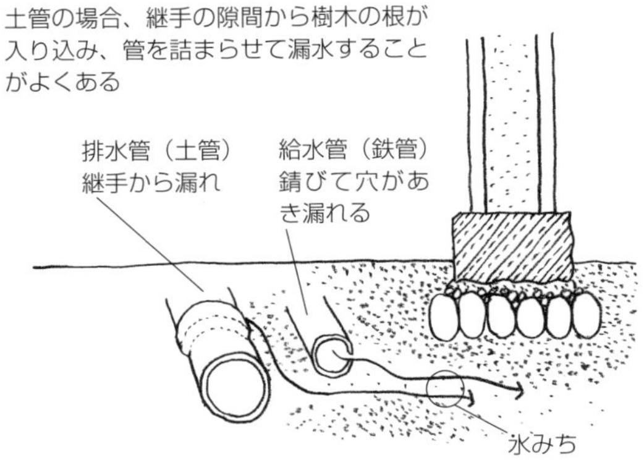

図1・4　配管の漏水により基礎下の土が流失

■2　歪み、垂れ

町家は框、足固め、胴差、桁、母屋《もや》などの横架材と、柱との仕口で立ちを守っている。従って仕口がゆるめば歪みが起こることになるが、そういった事例はむしろ少なく、原因は他にあり、結果として仕口がゆるむというケースが多い。胴差やヒトミは長期荷重を見込んで必要以上に大きくしてあり、滅多に垂れることはないが、２階の予想以上の床荷重や、地棟と化粧柱のあきがなく胴差に荷がかかることで、垂れることもある。

■１　調査方法

開口部で下げ振りや水準器を使って、転びをはかる。

■２　原因究明

①不同沈下によるもの

②想定を超える荷重によるもの

● ２階に重いものを置いている

町家では、重いものは土蔵や物置にしまい、２階は木揚げ（木置き）に薪などのさほど重くないものを貯蔵しており、それ以外は人が寝るぐらいのことであった。そこに多くの書籍を置いたり、商品を山積みすれば過重な負担となる。

③過去の改修で偏った荷重をかけたことによるもの

ファサードを洋風にするため壁を軒上まで立ち上げたり、隣地の立て替えや更地にする際、外壁に杉

図２・３　外壁にモルタルを塗った例
厚さ 3cm のラスモルタルは土壁とほぼ同じ荷重になる

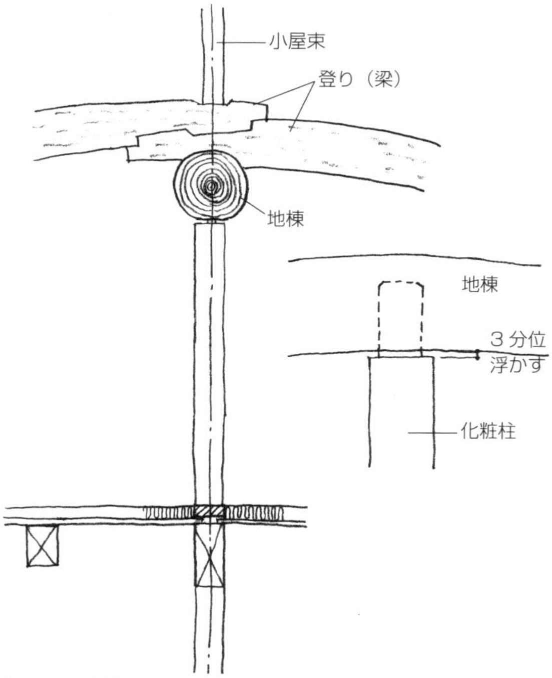

図２・１　地棟の納まり
化粧柱は小屋梁の垂れなどの影響を受けないようにする

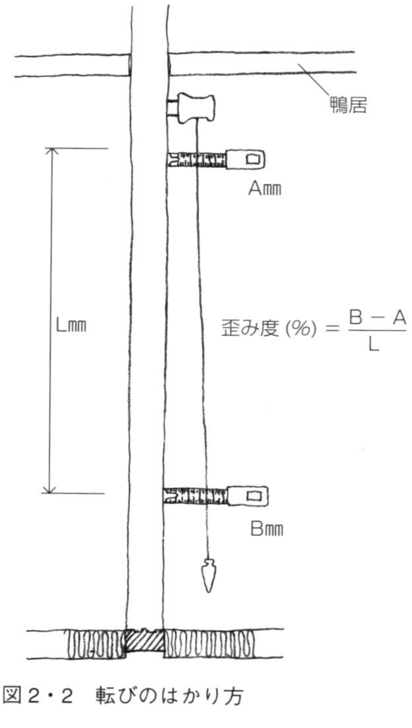

図２・２　転びのはかり方

板や鉄板ではなくモルタルを塗ったりする場合。

モルタルは、町家に使われている素材の特性に比べて、重くて、硬くて、水を吸うので、使用は控えるべきである。

■3 柱の根腐れ・床下の緩み

■1 調査方法

オモテやウラ、トオリニワなど、柱が露出している部分を目視で調査する。その際、雨がかり部分およびハシリなどの湿気の高い部分を入念に見る。また、床板をめくり、柱の根元や床束の状態を確認する。その際、地面の湿り具合の確認も忘れずに行う。

■2 原因究明

柱や床束の腐朽や白蟻の食害の原因は、九分九厘、湿気による。換気状態の良否、雨水などの侵入経路を究明する。なお白蟻については、湿気を好む「ヤマト白蟻」と乾燥材にも巣くう「イエ白蟻」がいるが、内陸である京都ではイエ白蟻はほとんどいないので湿気だけを心配していればよい。ただしヤマト白蟻であっても、いったん侵入すると蟻道を作って乾燥している松の胴差しや小屋梁まで達することがあるので、足元で食害を発見したら上部も点検する必要がある。

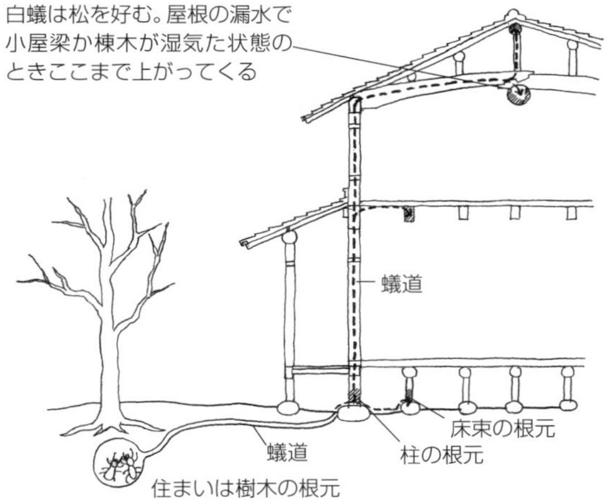

図３・１　白蟻の侵入経路

図３・２　柱の根腐れ
湿気により、柱の根元が融けたようになっている

■4 仕口・継手

緩み、込み栓やシャチの抜け、栓打ちの枘の割れなどを調べる。

図４・１　仕口・継手のゆるみ
左側の登り梁は外れかかっていて、かすがいで止めてあるがこれでは役にたたない

5　壁の疵・汚れ、膨れなど

1　調査方法

目視で確認できるのは疵《きず》、汚れ、めくれなどである。壁は塗ったらおしまいというものではなく、祝儀などの事あるごとに塗り直すものであり、当初の仕上げのままのことはまれである。同じ土壁であっても、水ごねと糊ごねでは改修方法が違ってくる。まず、何が塗られているのかを確かめる必要がある。例えば、新しい材料である繊維壁は、糊がきつく下地となじまないために、めくれなどを起こしていることが多い。

①視て触って

汚れやカビ、あるいは粉を吹いた状態のものは刷《は》毛《け》で払ってとれるか調べる。

糊材が劣化していないか、手で軽くこすって調べる。

②押して

膨れや軸組からの脱落は、押してみて、エツリ竹が外れているだけか、貫ごと外れているのかを確認する。

2　原因究明

水でこねて乾いただけの土壁は、水が大敵である。膨れやずり落ちなどが、不同沈下や歪みによるものか、あるいは湿気や漏水によるものなのかを究明する。

図5・1　壁のふくれ
妻梁の上部の荒壁が貫ごと側柱から外れてしまっている

図5・2　エツリが外れている状態

■6　屋根・樋

屋根の故障は、小屋組や棰など下地の故障によるものと、瓦、銅板など屋根材の故障によるものがある。

■1　調査方法

①小屋組や屋根下地によるもの

外から見て、棟の垂れ、軒やケラバの垂れを確認する。

②瓦の故障

③瓦のズレ、土の流出

外から眺めて瓦のズレを確認。瓦は、工法上「左回り」にずれるため、屋根面を右斜めから見通せば、斜め線の通りでズレが分かる。またケラバや軒の通りを確認する。

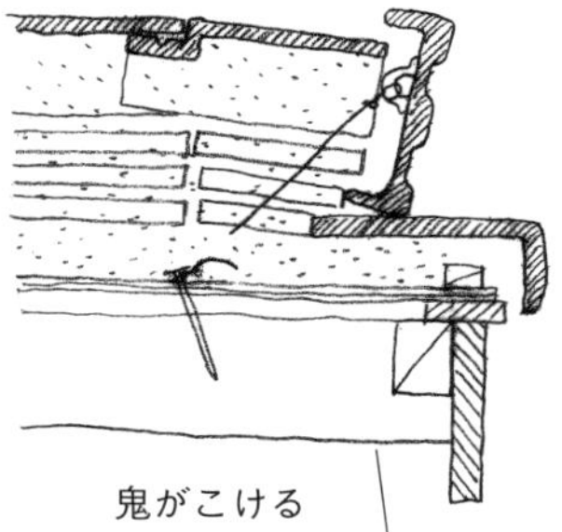

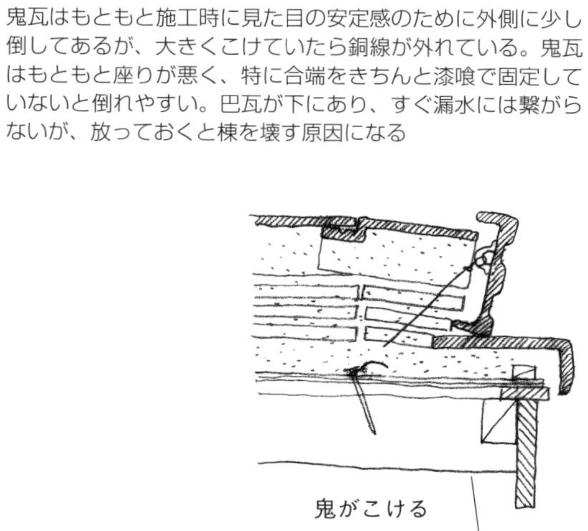

鬼瓦はもともと施工時に見た目の安定感のために外側に少し倒してあるが、大きくこけていたら銅線が外れている。鬼瓦はもともと座りが悪く、特に合端をきちんと漆喰で固定していないと倒れやすい。巴瓦が下にあり、すぐ漏水には繋がらないが、放っておくと棟を壊す原因になる
鬼がこける

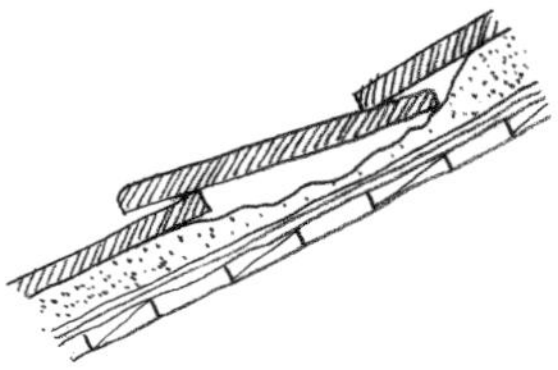

土が流されて瓦が暴れる
瓦が歪んでいたりずれたりすると雨水の流れが蛇行して挿込み部に水が侵入して土を流し瓦の暴れを促進する

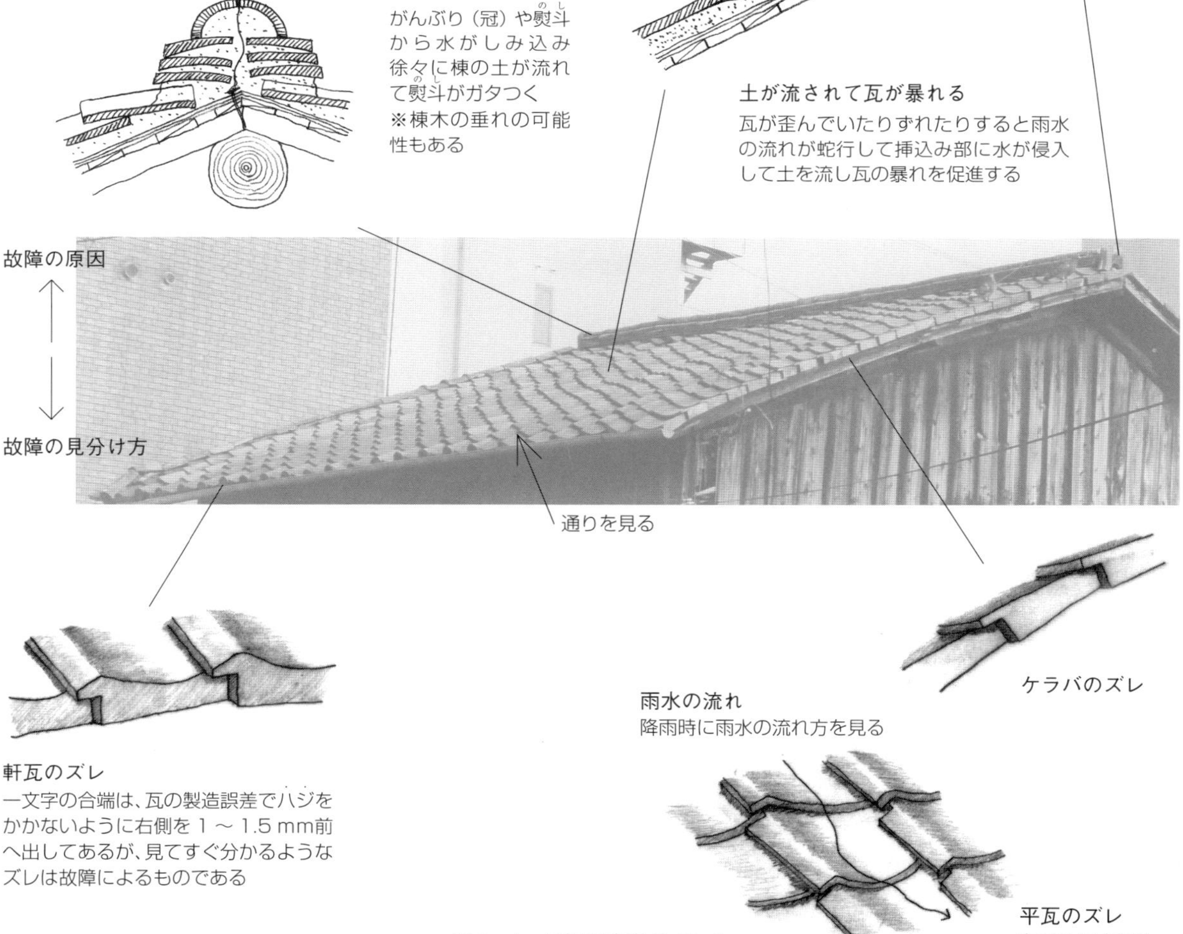

がんぶり（冠）や熨斗《のし》から水がしみ込み徐々に棟の土が流れて熨斗《のし》がガタつく
※棟木の垂れの可能性もある
故障の原因
故障の見分け方
通りを見る
軒瓦のズレ
一文字の合端は、瓦の製造誤差でハジをかかないように右側を1～1.5mm前へ出してあるが、見てすぐ分かるようなズレは故障によるものである
雨水の流れ
降雨時に雨水の流れ方を見る
ケラバのズレ
平瓦のズレ
左回りにずれる

図6・1　屋根の改修ポイント

葺き土の流出は、重ね部の乱れなどで下からでも確認はできるが、原因と範囲を確認するためには、屋根に上がって瓦をめくるなどして調べる必要がある。

④雨漏り跡

軒の上げ裏、室内の天井や壁のシミ、および小屋裏の野地や土居葺きを点検する。特に主屋縁側の屋根と付属棟の取り合い部は入念に確認する。

⑤腰葺き等の故障

コケラ、大和葺きなどの板葺きは、葺き替え周期が約 30 年であり、現在残っているものの大半は耐用年数を超えている。葺き替えに当たっては、金属製等の別の材料を検討した方がよい。

⑥樋

修理で済むのか、取り替える必要があるのかを調べる。また裏の樋は、桝や土中排水管などの流れの末端も確認しておく。

■ 2　原因究明

①小屋組、屋根下地

- 不同沈下や歪みによる場合
- 荷重に対して部材の応力が不足する場合

棟木、地棟および登り梁の部材断面が、短期的には十分でも、長期荷重による材の疲労を考えると不足することはあり得る。棰は、トオリニワの化粧部分の断面は大きくても、小屋裏のものは小さいことが多いので、小屋裏を覗いて垂れを確認する。また腕木や腕木吊りの緩みで軒が下がる場合もある。

- 漏水による小屋組や屋根下地の腐朽

継続的に漏水すると、棟木や棰が腐朽し、棟が下がったり軒が垂れたりする。

②瓦、他

- 瓦の割れ、ズレ

瓦の故障の原因はいろいろ考えられるが、一次的原因としては、強風、地震などの揺れ、人が乗ること、および豪雨などである。二次原因としては割れやズレによって裏に水が廻ることである。そうなると土が押し流され、重ね部の口が開いたり、広範囲にずれたりして、被害の範囲も程度も大きくなる（土は風化した粘土質と未風化の砂で構成され、水が回ると粘土質が融けだし砂質がむき出しになり、丁度コロの様な状態になる）。

- 銅板腰葺き

踏まれるなどでハゼ部が密着し、毛細管現象で漏水する。またハゼの折り曲げ箇所の劣化、瓦の水垂部の劣化（谷樋共）、異種金属の付着による電蝕、温度による膨張収縮などが考えられる。

図 6・2　漏水による腐朽
瓦からの雨漏りを放置したため、化粧軒裏が腐っている

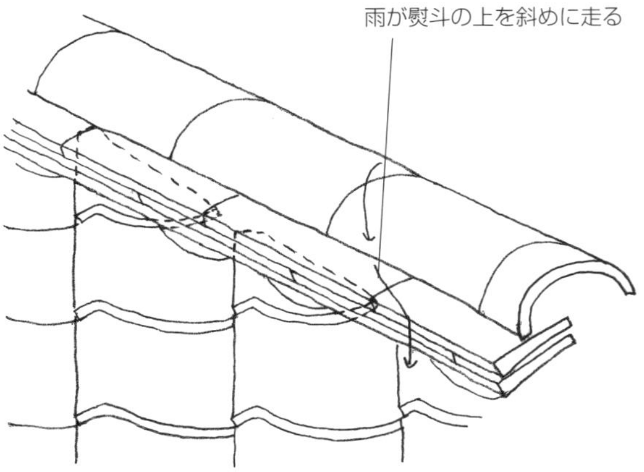

図 6・3　隅棟の水仕舞
隅棟は町家には比較的少ないが、平面に比べて勾配が緩くなり、熨斗の上を水が斜めにはしり、雨水が侵入しやすい。またどうしても半端になる三角瓦の端部の処置が悪いと水が裏に廻りやすい

■7　仕上、部材

①畳、板間

畳は床《とこ》補修、表替えで済むのか、あるいは取り替えが必要なのかを確認。

②天井

板の割れ、雨漏りなどによる汚れを確認し、取り替えや洗いの必要性を判断する。また洗いは、水洗いにするか、薬を使う必要があるかなどを、柱や造作材の色合いと見合わせて判断する。

③建具

建付け、老朽度、金物の取り替えの必要性などを調べる。ガラス戸など、昭和以降のものは取り替える必要性を改装イメージに照らし合わせて判断する。また、保管してある使えそうな古い建具を確認しておく。

④塗装

座敷以外の木部、箱階段や水屋などの家具、および外部の紅殻《べんがら》塗りは、補修や塗り替えの必要を調べる。また舞良戸の紅殻や漆塗、床廻りの地板や違い棚の拭き漆も同様である。

■8　設備

①給排水

●給水

一般に鉄管が使われており、すでに20年以上経過しているものは、仮に機能的に支障がないとしても赤水がでるため、取り替える必要がある。漏水については、すべての蛇口を閉めメーターを確認する。また大量の漏水に伴う使用水量の増大は、水道局から通知がくるので分かる。

●排水

下水道接続時期によるが、土管が使われていて、ジョイントから漏水していることが多い。管材は桝を覗けば分かる。漏水は不同沈下の原因となることがあるので関連を調べる。

②ガス

管材はガス供給会社の規定に従って交換する。メーターはトオリニワやハシリにあるが、オモテに移設することになる。その際、配管経路とメーター設置位置を確認しておく。

③空調・換気

●空調

●換気

町家は風通しを考えた作りになっており、機械換気は必ずしも必要ではない。また、換気扇をつければフェイスカバーや羽根の掃除や10数年毎の取り替えも必要になるので、それらを考え併せて取り付けの必要性を吟味する。やむを得ず設置するときでも、天井扇は効率が悪く、ダクト内の清掃ができないので、できるだけ壁扇で検討する。

④電気

●幹線

電化製品が増えており、まず容量が不足する。また裸配線や碍子2線引きのときは、漏電の可能性もあり、引き込み・屋内配線ともやり替えが必要である。

●電灯・コンセント

照明器具は使えるものと取り替えるものとをチェックする。特にガラスシェードなどは手工芸的なものがあり、今求めても得られないものもある。

また同時に配線経路を検討しておく。通常座敷以外は天井も壁もなく、仮に壁があっても埋め込むと将来の敷設替えに支障があるので、着色ケーブルによる露出配線を前提に考える。またスイッチは、配線経路がとりにくくダイドコなどは壁がまったく無いので、プルスイッチやスイッチ付きソケットとした方がよい。コンセントは、床下配線で壁下に埋め込むのを基本に経路を検討する。

●テレビ・電話・インターホーン

電灯・コンセントに準ずる。

2　設計——改修の基本方針を決める

設計に当たっては予算に限りがあるため優先順位に従って基本方針を決め、予算配分から取りかかる。町家はこの40年前後の間、いずれは建て替える「つなぎ」とされてきた感がある。そのために必要な手入れを怠り、生活スタイルの変化に応じた表面的な改修だけをしているケースがほとんどである。その結果、いざ手入れするとなると、長年の放置の代償として、かなり大がかりな構造改修や屋根・外壁など主要な部分の改修に費用が必要となる。しかし町家は手入れをしながら代々引き継いでいくようにつくられてきたということを踏まえ、町家が現代忘れられている様々な価値を持っていることに気がついた今、社会が引き受けざるを得ない代償であるといえる。

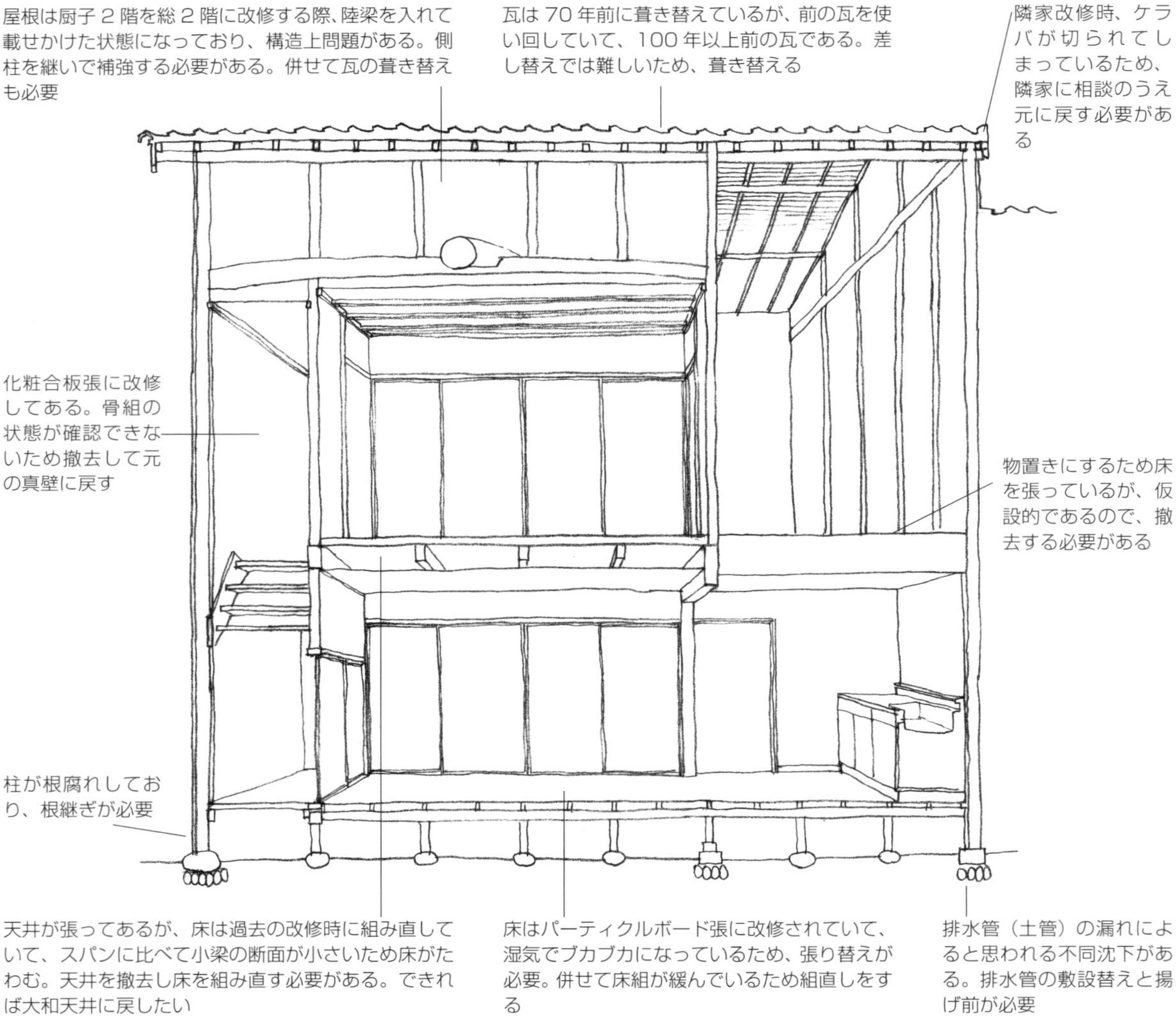

屋根は厨子2階を総2階に改修する際、陸梁を入れて載せかけた状態になっており、構造上問題がある。側柱を継いで補強する必要がある。併せて瓦の葺き替えも必要
瓦は70年前に葺き替えているが、前の瓦を使い回していて、100年以上前の瓦である。差し替えでは難しいため、葺き替える
隣家改修時、ケラバが切られてしまっているため、隣家に相談のうえ元に戻す必要がある
化粧合板張に改修してある。骨組の状態が確認できないため撤去して元の真壁に戻す
物置きにするため床を張っているが、仮設的であるので、撤去する必要がある
柱が根腐れしており、根継ぎが必要
天井が張ってあるが、床は過去の改修時に組み直していて、スパンに比べて小梁の断面が小さいため床がたわむ。天井を撤去し床を組み直す必要がある。できれば大和天井に戻したい
床はパーティクルボード張に改修されていて、湿気でブカブカになっているため、張り替えが必要。併せて床組が緩んでいるため組直しをする
排水管（土管）の漏れによると思われる不同沈下がある。排水管の敷設替えと揚げ前が必要

図0・1　設計にあたって

■1　現況図作成

施主との間取りの打合せ、空間利用の提案および改修費用の見積りなどの便宜のため現況図を作成する。あくまで原状を優先する改修であり、現物がそこにあるので、多くの図面を描く必要はない（必要以上の作業は費用を押し上げる）。しかしデスクワークでデザインを進められる程度の図面はどうしても必要である。その場合便利なのが写真の活用である。外観や内観をデジタルカメラで撮り、コンピューターで加工して立面図や展開図を作成することもできる。

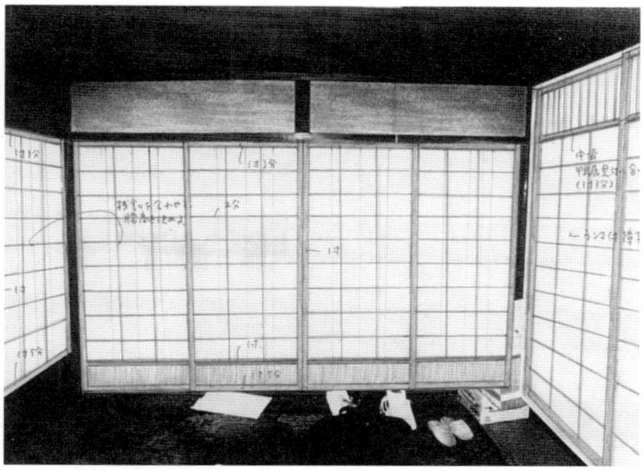

図1・1　写真の活用
写真をコピーして、障子の意匠および桟、框の見付け検討

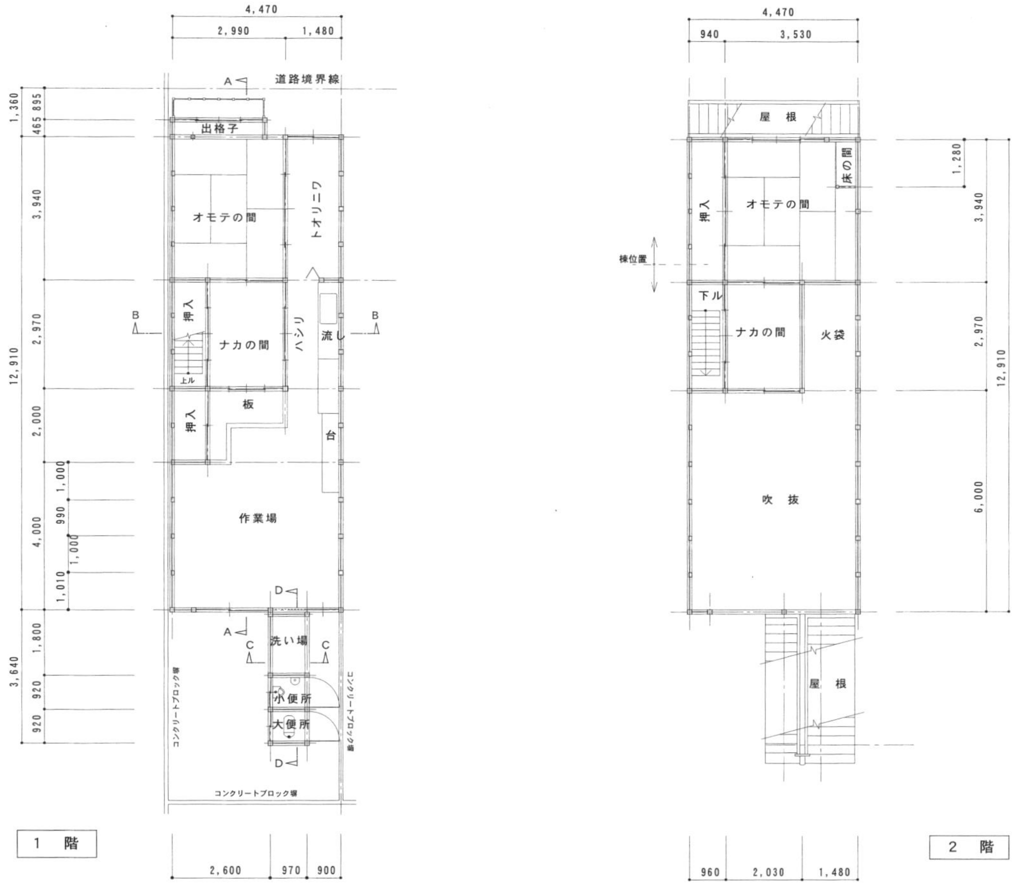

図1・2　現況図の作成　平面図は、間取り改修、床組・小屋組改修および設備改修の基本となる

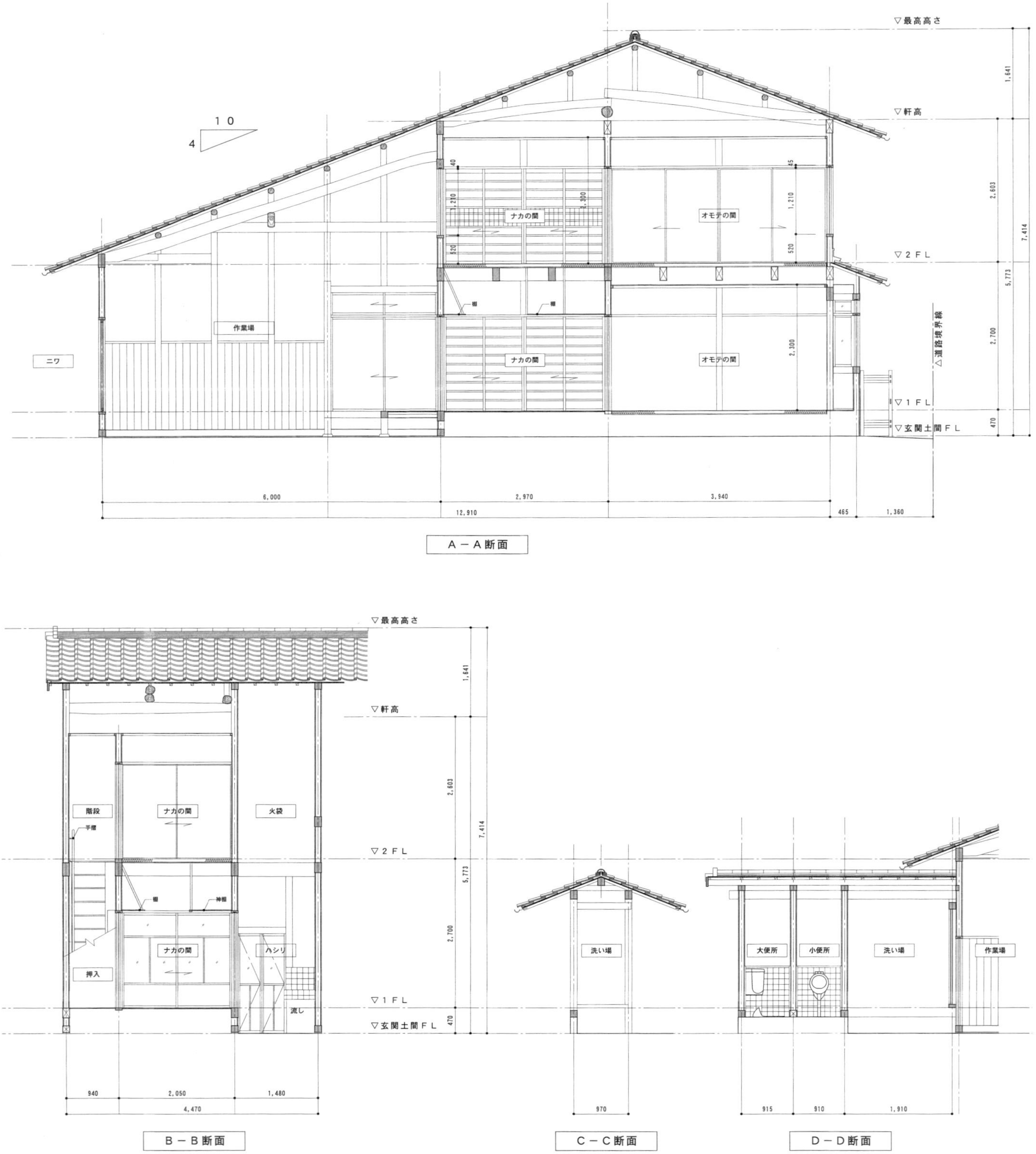

図1・3　矩計図　矩計図は必ずしも必要ではないが、架構を理解するためと、小屋裏や火袋を利用する場合は役に立つ

■2　構造改修

元の架構状態に戻すことを基本とする。昭和初期の町家の架構は一部西洋の構法である土台を入れ（基礎にボルトで緊結しているものもある）、水平梁、火打梁を入れるなど、本来の町家の構法からみれば改良ではなく、むしろ改悪といえるものがある。しかし筋違が入っていない分（横架材が無く壁も薄いために入れられなかったというのが実体だが）、保守・容易性においては今の在来軸組構法よりはましであり（ボルトは外すのが望ましいが）、基本に沿って復元する。

ただし復元とはいっても、胴差やササラが断面不足で垂れているのを放っておいて良いわけがない。しかし、その場合でも安易に柱を立てて支えるのではなく、架構の基本である横架材は主要軸組間を架け渡すという作法に従って枕、添え梁、力板などで補強する。

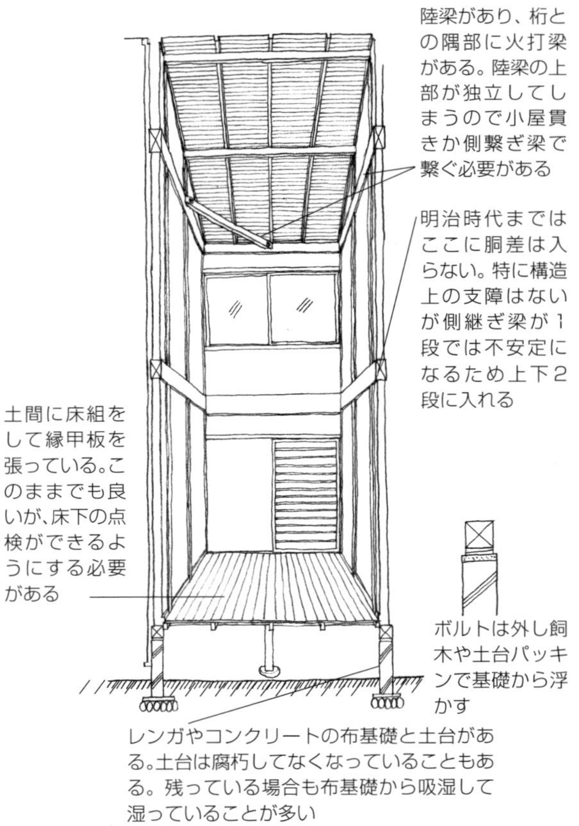
陸梁があり、桁との隅部に火打梁がある。陸梁の上部が独立してしまうので小屋貫きか側繋ぎ梁で繋ぐ必要がある
明治時代まではここに胴差は入らない。特に構造上の支障はないが側継ぎ梁が1段では不安定になるため上下2段に入れる
土間に床組をして縁甲板を張っている。このままでも良いが、床下の点検ができるようにする必要がある
ボルトは外し飼木や土台パッキンで基礎から浮かす
レンガやコンクリートの布基礎と土台がある。土台は腐朽してなくなっていることもある。残っている場合も布基礎から吸湿して湿っていることが多い

図2・1　改修工事基本方針
大正時代以降の西洋の構法が混入した町家

改修工事基本方針　改修にあたっての基本方針をまとめておくことは、施主との共通認識をはかるためや職方と方針の確認をするために有効である

下京T邸改修工事　基本方針書

1　家を長持ちさせる改修を優先する
①基礎、軸組、床組、小屋組、屋根、外壁の故障部分の修理と故障の原因の除去
（例）不同沈下、荷重の偏り、雨漏り、床下換気、給排水の漏水、隣地条件（ケラバの出、地盤の高低）
②内装など後でできるところは後回しにし、部屋の雰囲気に支障がない程度の次善の改修に留める。
（例）内壁は継ぎ足し部分の調整に留め、子どもが育ってから仕上げをする

2　既存の材料や部品、あるいは家具等をできるだけ活かして使うようにする
①畳や建具は修理して使う
②家具は用途替え、修理も含めてできるだけ使う
③改修に伴う部材の欠損は、埋め木、着色等で調整して納める

3　後々の修理や日頃の点検がしやすいようにしておく
①構造部は密封しないようにする。床下、小屋裏は点検口を設ける
②電気配線は埋め込みにせず、見えてもおかしくないように施工する
③配管は床下は露出とし、土間下は配管溝を設け、蓋をする

4　機器類の設置はメンテナンスを考え最小限にしておく。ただし必要になったときには対応できるようにしておく
（例）エアコンは一カ所のみ設置であるが、小屋裏部屋、2階寝室、2階書斎、2階子ども部屋は、電源・配管経路を確保しておく

5　将来、元の状態に戻せるようにしておく
間取りにしろ構造にしろ、ある範囲は現代的な要求に応じざるをえないが、町家が長い年月をかけて作ってきた型に匹敵するような新たな型がみつかるまでの間はいつでも原型に戻せるような改修に留める

■3　間取り

町家の間取りは、限定された間口の中で最小限度の室数で最大限の用の多様性を果たすようにデザインされていて、替えようがないことも多いが、なかには室の間口が2間半以上あったり、作業場としてトオリニワの間口が1間以上ある場合は階段の付け変えや廊下をつけて部屋を独立させることができるケースもある。その場合は、町家が優先した風通しを損なわず、かつ元の状態に戻せるような改修方法を採る。なぜなら、住宅の近代化のなかで食寝分離や個室化が是とされてきたが、それは現在日本の家族関係のなかで必ずしも良いとされてはいないからである。水廻りは現代のニーズに合わずに間取りの変更を伴うことが多く、ときには主屋内に取り込む要求もあるが、できるだけそれは避け、臭気や湿気を主屋から遮断するという町家の形を踏襲する。

図3・1　間取り改修のバリエーション

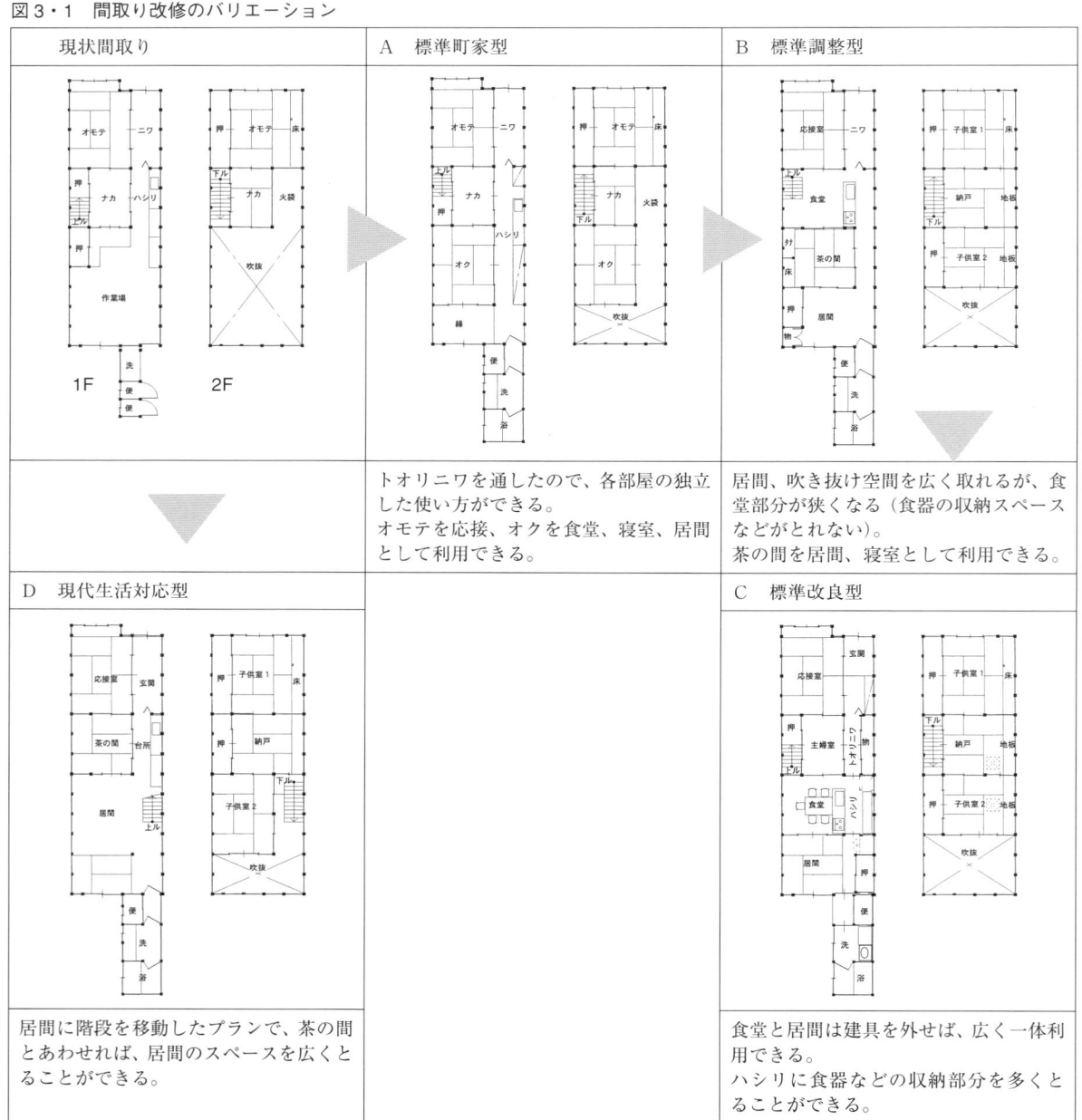

現状間取り

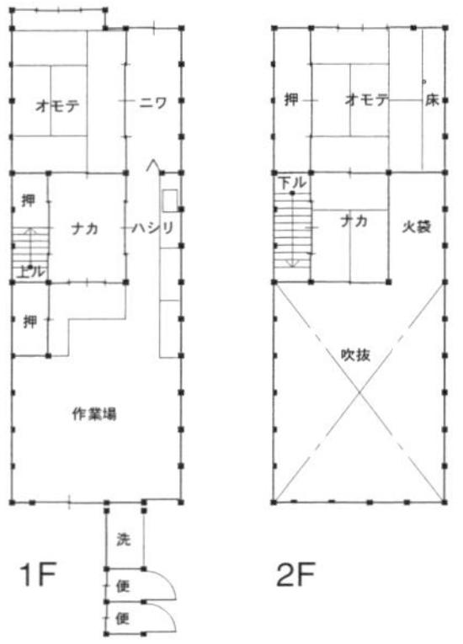

A　標準町家型

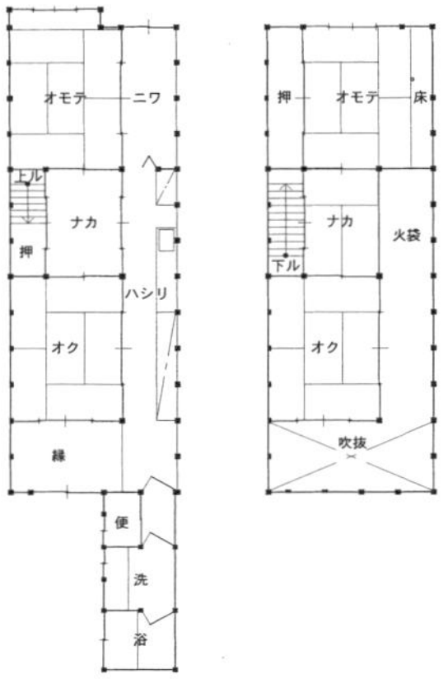

トオリニワを通したので、各部屋の独立した使い方ができる。
オモテを応接、オクを食堂、寝室、居間として利用できる。

B　標準調整型

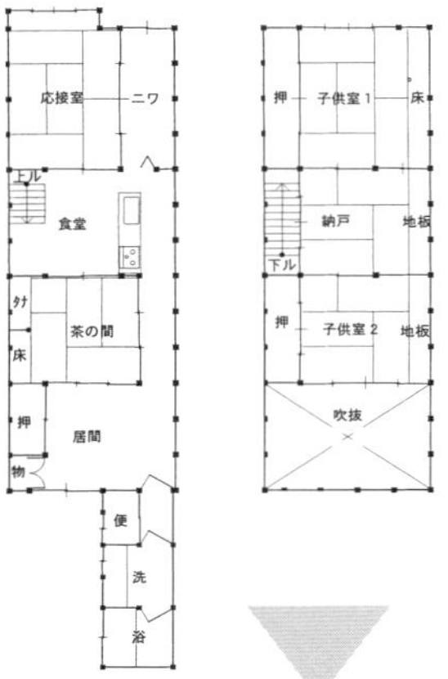

居間、吹き抜け空間を広く取れるが、食堂部分が狭くなる（食器の収納スペースなどがとれない）。
茶の間を居間、寝室として利用できる。

C　標準改良型

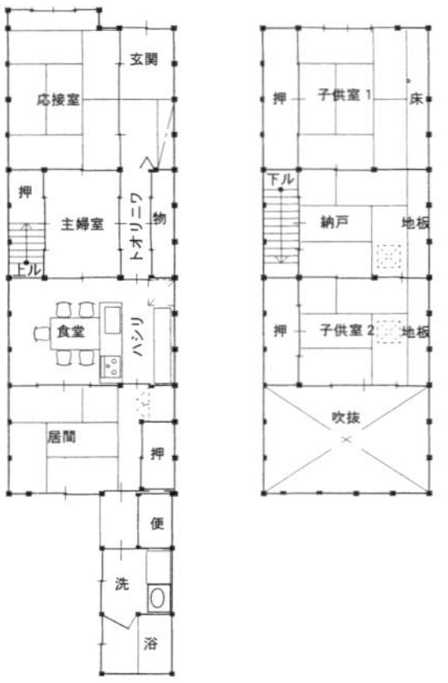

食堂と居間は建具を外せば、広く一体利用できる。
ハシリに食器などの収納部分を多くとることができる。

D　現代生活対応型

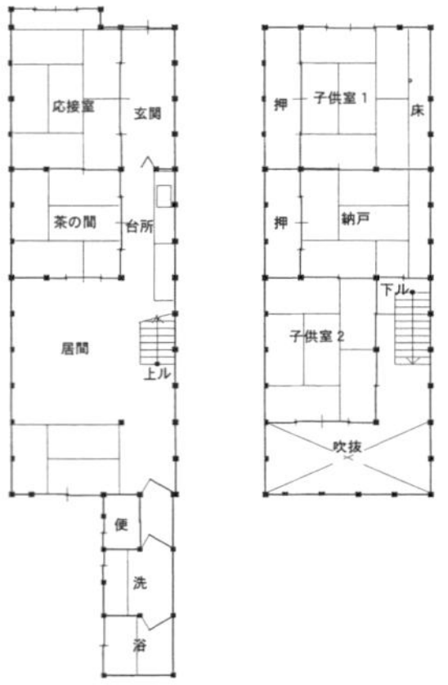

居間に階段を移動したプランで、茶の間とあわせれば、居間のスペースを広くとることができる。

■4　空間

伝統木造建築に共通するのが、基本的に「構造すなわち意匠」ということである。京町家の空間に特徴的なのは、構造材がむき出しになったトオリニワの豪壮な空間と、付け柱や杉の面皮柱の使用によって華奢な数寄屋風の空間とを併せもっていることである。

またトオリニワの垂直空間と室《へや》の天井が低い水平空間およびオモテの間、ナカの間などの大和天井とオクの間の棹縁天井との対比による意匠空間のメリハリである。設計に当たってはそれらの空間特性を生かしつつさらにその特徴を高める工夫をする。

図４・１　トオリニワの火袋
火袋は煙出しと通風のための空間であるが、際立つ垂直空間は魅力がある

図４・２　華奢で数寄屋風な意匠
見えがかりの柱はすべて構造材ではなく、化粧材で細くしたり、杉の面皮柱とし、数寄屋風に仕立てる。天井高も７尺から７尺５寸と低い

■5　外装

瓦は比較的手が入っている。改修はできるだけ最小限にとどめ、差し替え、ズレ直しにとどめるようにする。瓦の劣化が激しかったり、土が流れてしまって葺き替えざるを得ない場合でも、使える瓦は裏に回すなどして再利用を心がける。基本は元の構法であるが、予算上引っ掛け桟瓦にせざるを得ないときは、将来の差し替えなどのメンテナンスを可能にしておく。

外壁廻りも原状復帰を基本とするが、特にモルタルは単位容積当たりの重量が土壁の約1.5倍あり、過重な負担になるので、撤去して杉板などの軽い材料で張り変えるのが望ましい。

図5・1　妻面のモルタル
モルタル塗りの壁は町家の挙動に追従できず、縦横にクラックが入る。モルタルの重量は、計算上7トンを超え、建物重量の30%を上回る。壁の中折れ、不同沈下の原因と見られる

図5・2　屋根瓦
新旧瓦が入り混じるが、10年ほど前に葺き替えしてあり、多少通りの悪さがあるが機能上は支障がない

図5・3　看板建築
現状からはイメージしにくいが、元は厨子2階建である。モルタルは、クラックが入り、剥落の可能性がある

■6　内装

これまで述べてきたように、基本は原状復帰あるいはそれを可能にする改修である。すでに土間に床を張ったり大壁で合板等を張る改修がなされていることが多いが、軸組の点検ができないような場合は撤去するなり点検口を設けるなどの処置をする。

予算上、元の材料・構法の採用が難しい場合も安易に代替え策を採るより、内装はいつでもできるのだからお金ができてからすればよいという割り切りが大切である。建具類も利用できないほど傷んでいることは滅多になく、修理が可能である。またその方が他の部材の古びた色合いと調和する。

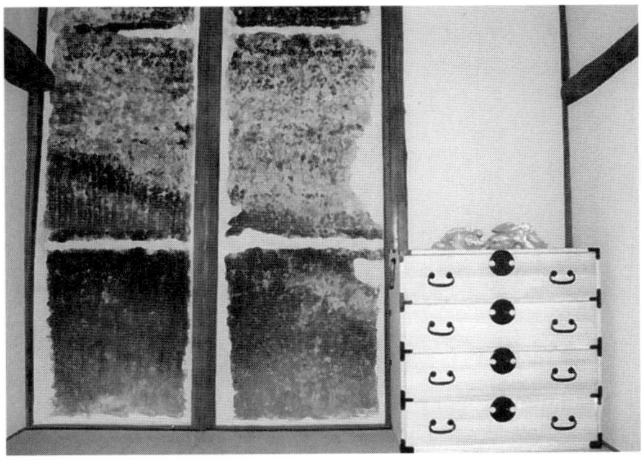

図6・1　古い壁をいかす
改修費を抑えるため、既存の壁を一部補修した状態のまま残し、改修して仕上げた壁との対比を表現した事例

図6・2　建具も直して利用
既存の建具を修理して割れたガラスを入れ替え、障子紙を張り替えて再生

■7　設備

自然現象を最大限に利用する町家の作りと、化石エネルギーを利用して人工的環境の中で最大効率を目指す現代の設備とは、元々相容れない。例えば、空調効率を高めるために気密性を高めることは結露を招き、木部の腐朽を早めることもある。従って現代設備の採用に当たってはまず、本当に何が必要かを見極めること、次いで町家のシステムにどこまで近づけられるかという検討が不可欠である。

設備は施工したらおしまいではなく、定期的なメンテナンスや清掃、故障時や更新時の取り替えが必要である。しかも昨今、機器のメニュースイッチが機械式でなくコンピューター式になったために機械自体の寿命が縮まっている。それらを考え合わせ、機器類は最低限必要なものに留め、配管配線類は壁や床を壊さなくても敷設替えができるようにすべきである。特に配管類は土中に埋め込まず、床下は露出、土間下は配管ピットとする。

現代の工法では、設備配管・配線は躯体や仕上げ内に隠すのが当然とされているが、メンテナンスが可能なように隠蔽することが無理な場合は戦前の町家の配管・配線方法に学び、トオリニワを外部と見なし、見苦しくないように露出する方法も検討すべきである。また、照明器具については、町家の室内意匠が行灯《あんどん》で下から照らすことを前提になされていることもあり、配線経路で無理をして天井に取り付けるよりも床置きにするなどの工夫が必要である。

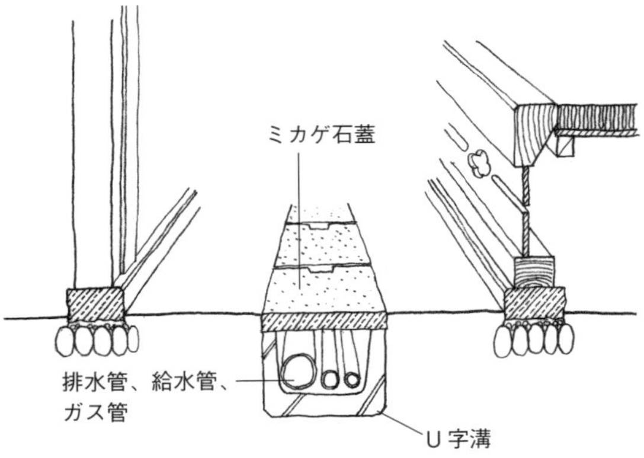

図7・1　土間下の配管
トオリニワに配管ピットを設けてメンテナンスを容易にする

3　構造の改修——躯体をなおす

■1　解体・除却

揚げ前やイガミ突きの準備のため、１階の床板や建具、畳などを外す。また大壁の合板や大和天井の下に張った天井（残せるものは残した方がよいが、適切な改修はむしろ稀である）を除却する。

また、小屋組の改修や、仕口、継手の締めつけなどは、床や天井を除却しないとできないため、改修内容にしたがって残す部分と除却する部分を判断する。その際、再利用する材を取捨する必要が出てくる。

例えば棹縁天井は、棹縁と天井板をともに再利用するように外すことは難しく、棹縁、天井板のいずれを残すのかを決めておく。

解体の際、設計上のできあがりを見通して残す部分を傷めないようにすることは当然のことである。

図１・１　改修の様子　改修する部分の仕上を除却するとともに、揚げ前やイガミ突き、あるいは柱の根継ぎや床組の改修が可能なように骨組を剥き出しの状態にする

■2　揚げ前とイガミ突き

■1　調査・測量

詳細な改修計画を立てるために骨組がむき出しの状態で、再度レベル測量を行う。併せて次の工程である根継ぎや基礎補強の段取りをするために基礎、足廻りの調査も入念にする。

- どこをどれだけ揚げるか
- 揚げることによる他への影響はないか

（例）本体で揚げる必要のない部分、長屋（連棟）の隣家、隣家との取り合い部（屋根、壁）

- 事故、故障の可能性はないか

図2・1　レベル測量　揚げ前の寸法を決める

図2・2　同時に数本の柱を揚げる方法
ネコを母屋近くに取り付けて、柱がずれないようにするとともに、根継ぎの施工をしやすくする

図2・3　1本の柱を揚げる方法
両側から突き上げることで、柱が逃げるのを防ぐ。また、根継ぎの施工をしやすくする

■ 2　計画

- 一本の柱を揚げるのか、一列同時に揚げるのか
- 段取り、基本工程－墨出し→揚げ前・根継ぎ→基礎補強→立ち直し
- 建物全体を揚げる場合および 20cm 以上揚げる場合は、専門業者（手伝い、鳶）に任せる。
- 揚げ前とイガミ突きは、同時に行う。根継ぎも同様である。
- 揚げ前やイガミ突きをすると、歪んだ状態に合わせてある建具が外れてしまうことがあるので、建具を外しておく。町家は緩やかにつながっており、揚げる部分から離れたところで障害が起きるため、特に縁側のガラス戸などは、外しておく方が賢明である。

■ 3　揚げ前・イガミ突き

- イガミ突きは隣地に空きがあれば突くこともあるが、一般的には引くことが多い。道具はワイヤーとターンバックル、荷締めベルト、チェーンとチェーンブロックなどであるが、荷締めベルトは、材が疵つかず強度もあるので、具合がよい。他のものを使う場合、材が傷まないように養生をする必要がある。
- 揚げる量が大きいときは、一度で揚げると壁が崩落するなどの障害が起きやすい。そのときは、壁

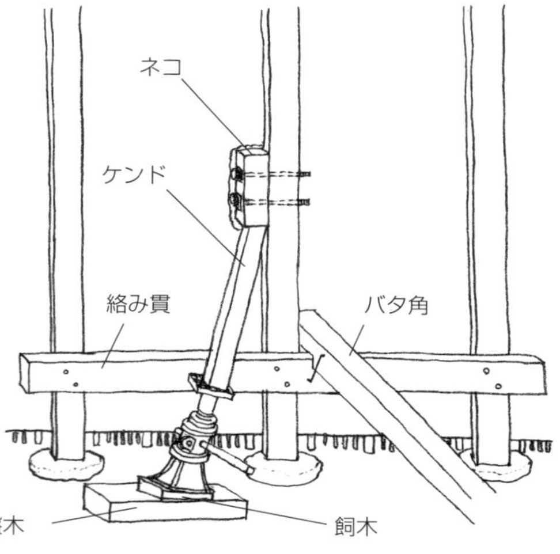

図２・４　揚げ前・イガミ突き①　揚げる柱が偏芯して前後・左右にずれる可能性があるときは、根絡み等で他の柱と縫い合わせておくか、向かい側の柱から控えを取っておく

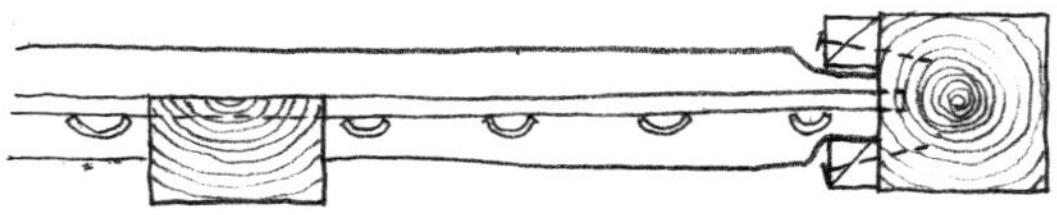

図２・５　揚げ前・イガミ突き②　揚げ前やイガミ突きによって壁が外れそうなときは通り柱部で、壁を押さえておく

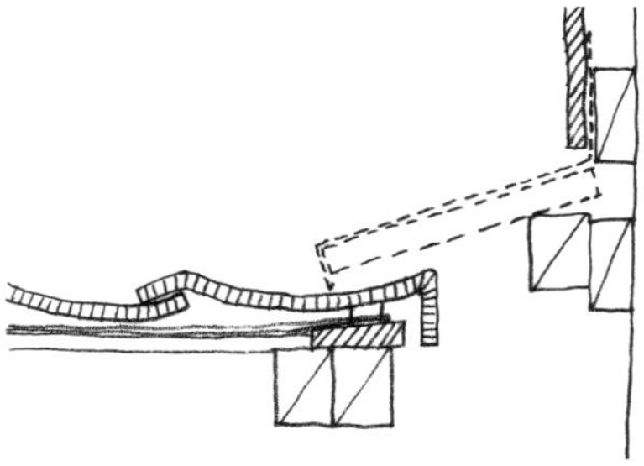

図２・６　揚げ前・イガミ突き③　ケラバの隣家との取合い部は切り離しておく

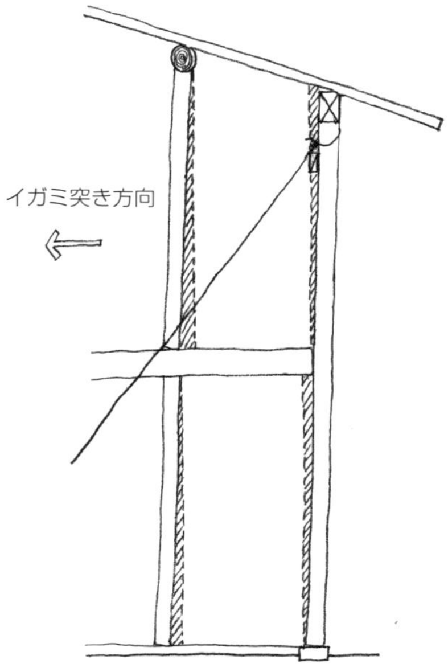

図２・７　揚げ前・イガミ突き④　イガミ突き方向に壁があり、壁の抵抗が考えられる場合は、柱際の壁を、金鋸で切っておく。——壁をそのままでイガミ突きをしてもワイヤー等を緩めたら戻ってしまうことがある。また、壁が変形で剥落する可能性のあるときは、十分水打ちをしておく

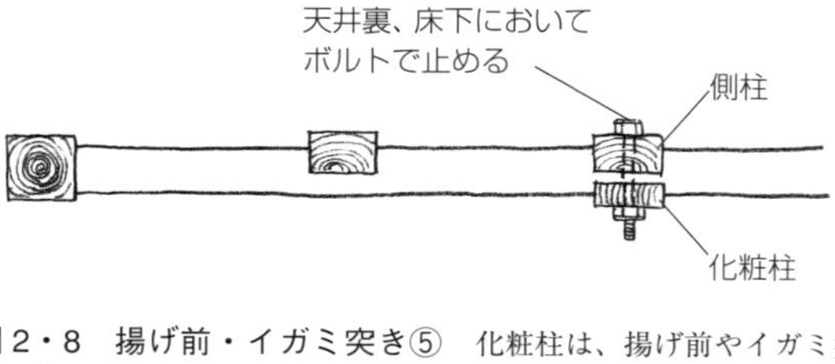

図２・８　揚げ前・イガミ突き⑤　化粧柱は、揚げ前やイガミ突きで外れることがあるので、床下、天井裏で側柱とボルト等で止めておく

に十分な水打ちをして２日に分けて揚げる必要がある。

- 油圧ジャッキは、油が抜けたりしてせっかく揚げても次の日に下がっていて、もともこもなくなることがある。ケンドで補助をしておく配慮が必要である。
- イガミ突きをする前に支点になる柱の根元を、杭とバリで補強しておくとともに、ベルトなどの引張材がずれないようにネコ、または絡み貫で補強しておく。イガミ突きは、揚げ前と同時にするため、支点にそれほどの力はかからない。

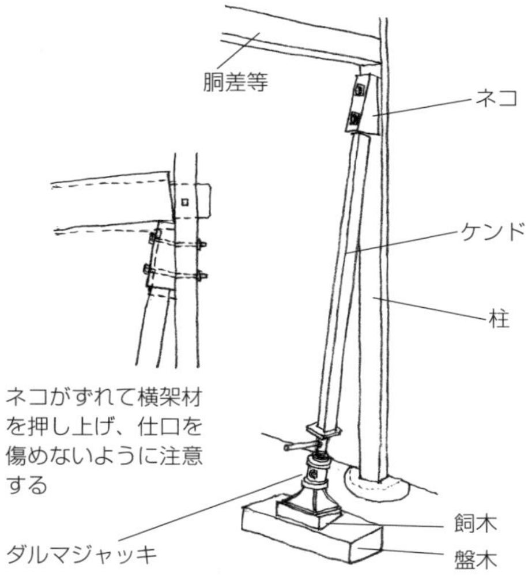

図２・9　揚げ前・イガミ突き⑥
柱の頂部を突き揚げるのは、柱が偏芯しないので良い方法ではあるが、ネコにはあそびがあるので、母屋や胴差を押してしまうと、仕口が傷むので注意をする

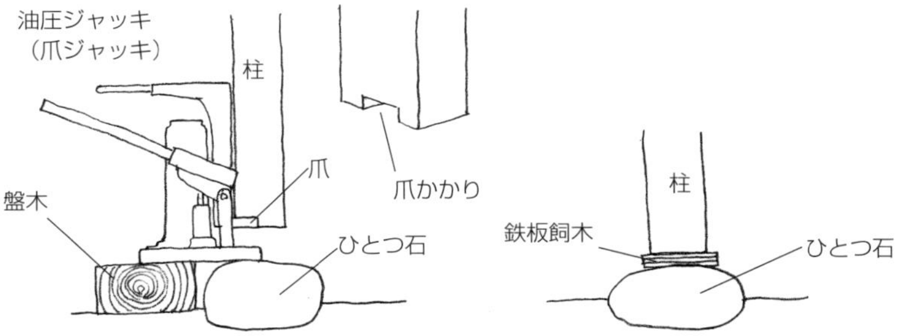

図２・10　油圧ジャッキの爪を利用
少しだけ揚げるときは、油圧ジャッキの爪を利用すると便利である。そのとき、ひとつ石にジャッキの盤をかけて基礎に圧力をかけるのは良い方法である。それは根継ぎをしてジャッキを外したときに基礎が下がってはどうにもならないからである

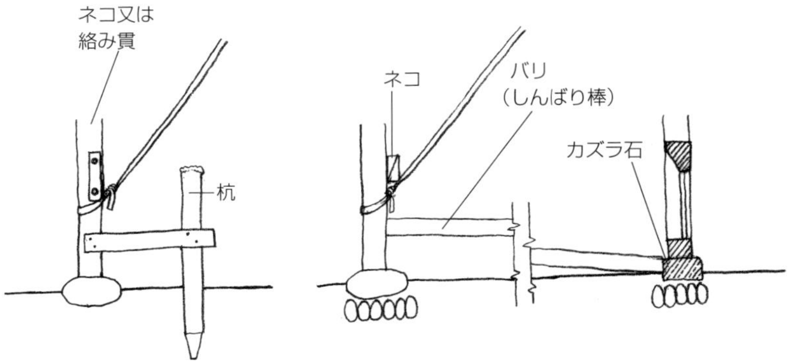

図２・11　支点の補強

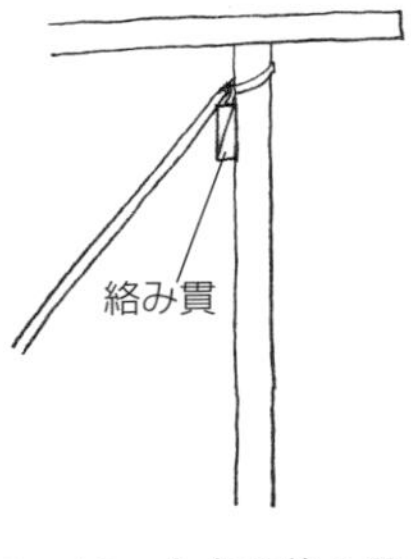

図２・12　力点の絡み貫
ロープ等がすべらないようにする

■3　基礎

- 基本的にひとつ石はなぶらない。隣地状況で支持地盤の耐力が不安なときは、土留め等で予防あるいは進行を止める。
- 基礎廻りの地盤の緩みは原因を除去し、直接基礎下を締め固めるのではなく、廻りに栗石を打ち込み間接的に支持地盤を締める。
- 増築、改築の新設基礎はＲＣの布基礎にすると主屋の基礎に悪影響を与えるため、基礎をブロックにするかカズラ石にするかは別にして、地盤は掘らずに割栗または砕石の突き固めとする。

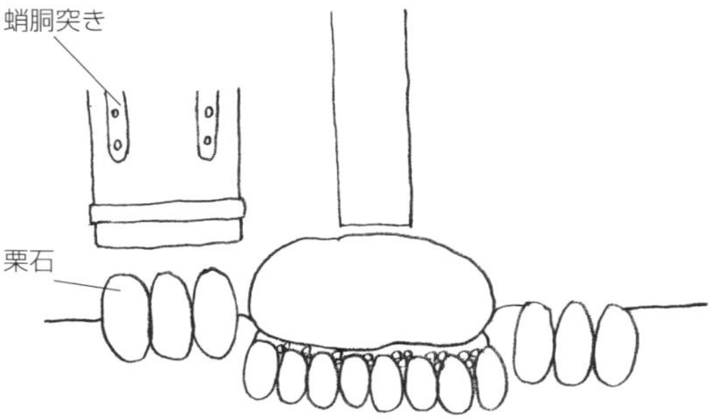

図３・１　基礎の沈下が進行中の場合（a）
ひとつ石の廻りに栗石を打ち込み、地盤を締め固める

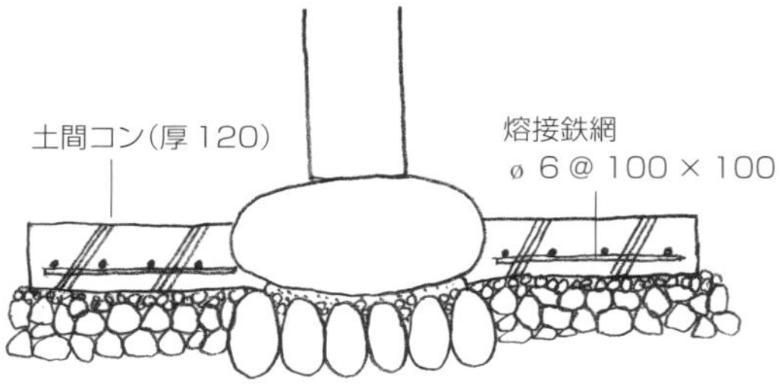

図３・２　基礎の沈下が進行中の場合（b）
ひとつ石の廻りに土間コンクリートを打って、ひとつ石と一体にする。ただしこの方法は将来の改修が難しくなるため、他に方法がない場合に限る

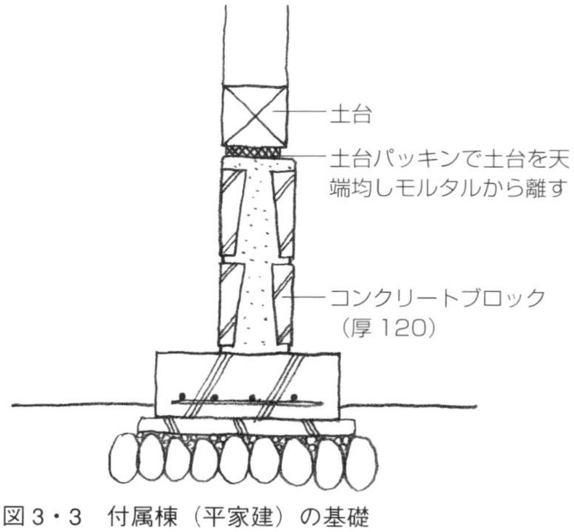

図３・３　付属棟（平家建）の基礎
根切りをしてコンクリートの布基礎にすると主屋基礎の支持地盤を荒らす可能性があるため、根切りをしないでコンクリートブロック基礎とする

図３・４　ひとつ石の廻りに土間コンクリートを打つ

■4　根回り

■1　柱の根継ぎ

●揚げ前の前に、荷を懸けたまま落ちないように支柱を立てて継手を切る。
●通り柱（角柱）は水平力を受けるので、金輪継ぎのようにどっち方向に曲がっても耐えられる仕口とする。

代表的な仕口
イ．金輪継ぎ、尻挟み継ぎ、四方鎌継ぎ
ロ．追掛け大栓継ぎ、鎌継ぎ、二方鎌継ぎ
ハ．箱継ぎ

■2　地覆（土台）

地覆

腐朽したものは取り替える。地覆は建方時に組み込むため、オモテの場合はトオリニワ側から、トオリニワの場合は床下側から片方の枘穴を切ってすべり込ませる。

土台

土台があって腐朽している場合は取り替えにし、基礎に止めてあるボルトは外す。また基礎コンクリートや煉瓦の場合は吸水性が高く、せっかく取り替えてもまた腐るので、楔や土台パッキンで基礎から浮かす。

■3　床組

衛生掃除をしなくなった昭和30年代後半以降、床下を点検していないケースが多く、床束が腐朽していなくても床組が緩んでいることが多いため、解体の時にばらして組み替えする方がよい。腐朽していない部材は再利用する。

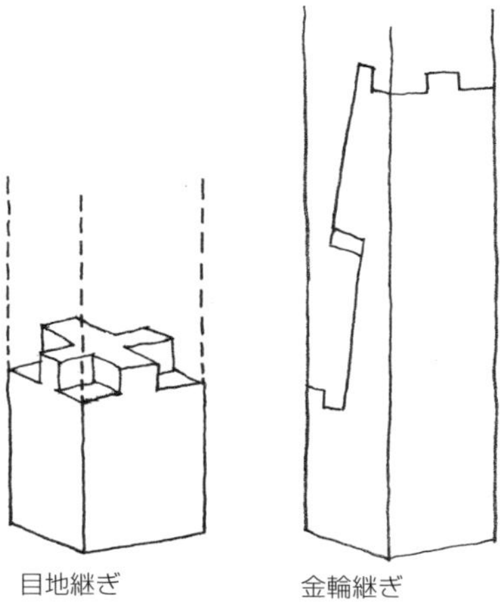

図4・1　柱の根継ぎ
曲げ応力のかからない柱は、目地継ぎでも良い。通り柱は必ず金輪継ぎとする

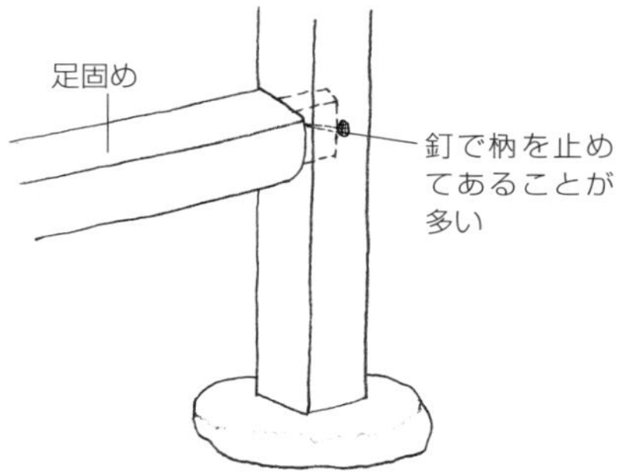

図4・2　床組の改修
足固めの枘は、釘で止めてあることが多く（床高の高い（800～900）場合は、込み栓が多い）、緩みやすい。床組改修の際は必ず釘を止め直す

図4・3　根継ぎ例

■5　軸組

■1　胴差、ササラ、梁の取り替え

蟻害や漏水で腐朽した梁の取り替えは、立ち直し後に行う。部分的に取り替えることをせず、一丁ごと取り替えるのを基本とするが、仕口はしっかりしていて一丁ごと取り替えると仕口をきちんと組めないときは、仕口を残し、柱際で追掛け大栓で継ぐ方が良いこともある。いずれにしても部材の損傷状態や取り替える際の仮受け仮設の難易度などによって現場で工夫するしかない。

また、町家は柱の拘束度が低いため、たいていは押し広げれば元の仕口で取り替えが可能であるが、それが難しいときは片側の枘と枘穴を切り欠いて横から滑り込ませるようにする。その際、部材の断面欠損を最小限にすることは当然である。

■2　貫、エツリ

貫が外れている場合、間仕切りは柱に止め直すことができるが、側壁は裏に回れないことが多いため、手前から銅線で柱に括《くく》る。エツリ竹も同様とする。

■6　小屋組

町家の屋根は比較的軽くなっていて、めったに登りや地棟が下がることはないが、蟻害や漏水により腐朽した場合は取り替える。

昭和以降の陸梁がある場合で側繋《かわつな》ぎしか入っていないケースがあるが、これでは小屋が固まらないので一間以内に梁で本体と繋ぎ、小屋束を貫等で縫い合わせて固める（小屋裏になる場合は雲筋違でよい）。

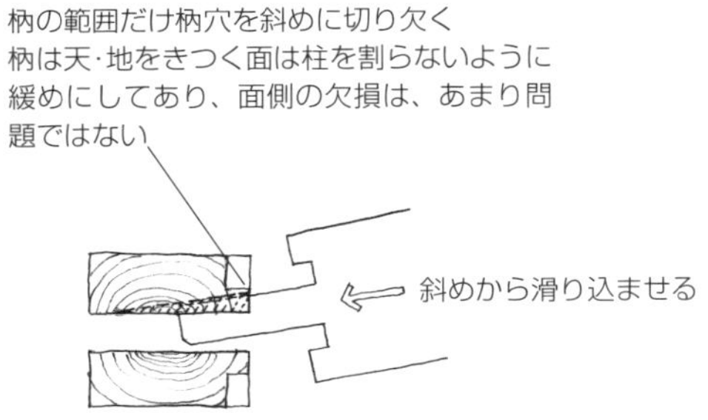
枘の範囲だけ枘穴を斜めに切り欠く
枘は天·地をきつく面は柱を割らないように
緩めにしてあり、面側の欠損は、あまり問
題ではない
斜めから滑り込ませる

図5・1　仕口の取り替え

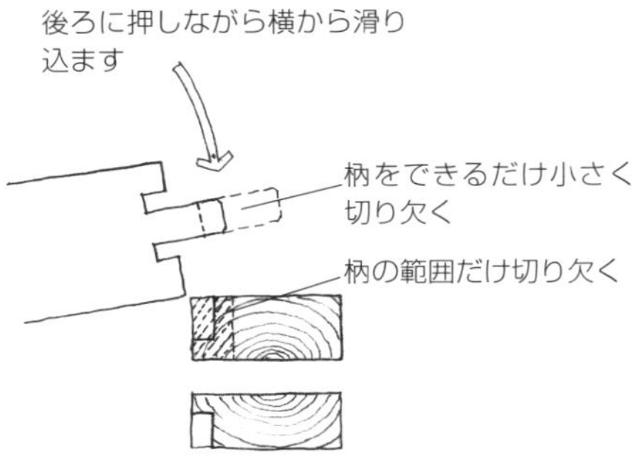
後ろに押しながら横から滑り
込ます
枘をできるだけ小さく
切り欠く
枘の範囲だけ切り欠く

図5・2　仕口の取り替え

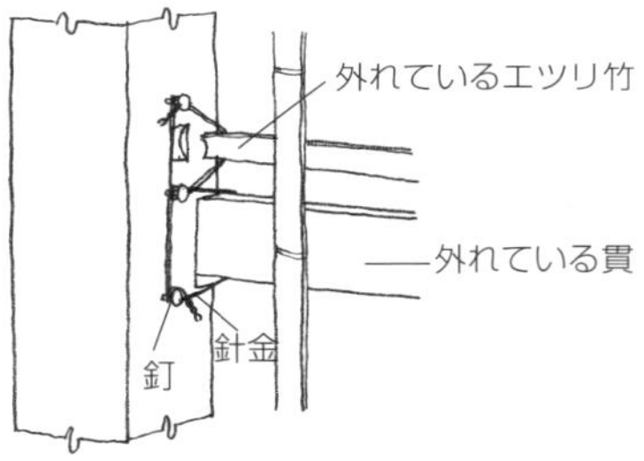
外れているエツリ竹
外れている貫
針金
釘

図5・3　貫・エツリの外れ
貫やエツリ竹が外れているときは、柱の側に釘を打ち、針金で一本一本止める。その際、壁に癖がついていて戻りにくいときは、十分水打ちしておく

図6・1　間半ごとに側繋ぎを入れる

■7　壁

■ 1　左官工事の改修に際して

改修にあたって、もともと土壁は傷がつきやすい上に、雨漏りなどで傷んでいたり、ひどく汚れていることが多い。傷んだ壁の状態や強度をよく確認して補修方法を検討することが必要である。

図７・１　外壁の傷み

壁下地

壁下地の貫やエツリ竹が抜けるなど壁の下地に問題があるときは、これを直しておく。たとえば貫がはずれている場合、それが間仕切り壁のときは柱に止め直すことができるが、側壁のときには隣家が近接して裏に回れないことが多いため手前から銅線で柱にくくりつける。

このとき壁を全部落として貫、竹木舞下地ごと直す場合もある。

古壁を落とす

骨組、下地が固まったら、壁の風化、劣化、傷、割れ、ふくれをみて必要なところまで壁土を削り棒でこそげ落とす（中塗が浮いていたりするので、強固な部分までこそげ落とす）。再利用が可能な土はふるい分けて、新しい土、苆と混ぜて使えるように予め練って、寝かしておく（古土を再利用できるのは中塗までで、上塗には新土を使う）。

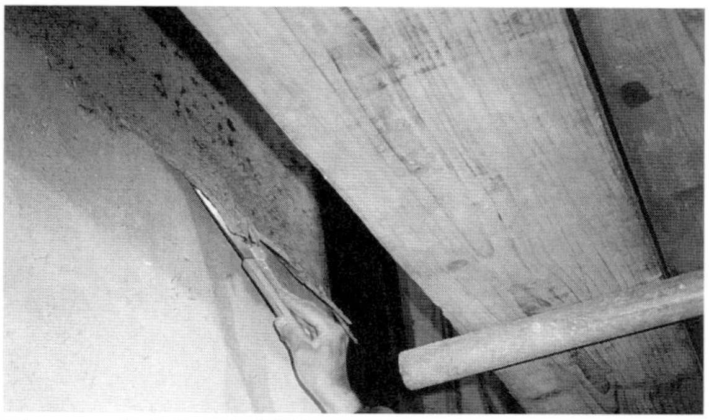
図７・２　古土のこそげ落とし

下地調整塗り

こそげ落としたら、水洗い、穴埋めなどの下地調整をする。このとき必要に応じて、チリを直し、割れ止めなどをしておく。

こうして塗り下地を調整し、次の塗り工程に移る。損傷部分だけを塗り直す場合には、接合部にクラック防止の処置（和紙や寒冷紗《かんれいしゃ》貼り）をする。

図７・３　穴埋め

その他の注意点

壁の状態が良いときは、必ずしも塗り替えずに清掃だけでとどめることができる。火袋などで、漆喰仕上げや大津壁仕上げの時は上塗だけをこそげ落とすのが一般的だが、壁がしっかりしている場合は、落とさずに接着剤を塗布して下地塗りをしてから仕上げることもできる。

煤や煙が被《かぶ》っているときは汚れが移らないように刷毛などであらかじめ払っておくことを忘れないようにする。古い中塗仕上げの上に塗るときは水摺りをしてから塗る。

こそげ落とさずに上に塗るときは、チリ寸法があまり小さくならないように注意する。傷んだ部分だけをその他の部分の仕上げに合わせて全く同じに塗るのは、色、肌合いとも非常に難しいが、補修跡を景色とする数寄屋やお茶の文化も参考にしてみるのも一案である。

図7・4　水摺り

■ 2　壁の状態別と補修のコツ

亀裂

上からメッシュ状の材料（麻布、寒冷紗、和紙）を貼り付けてから塗るが、その時亀裂の程度と状態によっては、Vカットをして補強剤を充填し、十分に乾燥させてから上塗をする。

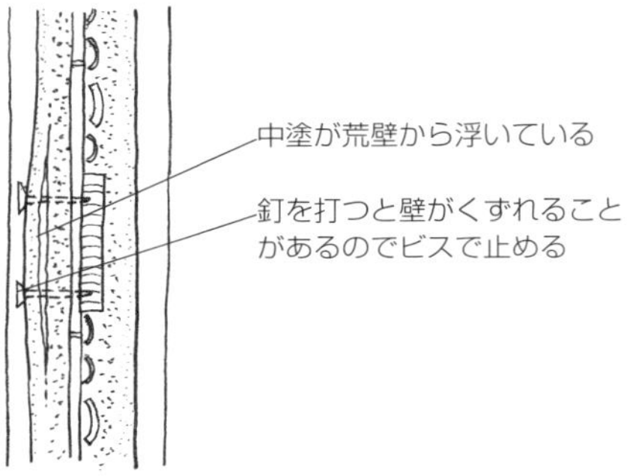

図7・5　壁の剥離
中塗が荒壁から剥離して浮いているときは、壁にビスを打って止める方法もある

傷

亀裂と同じ要領で補修するが、肌合いを周りに合わせないと余計に目立つことがあるので注意を要する。傷跡を小さな鏝などで直した後に、スポンジ、和紙、棕櫚箒《しゅろほうき》などを使って表面を目荒らししてから、霧吹きで色合わせをする。また古い壁などで、いわゆる「錆」が出た状態の壁の場合は薄めた墨汁を少し遠くから霧吹きで吹き付けると、よく似た雰囲気になる。上塗り土に墨汁を混ぜてもよい。

剥離

いわゆる「浮き」であるから、隙間への充填か、浮きを押さえるかのどちらかであるが、浮きが少しだけならば接着剤を医療用の注射器などで注入し、上から押さえてドライヤーで急速に乾燥させると、うまく付くこともある。面積が広い場合には「ヒゲコ」を利用するとよいが、釘を打ち込むとその振動で剥離してしまうこともあるので、木ネジを使って貫板などへゆっくりねじ込み、少し長めの麻苧《あさお》を巻き付けて壁を押さえる。麻苧の替わりに麻布、寒冷紗、ガラス繊維のメッシュなどを使う方法もある。

図7・6　中塗

変色

基本的には壁全体の色斑は塗り替えるしか方法がないが、ごく一部の場合は霧吹きを使って傷の補修の要領で上塗り材料を吹き付ける。

■ 3　ボード下地によるの改修の注意

最近の改修においては、従来の竹木舞をした荒壁下地以外に下記のようなボード下地がある。

(a) 石膏ラスボード下地

一尺ピッチで構造材に取り付けた上で、ボード端がきっちりと下地の木部に亜鉛釘またはビスで止めてあるのが最良。接合部にジョイントテープなどで亀裂防止対策を施して石膏プラスターで下塗りをする。チリ際での隙や変色を防ぐため、ボードは柱との間に２分の隙間を開けて張り、そこに石膏プラスターを入れ込んでおくとよい。

(b) 平ボード下地

平ボードはラスボードと違って穴が開いていないので、薄塗り仕上げでも平滑できれいな壁が塗り上がる。薄塗り専用の石膏プラスターを下地に、ジョイント部分は十分に割れ防止の処理をすることと、薄塗りの材料では下地のムラ直しができないので下地の精度を高くする必要がある。また、ラスボード同様チリ際はすかせて張るようにする。

図７・７　長ヒゲコ

図７・８　石膏ラスボード下地

図７・９　平ボード下地

4　各部位の改修――屋根(瓦・板金)、建具、畳、塗装、設備工事など

■1　屋根・瓦

■1　屋根・瓦葺き工事改修の手順

屋根下地の補修（大工工事）

通気上、野地板には杉板が、防水にはトントン（土居葺き）が望ましい。やむをえずルーフィングを使う場合は、特に小屋裏の通気に考慮し換気口を設け、またルーフィングと瓦間の熱気抜きと通気を考えた「換気棟」を使うことも考慮する。

土葺きでの差し替えと葺き替え

従来の京町家の大屋根では 64（ろくし）版サイズなので、状態のいい同サイズの古瓦か、もしくは新品を調達して差し替える。

また葺き替えの場合、状態の良い瓦を選別したら、片方の屋根面に寄せて再利用して葺き直すことができる。流れの両側で違う版型になるが、こうすれば流れの面ごとには版型もそろいきれいに仕上がる。

このとき瓦のズレを直すことと小屋裏の漏水や蒸《む》れを十分に点検して補修する。全面の葺き替えの場合にはできたら 64 版、または現在の汎用サイズの 53（ごさん）A 版を使う。53A 版を使う場合は、従来の割付にならず半端が出るので、両端の袖瓦を中心にカットして調整する。最近はこうした微調整用にカットしやすい袖瓦、平瓦がある。

棟の鬼瓦や軒瓦、天窓瓦などで昔の特殊な瓦が使ってある場合には、現在、調達がむずかしいものもあるので、特に慎重に扱い再利用する。状態のよい古瓦は今後の差し替えのことを考えてストックしておくとよい。

鍾馗さんは慎重に扱い、元の位置に戻して納める。

引っ掛け桟瓦葺きに葺き替える場合

引っ掛け桟瓦葺きに葺き替える場合には、従来のサイズの 64 版か汎用品としての 53A 版で葺き替える。尻釘は瓦一枚ごとに釘を打ちつける。

軒瓦の基本は一文字だが、予算の都合により、二階の軒瓦に饅頭瓦を使うこともある。

図１・１　天窓用の特殊な瓦

図１・２　53A 版での葺き替え　微調整は袖瓦を中心に行う

図１・３　瓦桟打ち

■ 2　瓦の状態と補修のコツ

棟の垂れ

瓦のズレや瓦土の流出が原因の場合は土を補って葺き直す。棟木に釘を打ち、そこから銅線を引いて棟瓦をしっかり固定しておく。ただし、棟の大きな落ち込みなど骨組の傷みが認められたら、無理に棟を土でカサ上げなどせずに、早急に大工工事による補修を行う。

棟の熨斗瓦のずり落ちと漏水

熨斗《のし》瓦のズレを放置することで漏水することが多いので、棟を積み直し、棟用の面戸には南蛮漆喰を充填する。

葺き土の流出によるがたつきやズレ

範囲を確認のうえ、少し広めにめくって葺き土を替えて葺き直す。このとき杉皮で防水層を補修する。

鬼瓦の倒れ

棟の一部をはがし、鬼瓦の後方から銅線で引っ張り直して土を補って固定する。

古瓦の色付け

古い鬼瓦などを新しい屋根に再利用するときに、新しい瓦に色を似せるための特製の塗り材を利用することもある。

図１・4　棟の垂れ

図１・5　瓦のズレ

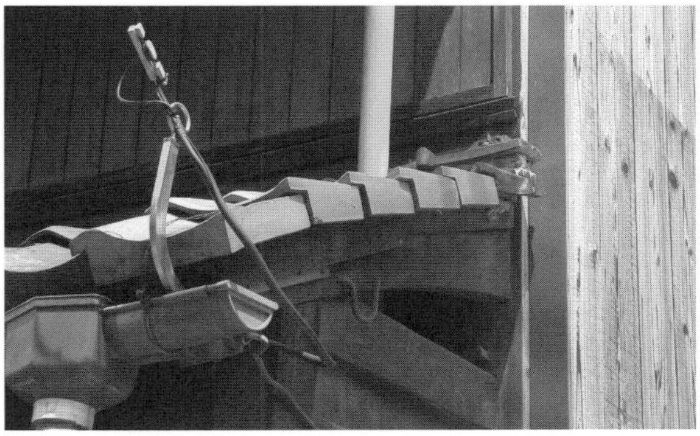

図１・6　袖瓦のズレ

図１・7　鬼瓦を銅線で引っ張り固定する

■2　屋根・板金

■ 1　板金工事の改修ポイント

京町家の改修時は、ほとんどが銅板葺きの腰葺き（さらし葺き）の葺き替えである（下地の改修の注意点は瓦工事を参照）。

京町家の銅板一文字葺きの銅板サイズは、通常 1.2 尺× 4 尺の四切り（田の字切り）が多く、それより小さい六切り、八つ切りもある（銅板サイズには他に 1.5 尺幅がありそれによる仕上げ寸法の若干の違いがある）。

一文字葺きは、小版のため熱による伸縮をアジャストできる利点があり、大版で平葺きにする場合は熱による膨張に注意する。

漏水を防ぐ基本は勾配を十分にとることで、一文字葺きの場合、下地の段階で最低 3 寸はとるようにする。勾配が緩いときには葺き足を長くして水仕舞いをよくする。寄せ棟の場合、隅の下り棟がより緩勾配となるので特に注意をする。

改修時に板金をめくると屋根裏が蒸《む》れ、結露しているのを多く見受けるので、改修を機会に小屋裏換気を必ずもうけるようにする。

昨今、酸性雨による銅板腐食の問題が考えられるので、既に緑青の出た銅板やカラーガルバリウム鋼板の使用も検討する。

図 2・1　ルーフィング貼り

図 2・2　銅版の腐食

図 2・3　瓦との接点での傷みが多い

■ 2　樋工事の改修のポイント

改修時にはほとんどが掛け替えとなるが、樋の一部を取り替える場合には、既存の現物から型をとって作り直すこともある。

材料は銅板が多いが、酸性雨のため、最近は樋の内側をコーティングし、部材ごとに加工済みの既製品が増え、はんだ付けの代わりにジョイント部分には接着剤を使うようになっているほか、硬質塩ビ製品（黒や焦げ茶色）も多く使われるようになった。

軒瓦の一文字瓦葺きの合端を見せたいので、水上の始めの1/3は一文字が隠れるが、あとの2/3は見せるように樋を掛ける。このとき、角樋より半丸樋にしたほうが一文字が生きて美しい。

角樋を使う場合には、メーカーのマニュアルや設計者の見かけ重視の判断で、水平に掛けるように指示を受けるときがあるが、埃がたまるなど欠点もあるので勾配をとること。

竪樋が這い樋に降りたところで、雨水の落ちる力で、継ぎ目がはずれることが多いので、特に頑丈に作るようにする（ただし、既製品の継ぎ目ははずれにくくなっている）。

■ 3　屋根工事全般の注意事項

瓦工事では毛細管現象による漏水を防止するために、瓦を浮かせて仕上げているので工事後の瓦を不用意に踏みつけないこと。

特に繊細な合端仕事の後の一文字瓦や樋工事の後は、養生を十分にしておくようにする。

金属板葺きのハゼの上は、瓦同様漏水の原因になるので決して踏まないこと。また最後に点検してハゼを起こしておく。

アンテナ設置やその他の設備工事で特に、漏水の原因を作りがちなので工事業者への注意徹底を促す。

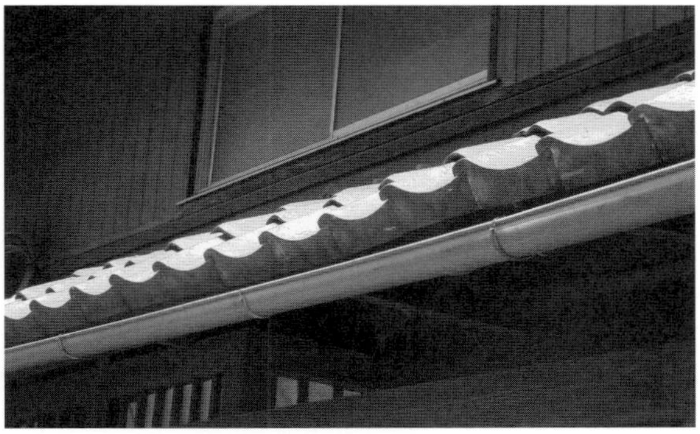

図2・4　タレの面を見せる軒瓦と樋

図2・5　竪樋が這い樋に降りたところ

図2・6　樋の落口

図2・7　古い鮟鱇《あんこう》

■3　建具

■1　建具の改修のポイント

できる限り、建物の立ちの補正ができたら、後の建て合わせ不良は建具で補正する。カンナ掛けで対応できる範囲は削ることで補正。

柱や方立の傾きには柱側にヒモなどを打ち付け隙間を埋めて、戸当たりとするほか、建具の上下に足し桟やハカマを打ち付け補正をすることもできる。

使い勝手上、従来の鴨居の高さ（京町家の場合5尺7寸 =1,727mm が多い）を上げる場合があるが、このとき元の建具の下桟にハカマを付けることで成を増して使うことも建具再利用の方法である。

また昔の建具は仕口が打ち抜きホゾになっていてしかも現在のような化学糊を使用していないので、解体修理ができる。仕口の緩みは、組み直したり楔を打ち込むことで容易に締めることができる。

建具に使われている金物はできるだけ再利用をする。戸車や蝶番には油を差し、引き手やねじ締まり等は調整をすれば十分使えるものが多い。ガラスも現在流通していないタイプのものは特に慎重に扱い再利用する。

廻りの木部に洗いを掛けるときは一緒に行うようにし、古色付けをすることでなじませることも考える。

■2　建具の新調時の注意点

改修後の新たな使い勝手、たとえば二つの部屋をつなげて使うなど部屋を多様に使うために引き込み式の建具にしたり、建具高さが大きくなる場合などさまざまな理由で新たに建具をつくる場合は、町家の意匠的な統一感を十分考える。

材料はできるだけ従来使用のものが好ましいが、現在は米松やスプルースなどの使用も避けられないのが現状である。

近年の改修時に合板を使ったフラッシュ戸などにすでになっていた場合、なるべく「ムク材」を使った京町家らしい建具に戻すことを考える。

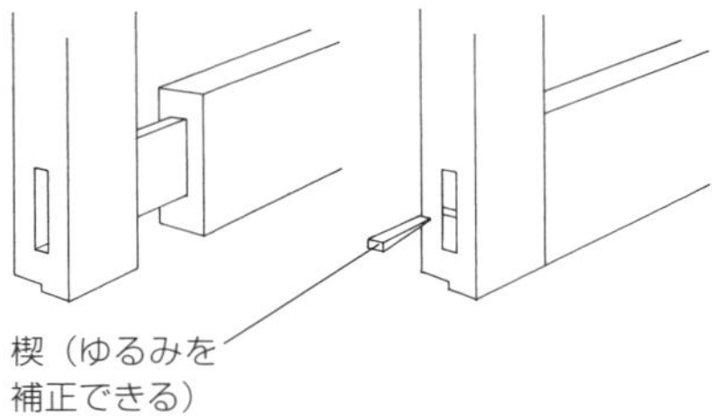

図3・1　仕口の緩みを直す

図3・2　傷んだところだけを取り替えた大戸

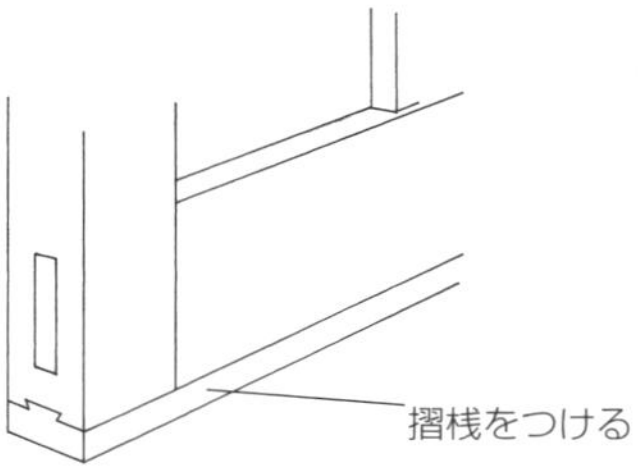

図3・3　摺桟による建具の建合せ調整

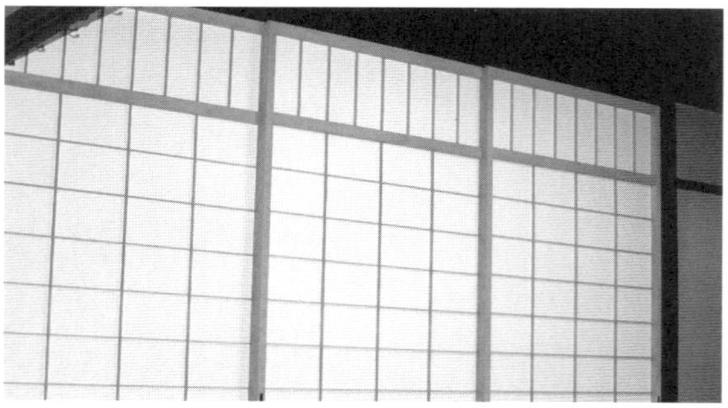

図3・4　梁下までの大障子
鴨居を撤去し、2間続きの大空間にすることができる

■ 3　古材のリサイクルの注意点

京町家の建具は、規格化されているため、古材の流用ができるので、古材店やリサイクル店などで探してみると、古材ながら廉価で良質の建具が手に入る可能性がある。

また、改修時に出る天井板なども新たな建具の材料にも流用できるし、既存建具を利用してのリメイク（作り替え）も検討する。

■ 4　表具—襖と腰貼り

■ 1　襖の改修のポイント

状態のいい襖は引き手の緩みを調整するなどしてそのまま使用できる。

貼り替えの場合、襖紙は通常新調時の上に5、6枚までは重ねて貼ることができるので、破れなどを補修して上貼りをする。この貼り重ねの限界は、桟からの出で確認する。特に押入の襖などで、室側だけの貼り替えで済む場合でも、すでに反っている場合などは、裏側も裏紙を上貼りし、紙貼りのアンバランスによる反りを防ぐようにする。

桟の傷みは、漆師など専門職に補修に出す。

建て合わせ不良がある場合は、桟をはずした下地（骨）での調整を試みる。ある程度は修正可能である。

紙は鳥の子紙を中心に唐紙や絹地など、格調と使い勝手をよく考えたものを使うようにする。

引き手は、古く貴重なものなどはなるべく再利用するが、引き手のサイズや形の違いがあっても下地で切り欠き部分の調整ができるので、貼り替えを機に違う引き手に替えることも可能である。

■ 2　腰貼り改修のポイント

古い腰貼りを剥がすときは、刷毛でよく湿してから行うときれいにはがれる。

腰紙用の湊紙を貼るが、高さの基本を9寸（約27cm）として、室に応じて好みの高さで貼る。

後の貼り替えのことを考え、フノリを混ぜた糊（姫糊）で貼るとはがすときに容易で、貼り替えごとに壁の傷みをカバーするように少しずつ高く貼り替えるのも先人の知恵である。

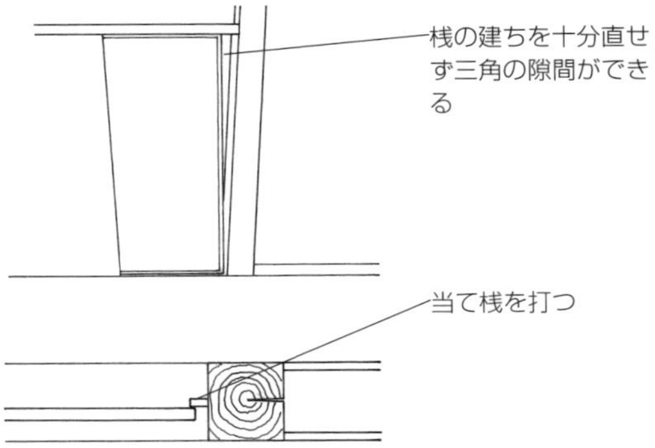

図3・5　建具の建合せ不良

図4・1　襖の下貼りの損傷

図4・2　再利用した引き手

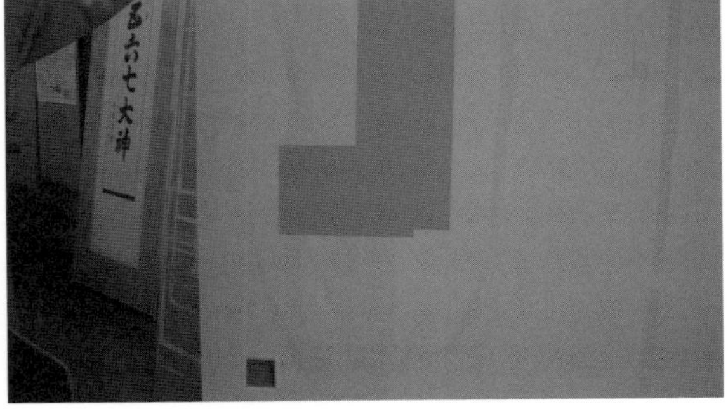

図4・3　上貼りの前の下地補修

■5　畳

■1　畳の改修のポイント

古畳の畳表、床《とこ》の状態をよく確認して再利用できるか決める。床の状態は、表全体の波打ち具合や足触りで見極めることができる。古い畳の中には良質のわらを使い、高度な技術でつくられていることがあり、その場合補修することで今後も長く使用可能なので安易に見かけで判断しないことが大事である。また、古い畳には厚みが50mmほどと薄く、現行では特殊寸法となるので再利用にメリットも多い。

床は、でき上がったときに表になる面を中心に不陸調整をし、框のズレを直す（板起こし）ことで定規付け（敷居や畳寄せとの敷き合わせ）をよくする。

表替えをして同じ所に敷き込む場合の寸法採りは、同じ位置に同じ畳が敷かれることを前提に、隙や詰まりの寸法を計っておいて、床を調整する。

もちろん改修などで室寸法がかわるときは、通常通り採寸してそれに合わせて古い床の調整をする。

また状態のいい畳は、以前とは違う部屋、または別の町家へも流用を考える。

表はできるだけ良質の国内産を見極め使い、へりは標準的には黒か茶を使用する。

図5・1　床《とこ》の状態は、足触りで点検する

図5・2　床《とこ》の補修

図5・3　框の板起こし

図5・4　床《とこ》寸法の微調整

■6　洗い・塗装

■ 1　洗い・塗装の改修のポイント

洗い

漏水によるシミ、松煙、粉塵、日焼けなど汚れ具合に応じて、専門職による洗いを検討する。へたに素人判断で最近の洗剤などを使った安易な汚れ落としをすると、表面が毛羽立ったり、余計に変色が進む。またシミが広がる恐れがあるので、十分注意する。また完全な洗いよりは古色を生かした程良い洗いを心がけ、材を傷めないようにする。

古色付けとその他の塗装

シミなどの汚れが取れなくて気になるときや、改修で部分的に新しくなったところの色合わせをしたい場合には古色付けをする。

弁殻、ワビスケ、柿渋や墨など天然材料で人体に害を与える可能性のないものを使い、自然な色合いに仕上がるようにする。柿渋を塗る場合は、塗ってのち時間とともに色が濃くなるので最初から濃く塗りすぎないよう注意が必要である。

漆塗りは現場での補修が難しいので、床框などで改修時にばらせるならば、塗師に補修や塗り直しを依頼する。

白木部は基本的には乾拭きで汚れを拭い、漏水などシミの原因を作らないよう日頃の注意が必要である。また、場所に応じて白木用のワックスや垢止め剤を用いる。

図6・1　色落ちと損傷が目立つ

図6・2　新材をつかっている部分（左）に古色付け（右）

図6・3　部材に古色付けをしておく

図6・4　天井に塗りをほどこす

■7　各種設備工事

■ 1　空調・換気設備

冬には火鉢、コタツなどのほかホットカーペットなどの輻射熱暖房を、夏には打ち水や簾の効果を生かし、団扇や扇風機などを使うようにし、やむを得ない場合に空調設備を考える。

空調機は室内機、室外機とも木製ルーバーなどでカバーすることも考慮して、京町家の景色に支障のない位置に取り付ける。室外機の設置の時には瓦や板金の屋根や樋を傷めないよう十分配慮する。

天井換気扇などダクトによる横引き配管をしないように壁扇を基本とし、外部の換気扇フードの位置にも気を付ける。

■ 2　給排水衛生設備・ガス設備

ハシリなどに配管が集中することが多いと考えられるが、必ず点検できるように点検口を設ける。

ガス栓はできたら壁に埋め込まず床栓にする。

■ 3　電気設備工事

まず、既存の配線を調べた上で、現行の電気保安基準にあう仕様の配線をする。すなわち京町家の多くに見かける碍子を使った配線は漏電の恐れがあるので、新規方法ですべてやり直す。

基本的に壁中やメンテナンスできないところへの配線は、将来の保守点検に支障があるのでなるべく行わないようにし、露出配線するVAは、茶色など周りに添う色とする。なお配線のための梁や柱の構造材の欠損は決しておこなってはならない。また必ず配線経路を点検できる点検口を確保する。

プルスイッチ付きの器具を使うことで埋め込みスイッチなくすことができる他、大和天井などでの天井付け照明器具を床置き型に替えることで天井配線をなくしたり、壁の埋め込みコンセントをフロアコンセントにするなど工夫をする。

特に土壁にはなるべくコンセントやスイッチを付けないようにし、やむをえず付ける場合にはプラグの抜き差しで動かないように柱や方立てなどに添わせたり補強をする。

電気メーターはできたら木製のカバーなどをして

図7・1　空調を建具で隠す

図7・2　室外機もめだたせない

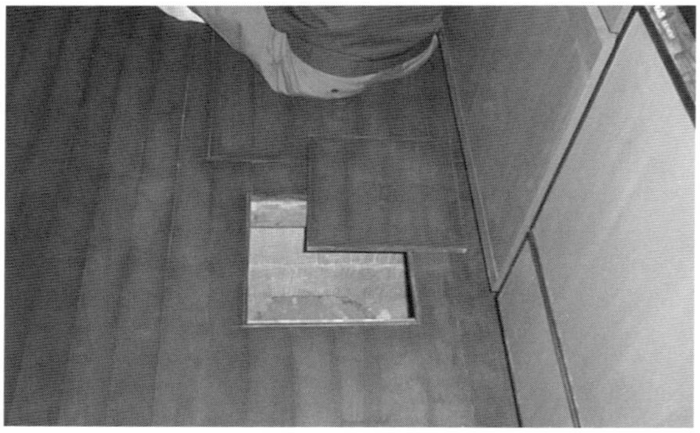

図7・3　床下点検口をつくっておく

図7・4　床ガスコンセント

美観を考えた処理をし、インターホン、防犯システム、電話やインターネット接続などの弱電設備の配線も上記に習う考え方で施工する。

■8　蔵

■1　古土蔵の診断と補修

屋根

切妻屋根が多く、まずケラバ瓦の並び、および通りを地上から透かして見て、歪みや出入りがあれば全体が動いている恐れがある。棟瓦は水平が原則で、あまりに中央が垂れていれば小屋組に故障があり、左右どちらかが下がっていれば、基礎の傾き（沈下）の恐れがある。屋根面の凹みは屋根下地の腐りや、虫喰い、瓦の破損による葺土の流出、更に軒鼻部分の鼻垂れ（ズレ）は、丸瓦下の葺き土の流出、または台輪の分離による故障であり早急な修理が必要である。

外壁

上塗白壁表面の亀裂で台輪角に縦にできたものは台輪部分の分離が多く、屋根瓦を１～２枚外して調べ、四隅の竪角沿いにできたものは、付近を打診して浮きを調べる。壁面の剥落は放置すると雨水が入り拡大するので、早期に補修する。水切部は欠落した部分より雨水が入り故障部分が広がるので、早期の補修が望ましい。

内部

屋根裏の雨漏れ跡に注意し、特に軒先部分に湿気による腐りや虫喰いのある時は、屋根瓦の破損が原因であり、軸組は地松材が多用されているので虫喰い穴や落ちた粉に注意する。床下は湿気を調べ、通風を完全にし、犬走りの排水や雨樋の流れに注意する。

塗扉、窓、開口部

扉の開閉は塗角部に手を掛けると欠落の恐れがあり、必ず中央部に力をかけることと、戸箱の着脱は順序通り行えば容易にできる。また扉を動かす時は、まず肘壺に油を差し、円滑に動かすとよい。裏白戸の塗り替えは方立と鴨居が取付け式であり、扉を外

図８・１　本葺き瓦の鼻垂れ（ズレ）

図８・２　油がきれた肘壺

図８・３　落下寸前の台輪

図８・４　外れかかった台輪　外へ分離している

して作業すると容易にできる。

樋工事

下からでは見えないが、落葉やほこりが溜まって降水時に水が溢れることが多いので、ゴミの掃除や竪樋の詰まりに注意する。

外構

土蔵は住居の奥や隣家との境に建てられることが多く、常に家人の目が届き難いので、周辺の整理や植木の枝摺れに注意するとともに、庇や屋根が浅く常に壁面に雨水が直接あたるので、壁面の管理に注意する。

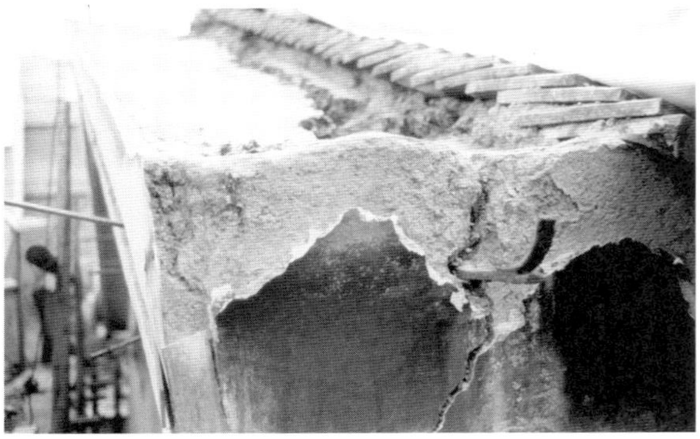

図８・５　台輪の亀裂
ケラバの瓦を剥がすと落下寸前の状態が判明した

図８・６　蔵の傷み

第4章

〈実例〉改修された京町家

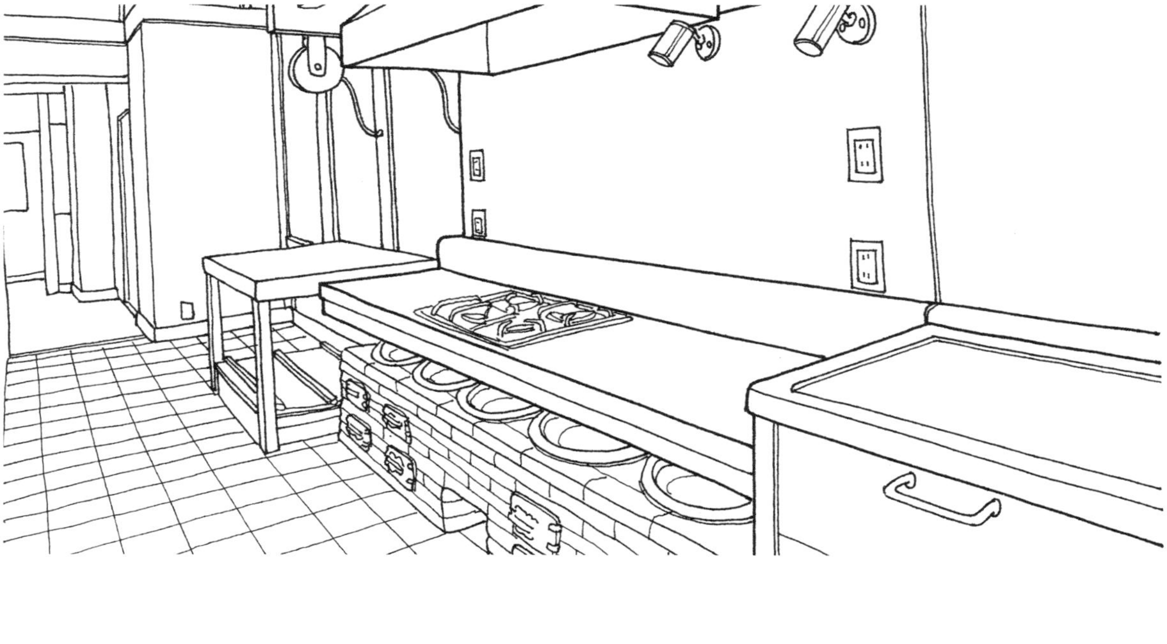

改修事例を紹介するにあたって——作事組の実例をもとに

京町家再生研究会を中心とする京町家を守っていこうとするグループの活動が一般にも知られるようになってきたなかで、「建具の具合が悪いが、どこに頼めばよいのか」「壁を塗り替えたいが、工事屋さんを紹介してほしい」「改修しようと思って工務店に相談したら壊して建て替えた方がよいと言われたが、本当にそうなのか」という相談が同研究会に寄せられるようになった。そういった相談に対して個別に研究会のメンバーを通じて職方を紹介してきたが、もっと組織的にきちんと対応できればよいのだが、という必要が京町家作事組を立ち上げた理由であった。したがって、「どぶ板一枚から町家の立て替えまで」が作事組の方針であって、それは今も変わらない。

事実、鍵ひとつの取り替え、水栓を一ヶ所増やすと入った依頼が多く、ここに挙げた4軒の構造改修を含む大がかりな工事は、むしろまれなケースである。前章までの随所で述べてきたように、京町家が建てられ、守られてきた時代と現代とでは社会的背景が全く異なる。現代においては法律・制度、経済、慣習が町家を守っていけるようになっていない。改修費用の調達ひとつ取ってみても、町家を潰して改築する際には住宅金融公庫や住宅ローンの融資を受けられるが、評価額ゼロの町家は銀行の住宅ローンすら利用できない。そういった意味でこの4軒を含む十数軒の施主は、京町家を本来のありように戻すため、自ら困難をひきうけて町家の改修に踏み切ったパイオニアである。

むろんご本人たちにそのような大仰な覚悟があったわけではないと思うが、ともに京町家に住む意味を考えるプロセスに立ち会った者としてそういえるいくつかの共通項がある。

その主なものを二つあげると、ひとつには単なる懐古や流行で町家住まいを決めたわけではないことである。下京Tn邸では奥さんが町家で育ち、ご主人は隣のおばあちゃんが住む家にしょっちゅう出入りをする孫としての町家体験があり、下京K邸の奥さんは自分が育った家であるし、下京Td邸のご主人は自分が育った家で、奥さんにとっては結婚以来の住まいであり、東山N邸のご主人は町家で育った。いずれの方々も町家の良いところ、不都合なところを判って町家に住もうと決めている。

ふたつには「家族と住まい」がそれぞれにとって、必要なテーマであったことである。下京Tn邸の結婚しての新居としての選択はいうに及ばず、下京K邸の奥さんと下京Td邸のご主人は高齢化した母親との同居がきっかけであったし、東山N邸のご夫婦にとっては母親との同居とともに子供にも町家に住む体験をさせたいとの想いがあった。

また住み手の必要および想いと作り手の想いと工夫のやりとりの結果できあがった町家は、一見するとどこをどう直したのか判然としないものになっていることも共通している。作事組の改修に当たってのコンセプトである「元に戻す」「変えても元に戻せるようにする」が住み手に理解された、といえなくもないが実はそうではなく、町家を含む伝統建築は、現代人のわれわれには見えにくいが、明確な思想性があって、深くつきあえばそれを語ってくれる。住み手、作り手の両者がそれを聞き取ってつくり上げた結果と言える。

しかしそれだけではなく4軒の改修には町家の思想を理解した上での創意・工夫もある。端的な例でいえば、下京Tn邸の火袋の空間性を損なわず挿入された書斎であり、下京K邸のトオリニワの火袋に代えて軸を90度振って設けられた食堂の火袋であり、下京Td邸の元の記憶を残しながら活用を計った竈と井戸であり、東山N邸の使い方に夢をふくらませながらあえて残した土間である。

町家の改修は町家との格闘を通じて行われるのでなければ、単なる古道具を生かしたインテリアデザインになりかねない。これら4軒の事例をたたき台にして町家の思想性をより豊かにする創意・工夫を生み出してほしいと思う。

事例1 おばあちゃんの家を直して二人の新居に 下京Tn邸

■設計者のコメント

お孫さんが結婚に当たりおばあちゃんの住んでいた町家を改修して新居にした事例。お母さんやその兄弟にとっても懐かしみのある町家である。隣で育った当人にとっても子供のときよく遊びに行っておやつやお小遣いをもらった懐かしい場所であった。おばあちゃんが亡くなってからは空き家で物置になっていた。京町家作事組に依頼することになったきっかけは婚約者であった女性がこの町家を残す手立てをインターネットで探し、京町家再生研究会の事務局に連絡したことである。その婚約者も町家で育ったお嬢さんで、マンション暮らしの経験もあり、町家暮らしについては良きも悪きも承知していた。

従って作事組の方針である家を長く持たせる構造改修を優先すること、使い方は変えても間取りや火袋などの空間の骨組みは残して将来元に戻せるようにしておくこと、あるいは空調や換気扇などの設備は最小限に留めることなどはすんなり受け入れられた。設計提案としては火袋の中に書斎を嵌め込むことと2階オモテの天井を外し吹き抜けとしナカの間上部に小屋裏部屋を設けることであった。また施主の要望で水回りの屋根の上に物干場を設けた。

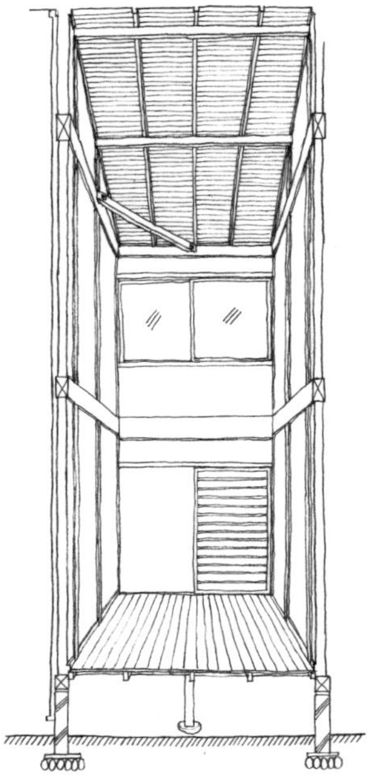

正面2階の書斎は窓からの採光を妨げるため、ハシリの入り側に移した。小屋梁位置の側繋ぎは間半ピッチとした。ナカの間との境は原状通りガラス戸で仕切った

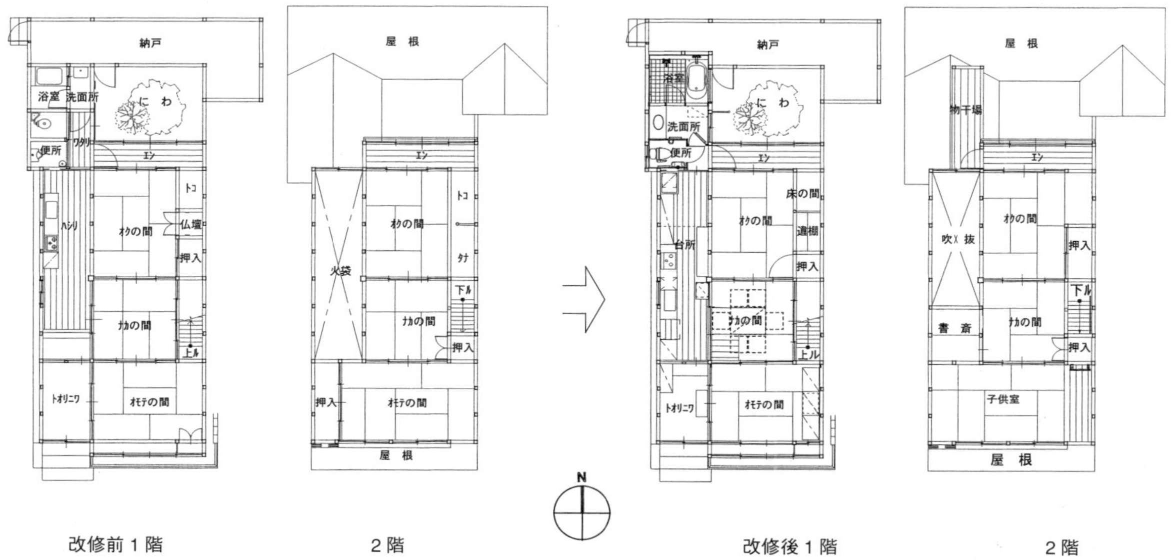

改修前1階　　2階　　改修後1階　　2階

改修前

西側妻壁　モルタルが厚塗りしてあり、クラックが縦横に入る。この荷重が基礎を沈下させ、建物を西に歪ませたと思われる

ハシリの火袋　3間半の奥行きに側繋ぎが上下に一本ずつしかなく、小屋梁が入れてあるため小屋梁位置で座屈

小屋裏室　2間ナカの間に上部に小屋裏室を設けるためには地棟が出入りの障害になるので外して新設。外した地棟はハシリの側繋ぎに転用

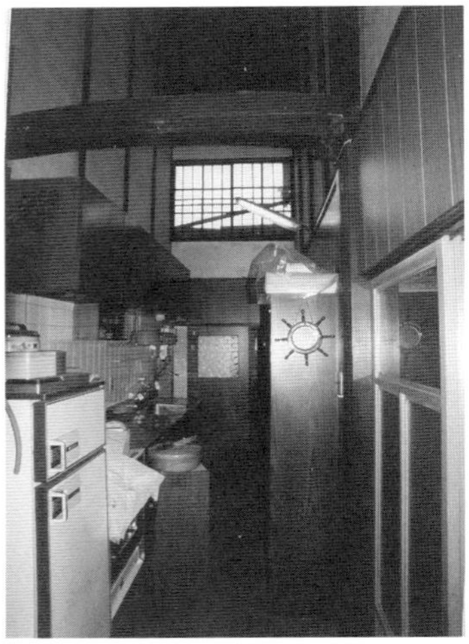

ハシリ　壁は改修でプリント合板が張ってある。流し前に窓が無く、暗い

2階オモテの間　小屋裏室を設けてこの室と空間を一体にするため天井を外す

1階オモテの間　過去の改修でラワン合板が張られていた。天井をめくると補強のための小根太があり、このままでは大和天井にはできない

改修後

西側妻壁　モルタルを撤去して焼杉の竪羽目板張に改修。1 階の窓は流し前

ハシリの火袋　外側に倒れた壁をイガミ突きで補正して、間半毎に側繋ぎを入れる。その内 1 本は既存で 1 本は地棟の転用

小屋裏室　屋根裏はモヤまで露しとし、木摺板を垂木に打ち上げ屋根裏の通気性を守るため木摺は目透し張りとし、断熱材はグラスウールだと通気性を損なうためウレタンボードとした

ハシリ
壁はプリント合板をはがして漆喰塗。流しは製作した

2 階オモテの間　壁は既存は補修とし、荒壁部は中塗撫切り仕上げとした。襖は修理のうえ唐紙張り替え

1 階オモテの間　杉板を打ち上げ、小根太を隠し、大和天井風にする

改修データ

工事名称	下京区T邸

原状データ		内容	状態		内容
原状データ	形式	総2階建	状態	基礎	西側基礎が75mm沈下
	特徴	かしき造り、壁漆黒タイル張り、小屋梁あり		軸組	西側小屋梁位置で外側に80mm倒れ
	築年代	昭和9年、築66年		屋根	西北隅で軒端垂れ、棟中程垂れ
	面積 敷地	93.300㎡（28.22坪）		外装	紅殻退色、西妻壁モルタルクラック多い
	面積 1階	72.582㎡（21.96坪）		内装	ハシリ床上げ改修、同壁、玄関壁プリント合板張り、玄関およびオモテ天井合板張り
	面積 2階	52.145㎡（15.77坪）（＋物干場3.76㎡）		設備	排水管土管、給水管鉄管、碍子2線引き
	面積 合計	124.727㎡（37.73坪）（＋物干場3.76㎡）		その他	西妻壁モルタル荷重（約7トン）が建屋を外に倒し、かつ基礎を沈下させている

施主				
施主	家族構成	夫婦2人	年代	夫30代、妻20代
	利用形態	住居		
	動機	結婚にあたり新居として	依頼経路	京町家再生研究会のホームページより事務局へ

		期間		
設計	㈱NOM建築設計室	期間	設計	00年12月初旬～01年1月末　2ヶ月間
施工	㈱山内工務店		施工	01年2月中旬～01年4月末　2.5ヶ月間

工事概要

構造	揚げ前	西妻軸組を75mm上げる	1階	ダイドコ	吊り棚撤去壁補修、板張り畳一帖敷替え、掘炬燵
	イガミ突き	同上　小屋梁位置で80mm東へ引く		オクの間	床改修、掛け障子撤去筋違い入れ、壁補修
	根継ぎ	南西柱		縁側	欄間撤去壁に改修（補強のため）
	基礎	西妻基礎沈下安定のためそのまま		雪隠	全面改修、床・腰檜縁甲板、壁Vクロス、天井檜小幅板
	軸組	イガミ突き戻り防止のため2ヶ所に筋違い入れ		洗面所	同上
	仕口・継手	なし		浴室	同上、床・腰150角タイル張り、天井檜小幅板
	小屋組	④通り地棟小屋裏室設置のため側繋ぎに移設、地棟新設	2階	オモテの間	小屋裏壁膨れ補修、壁中塗り撫切りおよび補修、化粧屋根裏
	2階床組	オモテ押入撤去、同東間半板張り、オク床撤去板張り		ナカの間	天井撤去大和天井新設、書斎入口
	1階床組	床組組直し、ダイドコ板張り一畳分畳敷き、水廻り新設		オクの間	床撤去杉縁甲板張り、天井シミ洗い、タナ撤去押入に改修
	その他	側壁が小屋梁位置で腰折れのため側繋ぎ増設		縁側	物干し場出口
屋根	主屋根	桟瓦筋葺きを引っ掛け桟瓦空葺きに葺き替え		書斎	火袋に新設、畳敷き
	下屋根	修理		小屋裏	納戸新設
	その他	樋補修		階段	手摺新設、壁塗替え
外装	表壁	木部、雨戸洗いの上ワビスケ（紅殻代用）塗り	共通	畳	修理・表替え
	妻壁	モルタル撤去、焼杉竪羽目板張り		建具	修理の上色合せ、襖張替え
	その他	駒止め補修、クーラー室外機目隠し格子		壁	疵・汚れ補修
	基礎廻り	豆砂利洗い出し補修	設備	給排水	排水管改修、給水管メーター以降改修
1階	トオリニワ	床モルタル塗替え、壁・天井合板撤去漆喰補修、式台		ガス	配管改修、24号追炊き式湯沸器
	ハシリニワ	壁プリント合板撤去漆喰補修、床板ムラOS塗り、流し		電気	配線改修
	オモテの間	天井合板撤去、杉板打上げ、明り障子3面新設、壁補修		空調・換気	1Fオモテのみクーラー新設、換気扇3ヶ所

設計料		1,250		工事費	内装	2,845	19.3%	工事費	外構・造園	117	0.8%
工事費	仮設	776	5.3%		家具・雑	2,280	15.5%		付帯（物干場）	224	1.5%
	構造改修	1,766	12.0%		給排水	776	5.3%		諸経費	711	4.8%
	屋根	1,106	7.5%		ガス	379	2.6%		小　計	14,728	100%
	造作	2,055	14.0%		電気	620	4.2%	その他		1,118	
	外装	879	6.0%		空調・換気	194	1.3%	合　計		17,096	

工事関連費用のその他欄の内訳は、消費税5%と作事組に対する活動協力金2%　（金額の単位は千円）

事例2 母の元に戻って町家の暮らしを再開する　下京K邸

■設計者のコメント

屋根はシングル葺、建具はアルミサッシ、内部も新建材貼りに改変され、柱足元の腐れ、土壁の崩れなど傷みもひどい状況であったが、施主の強い思いがあり、再生が実現した。改修の主旨は母親の快適安全生活であり、表家と離れをつなぐ渡り廊下とそれに付随した水廻り、床の段差解消などである。補修・修復については、柱の揚げ前・根継、古い土壁の補修、新規塗り替えなどを行い、特別な補強を行ってはいないが、建物全体がしっかりしたと言える。新しくシステムキッチンなど取り入れているが、古い土壁の重みのある表情がインテリアとしての特徴であり、訪れる人の人気を得ている。

家族の生活の中心となる場所である居間は天井板を外し、小屋裏を1、2階連続する吹き抜けの空間とした。1階表の土間はゆとりのあるゲンカンであり、また、建物の開放的な活用にも対応できるスペースとなっている。表は出格子のかわりに、ガラス出窓として、季節に応じた展示を楽しめる装置となっている。

■施主のコメント

改築のきっかけは、一人暮らしの母の安全と利便性を目的としたものだったが、同じ手を入れるなら、土台からチェックして、心から安心して住める家にしたかった。また、間口が狭く、暗い古家のうえ、度重なる新建材のリフォームに辟易としていたので、今回は徹底的に「ほんもの」にこだわった改修にしたかった。そして、古くても、祖母や父の思い出がつまった家なので、残せる箇所や部材は出来るだけ残してほしかった。自分で自分の考えていることを確認しながら、包み隠さず素直にその思いを作事組に訴えた。その結果、その思いは見事な形になって母と私に引き渡された。明るくて便利で、その上、趣と落ち着きのある家は、母が一人で住むにはもったいないと言い出し、私は主人共々、東京から京都に引っ越してきた。残してもらえた古い土壁は、私たちを暖かく包み込むように呼吸し、建物としての家ではなく、「住まい」として、家族3人の健康を気遣ってくれているような気がする。

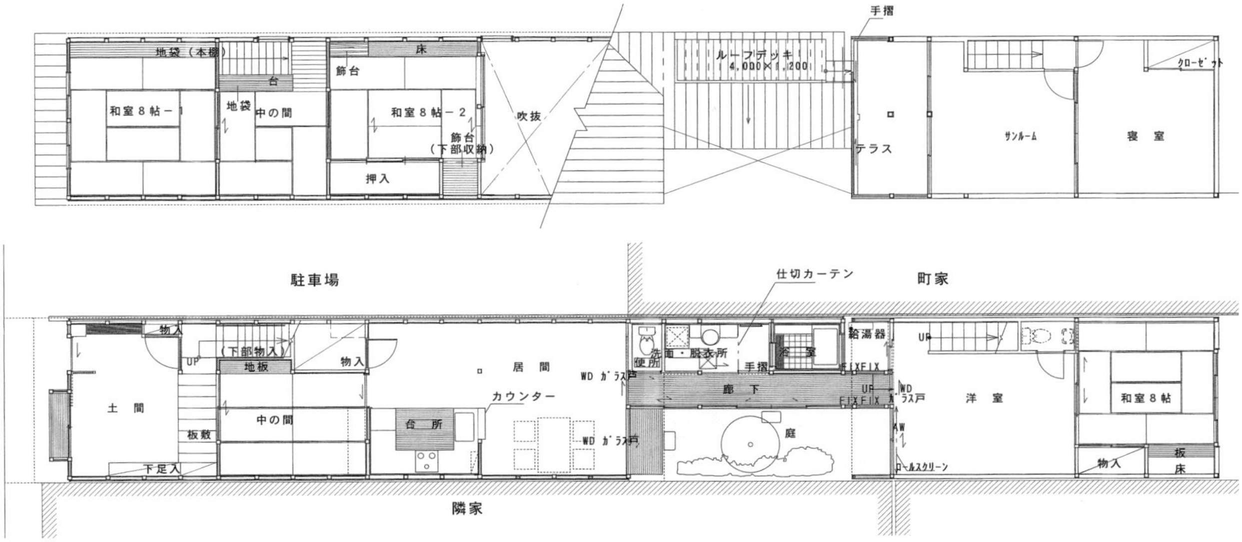

改修後の1階平面図（下）と2階平面図（上）

改修前・施工中

外観　軒庇の前まで出た位置に間口全幅開口の形でアルミ製建具が入っている。表壁はモルタル大壁。妻面はトタン張り。大屋根はシングル葺きに改変されている

1階の表土間　隣家との境界からの雨漏りのため、崩れ落ちた土壁

奥の離れとの間の中庭　左側の通り庭が奥へ到る土間通路となっている。一階の床レベルは柱足元の傷みによって10cm以上の不陸があった

一階の奥の間　天井を外すと壁際に雨漏りの跡が見られる

2階部屋　長年物置のまま放置されていたため、傷みが激しい。屋根がシングル葺きになった時に合板野地板となっている

狭い間口　間口が狭く（4.2m）、奥行きの深い京都の町家の原空間

改修後

外観　外壁面を町家本来の位置に戻し、入口は格子戸を復活。出格子の代わりにガラス出窓を設け、花や陶器が季節に応じて展示され、通りの人々の楽しみとなっている

1階の表土間　外から、内から多様な活用ができる土間空間。古いがしっかりしている壁の味わいを生かす

奥の離れとの間の中庭　通り庭の床を揚げ、建物幅いっぱいを部屋として活用。中庭に沿った渡り廊下に浴室、便所などの水廻りを配置する

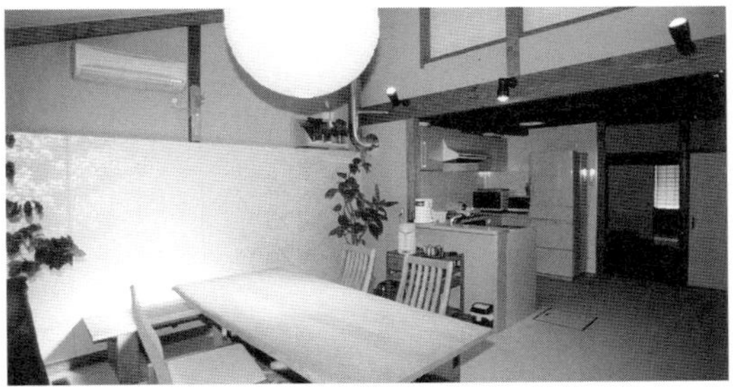

居間・食堂　屋根裏までを開放的な吹き抜け空間とした。食卓横には土壁とは対照的にはんなりとした京唐紙のパネル

古壁を生かす　長年の煤を蓄えて、重みのある表情を見せている土壁を残し、新旧の対比的調和を計る

一階中の間　玄関の土間と奥の生活スペースの中間領域として、ゆとりと多様性のある暮らしを可能とする

改修データ

工事名称	下京区K邸

原状データ			
原状データ	形式		中2階建
	特徴		間口4.2m両側柱間の1梁間の桁渡し
	築年代		不明、築100年以上
	面積	敷地	130㎡（39坪）
		1階	63.07㎡（19.07坪）＋14.59＋36.55
		2階	43.62㎡（13.20坪）＋26.87
		合計	106.69㎡（32.27坪）＋184.7

状態		
状態	基礎	一部沈下
	軸組	柱足元の腐食により100m/m以上の床レベル差あり
	屋根	瓦をシングル葺に改装。野地板の痛みもひどい
	外装	南妻壁波鉄板　外壁土壁は全面的に痛みもひどい
	内装	土壁の痛みがひどく、壁天井などの表面は化粧板などの改装
	設備	
	その他	

施主				
施主	家族構成	母＋娘夫婦　3名同居	年代	母70代、娘夫婦40代
	利用形態	住居		
	動機	父が亡くなり母が独居となり、娘夫婦が同居することなった	依頼経路	（財）京都市景観・まちづくりセンターを通じて

		期間		
設　計	（株）設計事務所ゲンプラン	期間	設計	99年11月26日～00年3月末　　4ヶ月
施　工	（有）堀内工務店		施工	00年4月中から00年9月15日　　5ヶ月

工事概要

構造	揚げ前	全体として約10mの不陸調整を行った
	イガミ突き	–
	根継ぎ	ほとんどの柱の根継を行った
	基礎	特に南側壁下の基礎石まわりをコンクリートで固めた
	軸組	居間部分を吹抜一室としたため柱、登梁を新設
	仕口・継手	–
	小屋組	オクの間部分中央に登り梁追加その他は原状
	2階床組	ササラ桁原状活用、荒床一部補修の上畳敷
	1階床組	床組み全面やり替え
	その他	奥方向へ1間分の建増し部分の撤去
屋根	主屋根	シングル葺を引っ掛け桟瓦葺きに葺き替え
	下屋根	–
	その他	–
外装	表壁	全面のアルミ建具を撤去、木製建具、ガラス出窓とする
	妻壁	金属板撤去の上、焼杉板とする
	その他	–
	基礎廻り	–
1階	トオリニワ	土間床を揚げ床とする　火袋は無し
	ハシリニワ	–
	オモテの間	原状通りの土間空間＋6帖畳間

1階	ダイドコ	L型のキッチンユニットを置き、オクの間のリビングとワンルーム。オクの間は吹きぬけ、床はじゅうたん
	オクの間	
	縁側	–
	雪隠	離れとの間の渡り廊下部分に配置、新設
	洗面所	
	浴室	
2階	オモテの間	8帖畳間
	ナカの間	4帖半畳間
	オクの間	6帖畳間＋押入
	縁側	–
	書斎	–
	小屋裏	–
	階段	付け替え、最下部に踊場を設け勾配を緩くする
共通	畳	新規
	建具	新規
	壁	現状土壁をできるだけ残し、一部補修と新設土壁
設備	給排水	排水管改修
	ガス	配管改修、24号給湯器
	電気	配線改修、照明器具、コンセント等新設
	空調・換気	–

設計料		2,000	
工事費	仮設	1,296	4.6%
	構造改修	—	0%
	屋根	1,586	5.7%
	造作	9,720	34.8%
	外装	1,158	4.1%
工事費	内装	4,377	15.7%
	家具・雑	2,499	8.9%
	給排水	1,126	4.0%
	ガス	1,540	5.5%
	電気	1,167	4.2%
	空調・換気	347	1.2%
工事費	外構・造園	—	0%
	付帯（物干場）	—	0%
	諸経費	3,184	11.4%
	小　計	28,000	100%
その他		2,100	
合　計		32,100	

工事関連費用のその他欄の内訳は、消費税5%と作事組に対する活動協力金2%（概算）

（単位は千円）

事例3 虫籠窓を復元し、おくどさんと井戸を残す　下京Td邸

■設計者のコメント

明治25年上棟、施主が生まれ育ち3代受け継がれた京町家を父親の逝去を節目に改修を思いつかれ、作事組に相談に来られた。6人家族。50代の当主夫妻と障害者認定を持つ母親、成人独立した男子2人と大学に通う女子の3人の子供。改修される主屋に施主夫妻と母親が居住し、庭の奥に3つの居室を持つ離れを新築する。主屋は表通りより、とおりにわに沿って1列4室の居室、つまり、ミセ、ゲンカン、ダイドコ、オクが連続し、2Fも同様にミセニカイ、四帖、六帖、ザシキと並ぶ。木構造の傷んだ部位を全面的に改修し、瓦屋根を野地板より葺き換え、走りにわの上げ床をそのまま利用し床暖房設備を設け、土タイル貼の吹き抜け空間のキッチンにし、風呂便所を新築した。部屋の分節と伝統工法による自然素材を出来る限り保存しながらバリアフリーで快適な現代生活を再組織することを心がけた。

■施主のコメント

改修するにあたって家というものについては特にこれといった認識を持っていなかった。自分の家が「京町家」といわれる建物で、明治期に建てられあまり手も入れられずに今日まで来た事は、祖母や父の話で知ってはいたが、そこに住み育ってきたという実感はそれほど無かった。冬は寒く、夏暑い。周りの家が背の高い建物に建ち変わって風通しも日当たりも悪くなり、住みにくくなって来た事もあまり実感していなかった。というよりあまりに日常であって、意識の表面に現れて来なかったと言った方が当たっているかも知れない。「家」という物自体、認識の対象に成らず、正に空気のような存在だったのだと思う。

「家」を認識しだしたのは、改築が進み、以前に住んでいたのと同じはずの空間がまるで別物のように、まるで初めて接する空間のように感じられた時からだ。そうなのだ！　「家」という物は雰囲気なのだ。空間の気分なのだ。それが嵌《はま》った時、そこが居場所なのだ。それが「僕の家」なのだ。やっと。

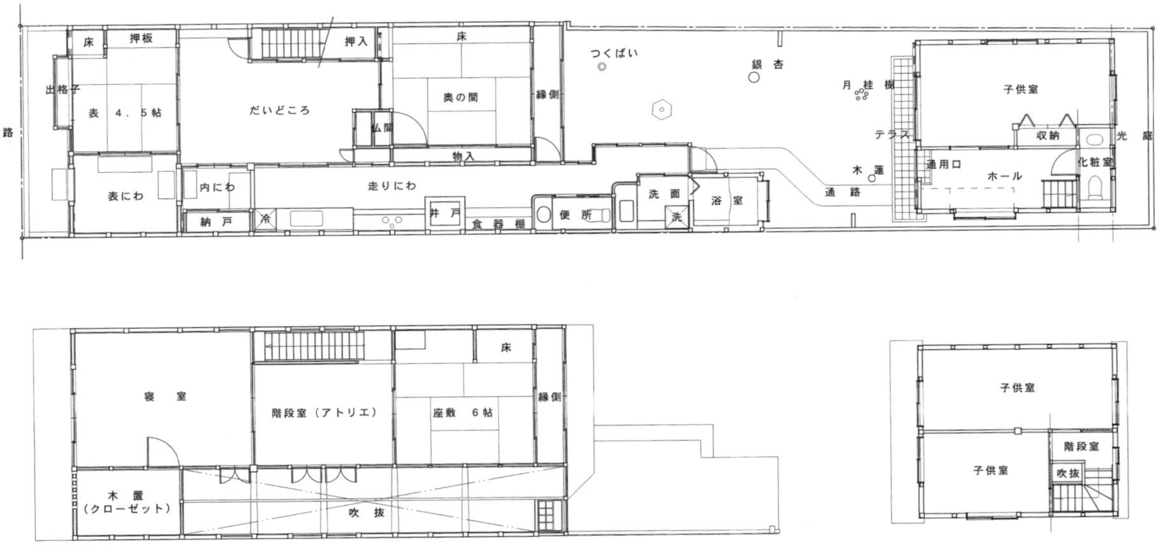

改修後の1階平面図（上）と2階平面図（下）

改修前・施工中

外観

正面　隅柱根元の腐朽と下り

床下　足固めが緩み丸太の大引きが下がって、床板ががたついている状態

東南角の隅柱が腐朽　シロアリが胴差まで廻って、殆ど耐力がなくなっていた

正面　軒桁の腐朽、カシキ造りの持送りが傾き、出桁が折れ曲がっていた

厨子2階　天井が低く、暗い物置としてつかわれていた

改修後

外観

柱の根継ぎと揚げ前調整　傷んだ部分を新しい材にて補修、防腐防虫処理をする

床下　足固め締直し、大引きを補足・補強し束石と支持束の数を増設する。防蟻処理

東南角の柱　通り柱と胴差を同時に新材に入替え、古材に継ぐ

厨子2階　小さな間仕切りを撤去し、壁天井を色じっくいで改修。床下地を補強しコンパネ下地フローリング貼とし、天窓を大きく設け寝室とした

軒桁の入替、持送りの修理と出桁の入替　硝子障子を虫籠窓に復元

改修データ

工事名称			下京区Ｔ邸
原状データ	形式		厨子二階一列四室型
	特徴		ムシコ窓、出格子、カシキ造大戸
	築年代		明治25年、築109年
	面積	敷地	193㎡（58坪）
		1階	94㎡（28坪）、離れ28㎡（8.5坪）
		2階	60㎡（18坪）、26㎡（7.8坪）
		合計	154㎡（46坪）、546㎡（16.3坪）

状態	基礎	表側西面ひとつ石礎石の沈下、西北角延石及び東石の沈下
	軸組	トオリニワ南東隅柱及び胴差と西側2階軒桁の腐朽
	屋根	母屋の不陸、野地板の破損腐朽、瓦の破損脱落
	外装	妻面外壁の杉板貼の破損、倉庫下屋外壁の痛み甚大
	内装	タタミ床の沈下ガタつき、天井板のあばれ隙間大
	設備	キッチン設備・浴室・便所老朽、電気配線・給排水管劣化
	その他	庭の樹木の繁茂が甚しく雨水が縁下に流入する状態

施主	家族構成	6人	年代	夫婦50代、母70代、子供20代
	利用形態	住居＋木工芸のショールーム		
	動機	相続及び母親との同居	依頼経路	作事組へ来訪
設　計		一級建築士事務所　アトリエRYO	期間　設計	01年3月初～01年5月末　　3ヶ月間
施　工		㈱安井杢工務店	期間　施工	01年6月中～01年11月末　　6ヶ月間

工事概要

構造	揚げ前	西北及び東南隅通り柱と縁側柱	1階	ダイドコ	内玄関四帖との境界垂れ壁撤去
	イガミ突き	全体的に北側に30mm～50mm縦歪みを直す		オクの間	出入口の襖二本引仕舞いに変化
	根継ぎ	トオリニワ側柱、縁側柱		縁側	鴨居の破損をツギ替え、敷居レベルに床貼替
	基礎	束石、渡廊下部分布基礎		雪隠	新築、床レベルを上げる
	軸組	西北隅2F軒桁、東南側2F胴差		洗面所	同上、天窓設置
	仕口・継手	西側1Fハネ木の蟻口開きをボルトで緊結		浴室	同上、ユニットバス
	小屋組	寝室登梁と化粧母屋	2階	オモテの間	床フローリング貼、天井撤去
	2階床組	床板の不陸直し、根太・コンパネ・フローリング貼		ナカの間	同上、ミセ二階と一室に繋ぐ
	1階床組	大引・根太の全面やり替え、束増設		オクの間	京土壁塗替え、天井・タタミ・襖新設
	その他	離れは建築基準法に準拠する、伝統工法併用		縁側	既存のまま
屋根	主屋根	野地板やり替え、屋根瓦葺き替え		書斎	床フローリング貼、壁塗替、天井板貼替え
	下屋根	同上、表庇のみ古瓦使用		小屋裏	断熱材貼込み、母屋不陸、栗桔木調整
	その他	天窓5ヶ所新設		階段	保存
外装	表壁	黄大津壁、ムシコ窓復元	共通	畳	やり替え
	妻壁	杉板貼一部トタン貼		建具	古建具補修再利用、襖貼替一部新調
	その他	モルタル弾性リシン吹付		壁	上塗コソゲ、塗替え
	基礎廻り	葛石はコンクリート打放し	設備	給排水	給水引込25mmに変更、配管新設
1階	トオリニワ	既存上床の上床暖房敷込み土タイル貼		ガス	配管やり替え
	ハシリニワ	既存井戸オクドさん保存、キッチンフード新設		電気	古配線全面やり替え
	オモテの間	床レベル調整、格子裏建具新設		空調・換気	オモテ、オク、2F座敷・寝室空調、ハシリニワ天井扇等

設計料		2,400		工事費	内装	1,507	4.3%	工事費	外構・造園	623	1.8%
工事費	仮設	3,000	8.6%		家具・雑	1,150	3.3%		付帯（物干場）	—	0%
	構造改修	5,000	14.3%		給排水	2,720	7.8%		諸経費	2,980	8.5%
	屋根	2,000	5.7%		ガス	738	2.1%		小　計	35,000	100%
	造作	8,872	25.3%		電気	1,320	3.8%	その他		2,618	
	外装	4,000	11.4%		空調・換気	1,090	3.1%	合　計		40,018	

工事関連費用のその他欄の内訳は、消費税5%と作事組に対する活動協力金2%（概算）

（単位は千円）

事例4 広い土間を生かしてそのまま台所に　東山N邸

■設計者のコメント

東山の界隈は清水焼の窯元が軒を連ね、落ち着いた佇まいを見せている。この建物も窯元の作業場として建てられたようで、広い通り庭やコミセ、絵付けのためと思われる２階の各部屋にとられた天窓などにその名残をみることができる。

ご夫婦と娘さん、そしてお母さんのための新しい暮らしの場としてこの建物を再生することになった。もとは老夫婦が暮らされていたためか、通り庭も土間のまま、おくどさんやタイルの流し台などが古いままで残っていた。便所は別棟で、こちらの建物はかなり傷んでいた。建具は他から持ってこられたもののようで、幅や高さがばらばらであった。何度か建物に手を入れられた痕跡があり、階段の位置が変えられていたりするものの基本的な姿は建てられたときのままである。

改修の基本方針として、建物を元あった姿に戻すことが第一に求められた。間取りはもとのままとし、柱や壁を抜いたり、移動することは避けて基本的な構造部分の改修に重点を置いている。基礎部分は揚前を行い、石を据え直してから部分的に根継ぎを行っている。小屋組みや柱、梁等に関してはあまり傷んでいなかったので特に大きな補修はおこなっていない。屋根は傷みが激しかったので、全面葺き替えることにしたが、天窓はもとのまま残してある。

壁に関しては、揚げ前によって剥落した部分について竹木舞を編み直し、その他の部分は表面を落とし、座敷の壁以外は中塗仕上げとしている。

傷みの激しかった便所、流し等の水廻りだけは新しくつくり直しており、それに伴い配線や配管はすべてやり直している。

建具は可能な範囲で現状のものを補修して再利用し、他も出来る限り古い建具を集めてきている。再利用のできなかった襖と一部の建具のみ新調している。

建物の外観に関しては、表は２階の格子を新たにつくり、壁のトタンを撤去して漆喰を塗りなおし、裏にしまわれていた大戸を補修して取り付けた。また、路地側は全面に貼られていたトタンを撤去し、焼き杉板を貼っている。

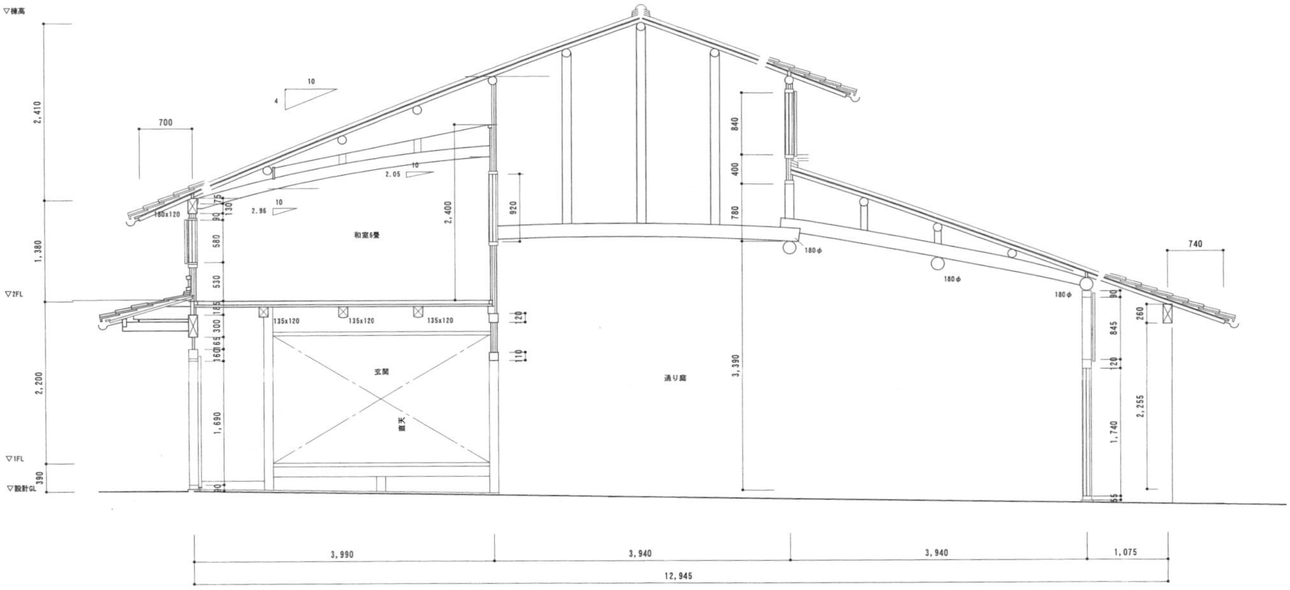

断面図（トオリニワ）

改修前・施工中

改修前外観　２階の高さが低い中二階の町家　しっくいの上からトタンが貼られているが格子等はよく残されている

傷んだ框　シロアリの食害によって傷んだ框。傷みが激しく交換せざるを得ない

路地外観　全面にトタンが貼られている。奥の庭部分の塀の柱はシロアリの食害がひどく交換が必要

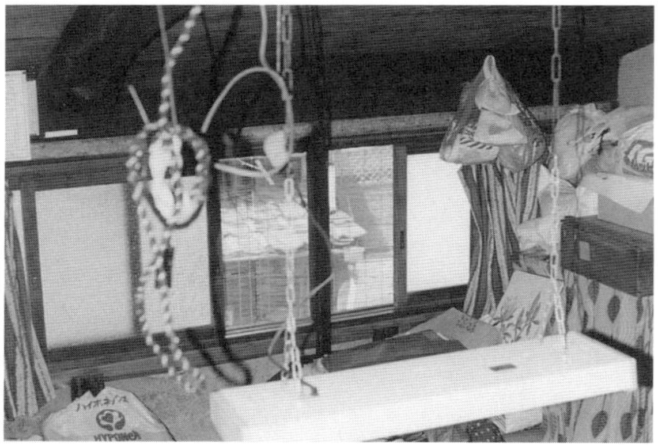

２階表の間　おそらく虫籠窓であったものがガラス窓に改変されている。天井には合板が貼られていた

三和土《たたき》　土間の三和土を施工しているところ。右側が施工が終わった部分

流し　タイル貼りの流し台がそのまま残されている。そのまま残す予定だったが、揚げ前の邪魔になるので撤去

改修後

改修後外観　2階窓の外に格子を新設し、しっくいを塗り直す

交換した框　框はすべて交換した

路地外観　トタンをすべて撤去し、全面に杉板を貼る

2階表の間　壁はすべて中塗り仕上、天井は杉板貼りとする

三和土　もともとモルタルが塗られていたが、三和土に復元した

流し　現在の生活に対応するよう、オーブンレンジや食器洗い乾燥機等を組み込んだタイル貼りの流し台

改修データ

区分	項目	内容	区分	項目	内容
工事名称		東山区Ｎ邸			
原状データ	形式	木造2階建、風呂・トイレ別棟	状態	基礎	ひとつ石　いたる箇所で不同沈下
	特徴	町家		軸組	特に異常なし
	築年代	明治期（推測）		屋根	瓦葺き　天窓数カ所あり
	面積　敷地	121.4㎡（36.8坪）		外装	土壁の上にトタン張り
	面積　1階	99.5㎡（30.1坪）		内装	土壁の仕上げのままトオリニワ土間のまま
	面積　2階	44.4㎡（13.4坪）		設備	古い左官仕上げの流し　オクドさんあり
	面積　合計	143.9㎡（43.5坪）		その他	
施主	家族構成	夫婦　子供1人	年代		40代
	利用形態	住居			
	動機	立ち退きで新居を探す　奥さんが京町家好み	依頼経路		京町家再生研究会より
設計		㈱クカニア	期間	設計	01年5月初旬～01年9月中旬　4ヶ月間
施工		堀工務店		施工	01年9月中旬～02年3月末　6ヶ月間

工事概要					
構造	揚げ前	いたるところをジャッキアップ　東側は未施工	1階	ダイドコ	土間のまま　施主知り合い業者によるたたき新設流し
	イガミ突き	隣家への影響があるため未施工		オクの間	やり替え
	根継ぎ	いたる箇所を根継ぎ		縁側	—
	基礎	ひとつ石の据え直し		雪隠	—
	軸組	異常がないのでそのまま		洗面所	古タイル流し据え付け
	仕口・継手	異常がないのでそのまま		浴室	タイル張り浴槽　壁板張り　一部タイル張り
	小屋組	異常がないのでそのまま	2階	オモテの間	壁塗り替え　天井張り替え　畳新調
	2階床組	異常がないのでそのまま		ナカの間	壁塗り替え　天井張り替え　畳新調
	1階床組	すべてやり替え		オクの間	壁塗り替え　天井張り替え　畳新調
	その他	—		縁側	—
屋根	主屋根	引掛け桟瓦葺き替え		書斎	—
	下屋根	引掛け桟瓦葺き替え		小屋裏	—
	その他	別棟　サビナシルーフ葺き		階段	そのまま
外装	表壁	2階部分プラスター塗り替え	共通	畳	表替えと新調
	妻壁	既存トタン張りから焼き杉板に張り替え		建具	古建具リサイクル　一部新調　既存建具リサイクル
	その他	板塀やり替え		壁	すべて塗り替え　一部竹下地やり替え
	基礎廻り	基礎石据え直し	設備	給排水	すべてやり替え
1階	トオリニワ	土間たたき		ガス	すべてやり替え
	ハシリニワ	土間たたき		電気	すべてやり替え
	オモテの間	やり替え		空調・換気	クーラー新設（3台）

設計料		700		工事費	内装	4,190	20.7%	工事費	外構・造園	500	2.5%
工事費	仮設	596	2.9%		家具・雑	1,790	8.9%		付帯（物干場）	0	0%
	構造改修	3,125	15.5%		給排水	1,256	6.2%		諸経費	1,000	4.9%
	屋根	2,386	11.8%		ガス	286	1.4%		小　計	20,215	100%
	造作	3,144	15.6%		電気	653	3.2%	その他		1,464	
	外装	683	3.4%		空調・換気	606	3.0%	合　計		22,379	

工事関連費用のその他欄の内訳は、消費税5%と作事組に対する活動協力金2%（概算）　（単位は千円）

巻末付録　京町家用語集――ことばを知る

■あ

あげまえ【揚げ前】　柱の根継ぎや不同沈下あるいはイガミ突きのために、てこやジャッキを使って建物の一部あるいは全体を持ち上げること。

あしがため【足固め】　敷居の受け材。

いがみつき【イガミ突き】　歪んだ建物をケンドで突いたり、ロープで引張り、元の垂直の状態に戻すこと。建前時に垂直にするのは「立ち直し」という。

いたず【板図】　大工棟梁が板に描く設計図。間取りと屋根の形状および床やオダレなどの有無、あるいは建具など、設計上の全ての情報が盛り込まれる。寸法は尺杖によるが、通り符号が記入される。通り符号は間口に向かって左端がイ．で、表の柱通りが一．になる。

いちもんじがわらぶき【一文字瓦葺き】　軒先瓦のタレ（飾り板）の下端が一直線に揃う瓦を使った葺き方。合端を取りながら葺くので手間がかかる。軒先の一直線が町家の外観に端正な印象を与える。

いどびき【井戸引き】　井戸やハシリの裏の側壁に設けられた横架材。湿気で傷んだら下部だけ取替えられるように、カズラ石より3尺の高さに入れる。明治以降は井戸引きから下に煉瓦を積んでいることが多い。

いぬやらい【犬矢来】　大塀作りや料理屋に見られるもので、機能は「駒寄せ」と同じ。

うしばり【牛梁】　トオリニワの梁間の側繋ぎ（梁）にかけられる丸太の梁。ひときわ大きな材が使われ準棟纂冪と呼ばれ、架構材のなかでもとりわけ印象的である。しかし端部の支持は材の大きさに比べて簡易である。

うだつ【卯建】　延焼防止などの理由から、建物の両妻側の壁を屋根より上に立ち上げ、小屋根を載せたもの。表の両端に壁を突きだしたものを袖卯建というが、いずれも京町家にはごくわずかしか残っていない。元は棟を受ける妻柱のこと。

うちのりはしらませい【内法柱間制】　柱間を柱の芯々ではなく、畳のサイズ（6.3尺×3.15尺）を基準にして、内法で決める方法。したがって6帖と8帖では柱の芯々が異なり、複雑な間取りには適用しにくい。間取りが定型化したために可能となったモデュールである。柱の内法が一定化すると建具の幅も一定になり、鴨居の内法の標準化と併せて建具も規格化された。

おおだな【大店】　大規模な商家のこと。戦前は分家、別家、借家等多くの家作を所有し、保守・管理等のために常に作事が出入りをしていた。大工は3、4軒の大店に出入りすれば5、6人の大工を抱えてやっていけた。

おおど【大戸】　表の入口にある潜り戸の付いた大きな戸。夜間の防犯上の扉で、外側の格子戸と二重で進入を防ぐ。頑丈に作られているうえに2重、3重の戸締まりを備える。

おきどこ【置き床】　部屋の隅を使って、畳の上に置く簡易な床。床を取る余地がない場合の工夫である。下がり束に壁や板を取り付ける吊り床も同様の工夫である。

おだれ【オダレ】　下屋の出桁の下に架け渡される幕をかけるための材。幕掛け、水引框とも呼ばれる。

おもてやづくり【表屋造】　店とすまいの棟を分けて、間に中庭を設けた町家のつくりをいう。大店に多く、中庭に面して玄関が設けられる。

おりつくばい【降り蹲踞】　排水をかねて、庭より一段低く据えられる蹲踞。深く掘り、水が浸透するように砂利を充填した上に据える。

■か

かいおれくぎ【貝折れ釘】　頭をつけた手打ちの釘。化粧板を張るときは貝折れ釘を使うのが正式。

かいのくち【貝の口】　造作材の傍（見付け）を1分程度にして、材を見せないようにしたり（ハッカケ）、4分程度に薄くしたりすること。

かしきづくり【かしき造り】　2階の化粧軒の様式で、出桁を腕木で受け、天井板を水平に張る。江戸時代中期以降の町家にはなかったもので明治時代後期以降の総2階の町家に見られる。総2階になって壁を雨から守るために軒の出を大きく取る必要が生じ、取り入れられたと思われる。

かずらいし【カズラ石】　表とトオリニワの壁下に据えられる、加工した御影石の細長い切石。栗石地業をしたうえに据え、その上に地覆を置く。

かわ【側】　トオリニワの外側の壁を側《かわ》壁といい、そこに立つ柱を側《かわ》柱という。また大黒通りと側壁を繋ぐ梁を側繋《かわつな》ぎ（梁）という。

きおき【木置き】　ミセニワの上部にある中２階の物置。木揚げともいい、薪炭《しんたん》や替え建具の置き場である。トオリニワから梯子や滑車でものが上げられるように開口がある。

くくみ【ククミ】　建具の鴨居決りを呼ぶ。座敷側にククミを取り、鴨居との隙間を少なくするために敷居の溝はできるだけ浅くする。

くど【竈】　おくどさんと呼ばれ、近くに竈の神の荒神さんが祀られ、荒神松が置かれ、愛宕さんの火除けふだが貼られる。

くみばらし【組ばらし】　仮設足場を組むことと、ばらすことをいう。丸太仕事など複雑な仕事で、刻み場で一度組み、ばらして現場に持ち込むことも組ばらしという。また解体して再度組み立てることをいうこともある。

けんど【ケンド】　つっかい棒（しんばり棒）のこと。揚げ前やイガミ突きのときに柱や梁を仮受けする丸太や角材。

こしぶき【腰葺き】　軒桁から先を板葺きや銅板葺きにして軒を軽くする葺き方。さらし葺き。裏の下屋や水回りの屋根に使う。瓦が一文字になるので手間がかかる。

こまいかき【木舞掻き】　壁の木舞下地を組むことを掻くという。戦前までは手伝いの仕事であったが、今は下地専門職の仕事である。なお京町家は柱が細く壁の塗り厚も薄いため、エツリは丸竹ではなく割竹を使う。エツリは直径２寸５分前後の真竹や淡竹を６ッ割りないし８ッ割りにしたもので、木舞を縄で巻く親竹をいう。

こまよせ【駒寄せ】　軒下を柵で囲ったもの。馬を繋いだわけではなく、もともとは公の軒下空間の専用使用をアピールするためのもの。

ころろ【コロロ】　板戸などの開き戸を止めるために、両面から操作する猿《さる》。

■ さ

ささら【ササラ】　もともとは下見板や階段の側桁の段板刻みのように段型に加工した材をさすが、京町家でササラといえば２階の床板を受ける小梁のことである。

さんがわらぶき【桟瓦葺き】　本（瓦）葺きの簡略として江戸時代初期に開発された平と丸が一体になった瓦を使った葺き方。トントン（土居葺き）や杉皮で下地の防水を計り、土を谷部にのみ置く「筋葺き」で葺く。また重ねの線をきちんと通すために右から左へと差し葺きにする。軽量化と下地にまわった水の処理を考えた葺き方である。

じあわせ【地合せ】　襖や紙障子を仕上げる前に現場で建て合わせをすること。

しつらえ【室礼】　行事や催し事、また日常生活において、その目的や季節に合わせ、空間を演出するために調度や飾り物を整えることをいう。

しとみど【蔀戸】　外部の建具で、鴨居に金具で吊り、外側に跳ね上げて開放し、吊り金具で固定する。今の京町家には使わないが、表の雨戸をヒトミと呼ぶのはかつての蔀戸の名残りである。

しゃくづえ【尺杖】　刻みや造作は複数の大工で行うので、寸法取りの間違いを防ぐために、大工棟梁が設計寸法を刻む原寸定規。長さ 13 尺、断面一寸角程度で、横杖と竪杖があり、それぞれ平面寸法と矩寸法が刻まれる。単なる定規は間杖《けんづえ》という。

じゅんとうさんぺき【準棟纂冪】　通り庭上部の吹抜け部分の化粧小屋組。構造的にはここまで手の込んだ小屋組は必要ないが、大店の権威付けとミエを表す。大工の腕の見せ所でもある。

しょうきさん【鍾馗さん】　中国の故事に倣い、家に振りかかる邪気を打ち払う魔除けとして下屋の上に置かれる、鍾馗をかたどった小振りの瓦人形。

ずし【図子】　平安京以来の方一町（40 丈＝約 120 メートル）街区を分断するようにして、主に中・近世に開かれた街路のことで、道幅が２メートル前後。通り抜けている道のことも図子という。

すじぶき【筋葺き】　桟瓦などを葺く場合に行われ、瓦の谷の部分にのみ葺土を置く方法。

すど【簾戸】　竹や葭で作った夏季用の障子。琵琶湖の葭《よし》で作ったものが好まれ葭戸《よしど》ともいう。他に夏の室礼としては籐筵、籐網代および簾などがある。

せん、しゃち、くさび【栓、車知、楔】　仕口や継手が肉やせで枘が緩んだときにずれないようにする堅木でつくった打込み材。一般的には栓を使うが、引き寄せが必要なヒトミ（梁）や栓を見せたくない桁の継手には車知を使う。またイガミ突きのとき、栓で締まらないときは枘の先端に割楔を打って仕口を締め付ける。

せんざい【前栽】　オクの間（座敷）の前の庭をいう。庭石、蹲踞、灯籠などを配し、植えられる樹種も多い。自然味のある景色が好まれ、樹木が成長して庭の景観を壊さないように、毎年剪定して手入れをする。

せんぼう【センボウ】　地棟や登りを吊り上げるために滑車をつるす中心の丸太材あるいは装置全体をいう。センボウを支持する綱をトラ、滑車にかけて引く綱をヒゲという。

そばまさ【傍柾】　造作材の木取りで、木端（見付け）が柾目に、平が板目になるようにする方法。鴨居や敷居に使う。四方柾にするとそつが出るため、二方柾にし、よく見える面に柾目を出すようにすれば見た目もきれいで、狂いも防ぎやすい。

■た

だいこくばしら【大黒柱】　トオリニワの室側の軸組にある柱で、棟の位置付近に立つ柱。構造的に荷重がかかる位置であり、胴差や梁による断面欠損も大きいため、一定の断面が必要であるが、それにとどまらず、機能を越えて信仰の対象になっている。同じ通りの表側の柱は、大黒に対して小黒柱と呼ばれ、やはり信仰対象になっており、恵比寿柱とも呼ばれる。

たちなおし【立ち直し】　建前のときに柱の垂直を取ることをいい、修繕のときに歪んだ建物を垂直に戻すことを「イガミ突き」という。

つしにかい【厨子２階】　軒高が低い町家の表側の屋根裏空間。天井高が低く、物置などにされることが多いが、使用人などの寝所として使われることもあった。

つまど【妻戸】　縁のトオリニワ側の開き戸をいう。鏡板戸で、片面に飾り彫刻のついた中帯が付く。

でごうし【出格子】　平格子に対して、柱通りより外に突きだした形式の格子をいい、格子をはずせばミセ棚になる。格子のあるミセの部分をコシの間ともいった。

とおしうでぎ【通し腕木】　出桁を受ける腕木を吊るためにヒトミを支点、ササラを力点とする天秤梁。腕木を饅頭ボルトで吊る。

とおりにわ【トオリニワ】　町家の表から裏へと通された土間をいう。ごくわずかな例外を除き南か東に配される。まさに表通りから内に引き込まれたトオリで、人と物と風の通り道である。トオリニワのうち、面する部屋に応じてミセニワ、ゲンカンニワ、ハシリ（ニワ）と呼び分けられる。

とおりばしら【通り柱】　軸組の交点や角に立つ1、2階通しにする正角の柱。側柱も通し柱であるが通り柱とは呼ばない。

■な

なかど【中戸】　トオリニワでミセとハシリの境を仕切るものとして設けられる戸。

ぬりごめ【塗りごめ】　防火のために、外部の露出した木部を土壁で覆うこと。漆喰仕上げものをいう。京町家で塗りごめにするのは虫籠の壁とごくわずかにある袖うだつぐらいで、周辺地域の町家のように軒裏を塗りごめることはない。

ねつぎ【根継ぎ】　柱の根元が腐朽あるいは蟻害で損傷したときに、柱の足元を切って部分的に取り替えること。100年以上の町家はほとんどが根継ぎをしていて、4、50年単位で定期的に行っていたことが判る。町家の柱脚は構造上ローラーないしはピンなので低い位置で継ぐことは何ら支障がない。

■は

はこかいだん【箱階段】　開き戸や引き戸による戸棚を仕込んだ階段。移動可能な家具であるが大工が作る。

はしり【ハシリ】　ハシリは流しのことであるが、流しのある場所をハシリ元といい、井戸、水屋および竈のある場所全体をハシリニワという。

ばったりしょうぎ【バッタリ床机】　ミセの軒下にしつらえられた縁台で普段使わないときは引き上げて収納するようになっている。揚《あげ》見《み》世《せ》ともいう。

はねぎ【桔木】　軒の出が大きいときに出桁を受け

る天秤状の材。元（力点）は簡単に止めて、経年変化で軒が下がったら桔木で上げる。

ばんづけ【番付】　建前をするときに、組み立てに便利なように部材に打っておく符牒のこと。解体して移築するときにも役に立つ。

ひとついし【ひとつ石】　柱の下に据える礎石のことで、柱ごとにひとつずつ据えられる。根石ともいう。

ひとみばり【ヒトミ梁】　表の胴差部にある梁。昔はこの梁に蔀戸が吊られていたためヒトミ（人見）と呼ばれるという。事実京町家で差鴨居（鴨居にした梁）を使うのはここだけである。

ひぶくろ【火袋】　ハシリの吹き抜けの上部空間をいう。機能的には煙出しと防火上の配慮であるが、室の熱気を吸い出したり、高窓によって採光を計る機能も果たしている。

べんがら【弁殻（紅殻）】　古くから用いられた赤色顔料で、16 世紀頃にインドのベンガル地方から渡来したためベンガラと呼ばれる。目的は木材の美装と保護であるが、美装に重きをおく。あまり赤味を出さず、素木の座敷や正式なゲンカン以外の全ての木部に塗られ、あまり肌のきれいではない松や節のある木のぼろ隠しの面がある。

ほねしばり【骨しばり】　天井廻り縁と棹縁を入れた状態をいう。

■ ま

まいらど【舞良戸】　框と上桟・下桟による枠組みに、舞良子と呼ばれる横桟を取り付けた板戸をいう。トオリニワとミセやゲンカンの遣戸（引違い）に使う。横桟が細かく、表にあるものを舞良戸といい、裏戸や便所の入口に使う桟が粗く裏にあるものを単に板戸という。

まえづつみ【前包み】　下屋の壁との取り合い部に入れる壁の保護を計る幅木状の板。瓦と取り合う木熨斗と、前包みと壁の取り合いのために入れる須《す》覆《お》いと一体に取り付けられる。

まなか【間半】　半間のことで柱間の基準寸法。ただし通り柱間と柱のサイズによって寸法は変わり、一定ではない（1 メートル弱）。間半の 1/2 が小間半（一小間）、間半の 1.5 倍が台目、間半の 2 倍が 1 間。間中とも書く。

むくり【起り】　鴨居や天井廻り縁などで水平に取り付けると、わずかな施工誤差で垂れて見えることがあるため、中央をわずかに上げる配慮。屋根に起りをつけるのはそれだけではなく、流れの長さが大きい町家で、あまり勾配をきつくしないで水量が多い軒先の勾配を大きく取る工夫である。

むしこまど【虫籠窓】　厨子 2 階の窓に設けられた塗りごめの格子。元は細い木格子が虫籠《むしかご》に似るところからつけられた名称のようである。

むなふだ【棟札】　建物の新築・再建・修理を行った際に、施主・施工者の氏名・年号・祈願文などを墨書きした細長い板のこと。

めんかわばしら【面皮柱】　角に丸みを残した柱。座敷の化粧柱に杉の面皮柱が使われる。数寄屋趣味であるが、時代が古い町家に多い。

■ や

やまとてんじょう【大和天井】　化粧の床裏で、ササラ（小梁）と床板で構成される。1 階のミセやダイドコの天井に使われる。

よめかくし【嫁隠し】　ハシリニワのかまどやの付近に立つ衝立。目隠し、見切りともいう。

■ ら

りょうがわちょう【両側町】　通りをはさんだ両側を単位とする町組。応仁の乱前後に成立したとされ、自治・自警の組織であり、自治の内容は変わっても、現代の町内会に引き継がれている。

れんだい【蓮台】　胴差や床梁を指す。建前のとき胴差や梁が組み上がると架構が安定するが、その状態が川渡しの蓮台をイメージさせることからこう呼ばれる。単に胴差や縁側の入り側の化粧桁を指すこともあるようである。

ろーじ【ロージ】　奥行きが深い敷地の奥を活用するために設けられた通路。専用通路であるものと長屋の共用のものとがある。一軒だけの専用のものを一軒ロージという。

ろくしがわら【六四瓦】　屋根面一坪に 64 枚葺ける小振りの規格瓦。現代は五三版が一般的。六四はサイズが小さく薄くでき、町家のスケール感に合う。

巻末付録 京町家の図面——本書第2章の京町家

正面図（1/60）

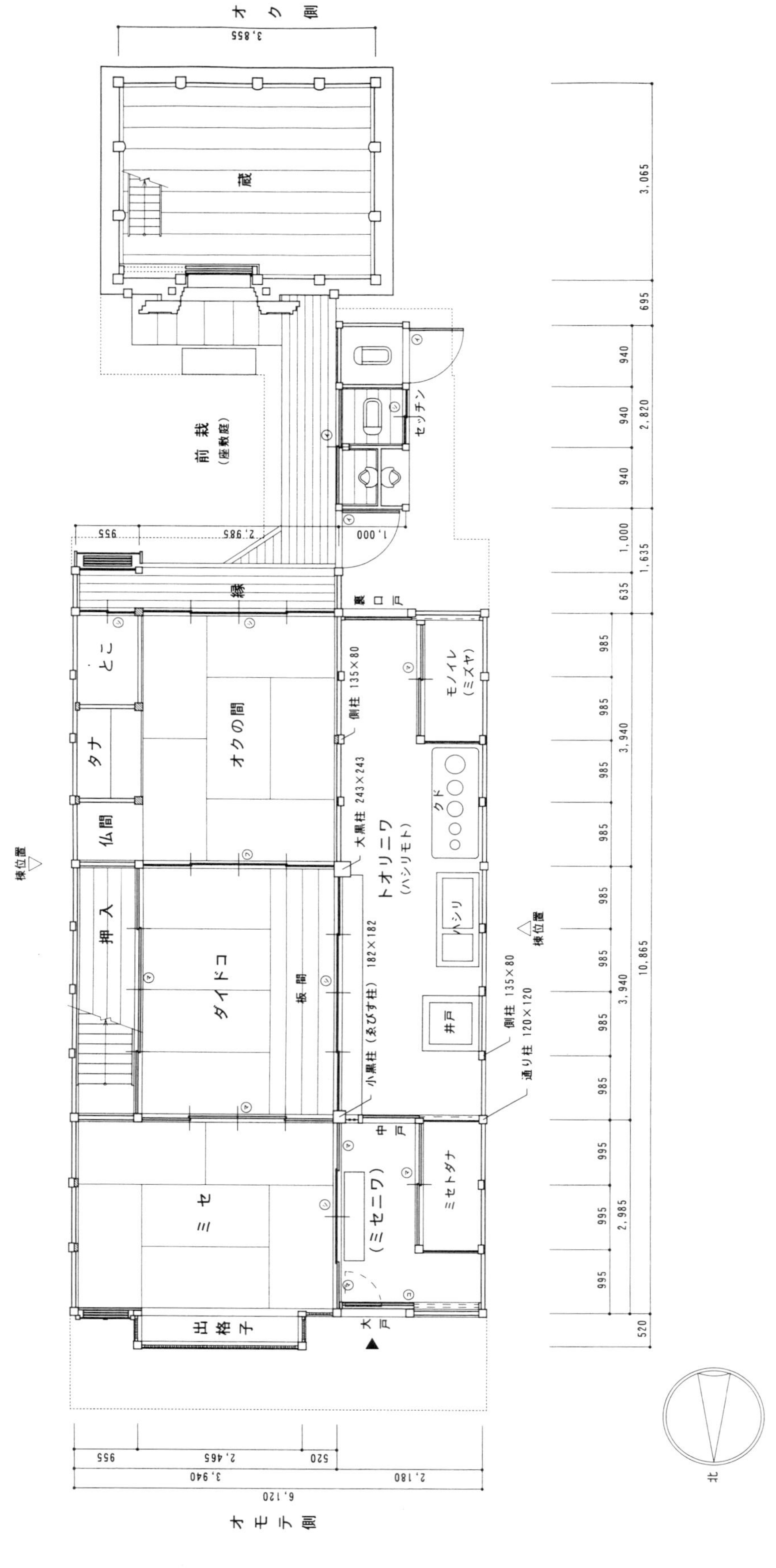
オク側
3,855
蔵
前栽
(座敷庭)
セッチン
1,000
955
2,985
縁
裏口戸
とこ
タナ
仏間
オクの間
側柱 135×80
大黒柱 243×243
モノイレ
(ミズヤ)
クド
トオリニワ
(ハシリモト)
ハシリ
棟位置
押入
ダイドコ
板間
小黒柱（ゑびす柱） 182×182
側柱 135×80
通り柱 120×120
井戸
中戸
ミセ
（ミセニワ）
ミセトダナ
大戸
出格子
3,065
695
940
940
940
2,820
1,000
1,635
635
985
985
985
985
985
985
985
985
3,940
3,940
10,865
995
995
995
2,985
520
955
2,465
520
3,940
2,180
6,120
オモテ側
北

1階平面図（1/100）

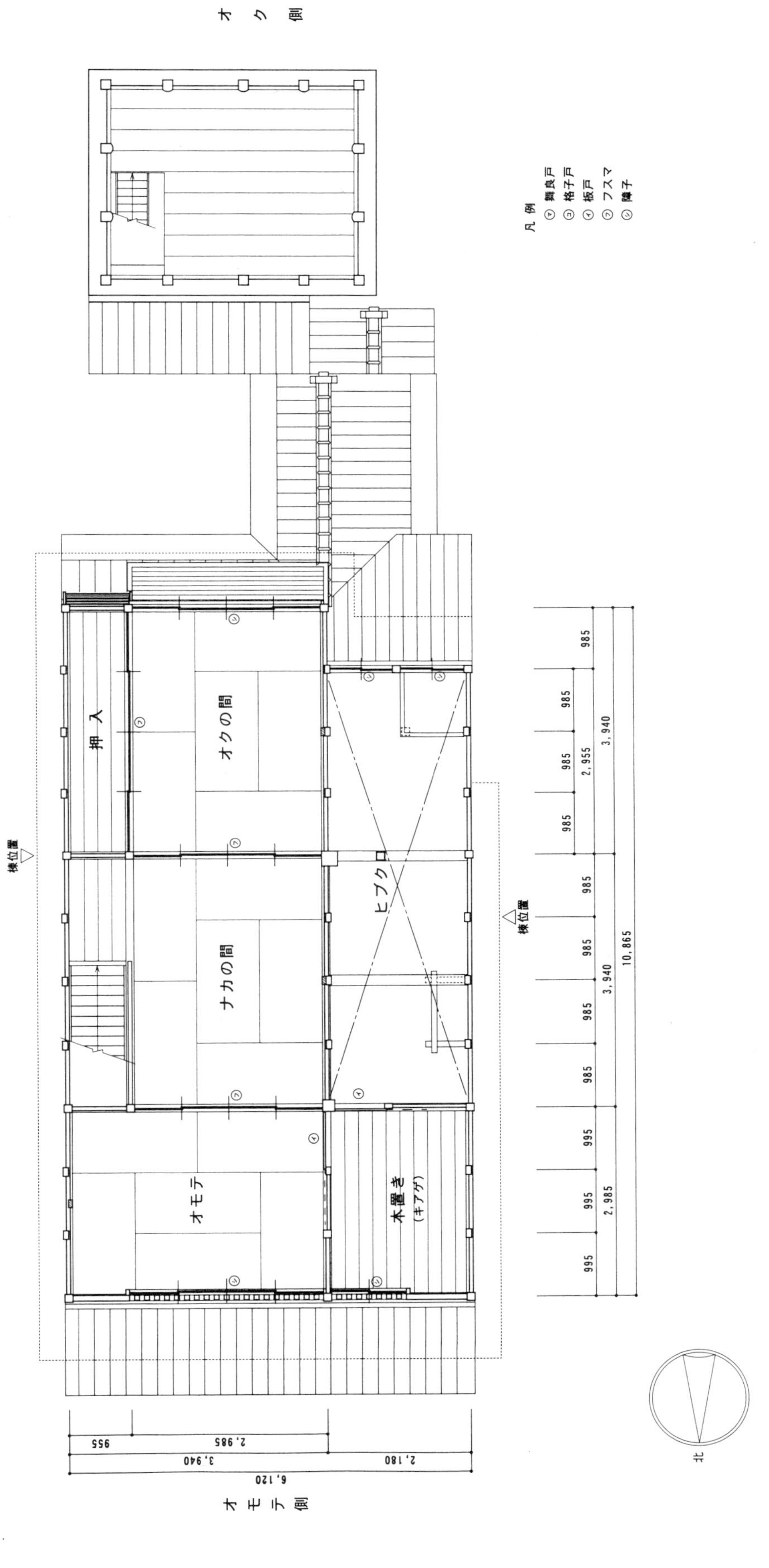
オク側
凡例
㋮ 舞良戸
㋙ 格子戸
㋑ 板戸
㋫ フスマ
㋛ 障子
押入
オクの間
ナカの間
ヒブク
オモテ
木置き
（キアゲ）
棟位置
棟位置
985
985
985
985
985
985
985
985
995
995
995
2,955
3,940
3,940
2,985
10,865
955
2,985
3,940
2,180
6,120
北
オモテ側

2階平面図（1/100）

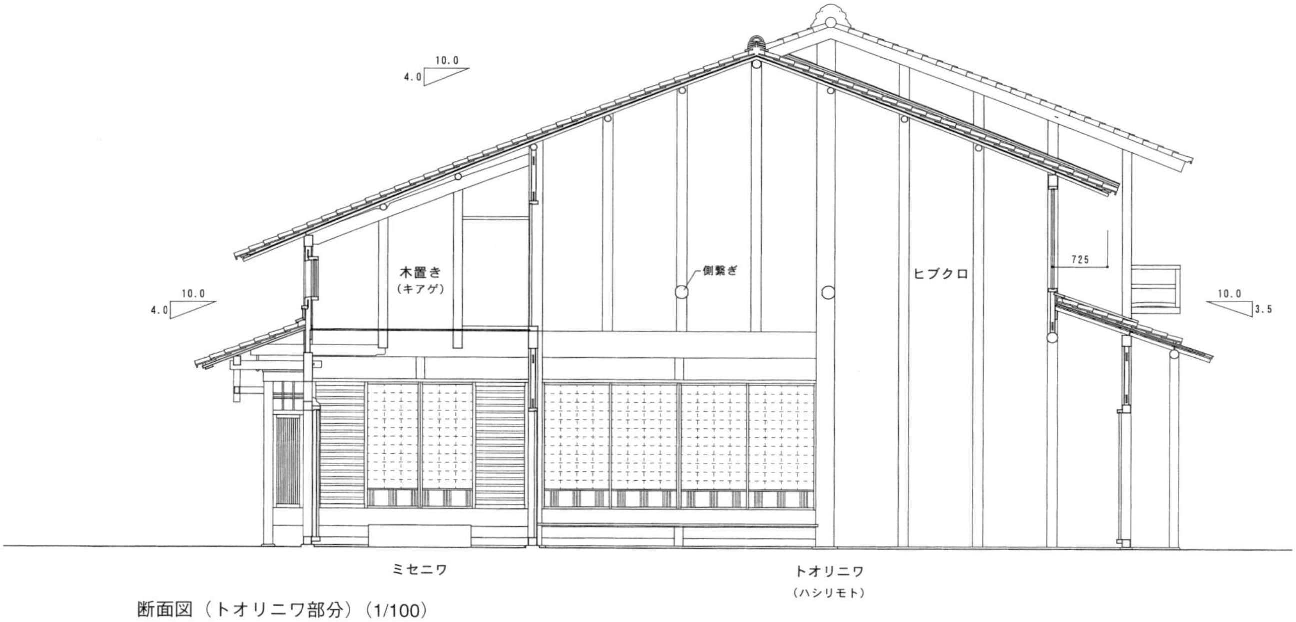

断面図（トオリニワ部分）（1/100）

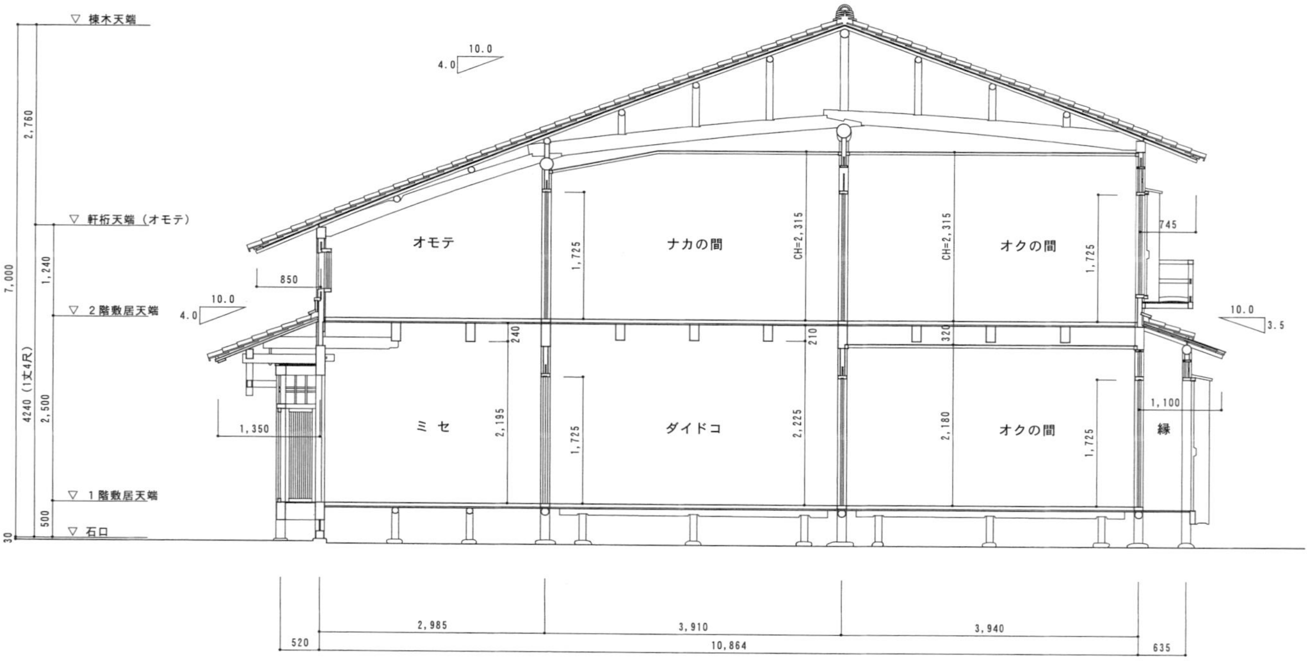

断面図（居室部分）（1/100）

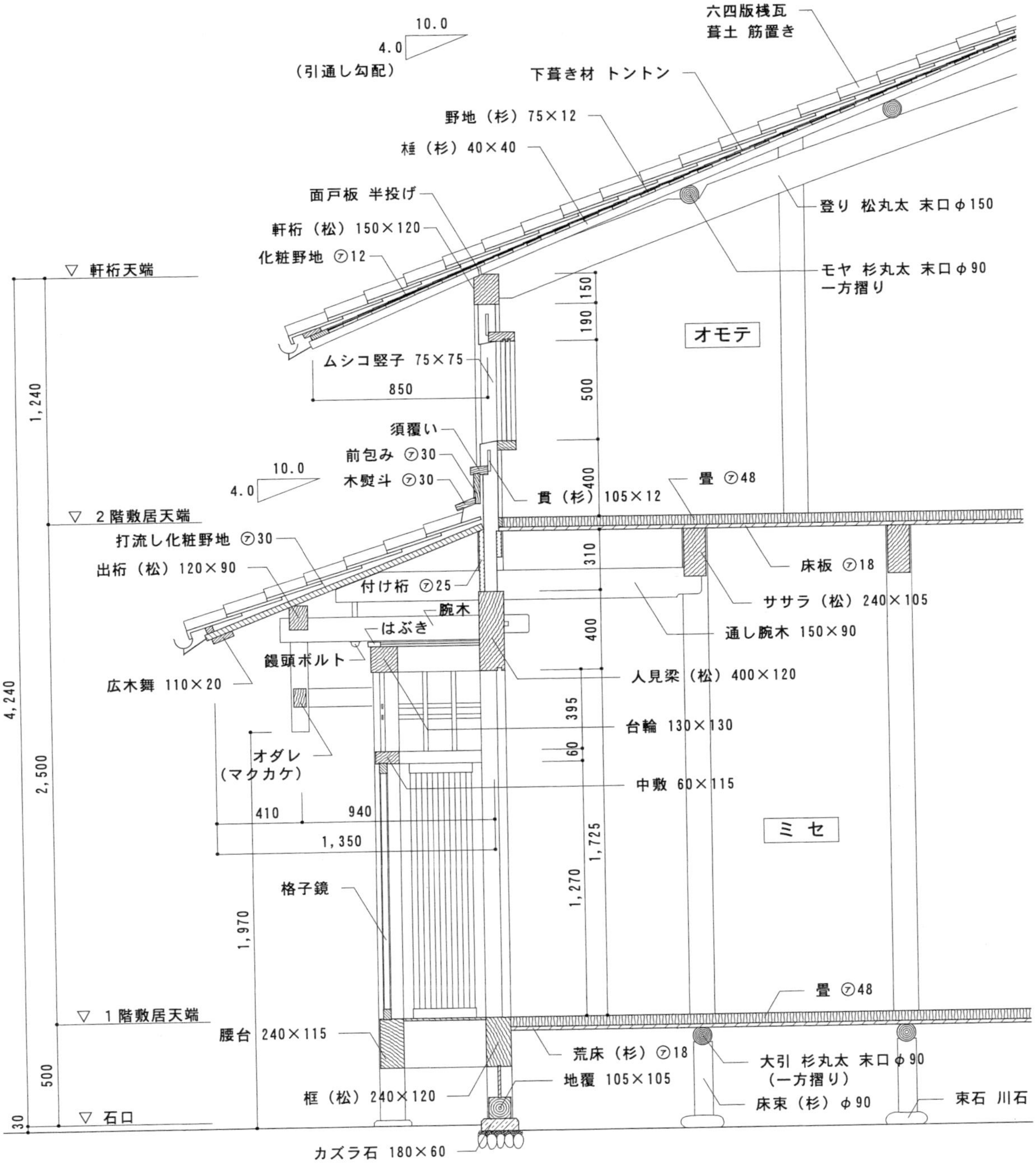
10.0
4.0
（引通し勾配）
六四版桟瓦
葺土 筋置き
下葺き材 トントン
野地（杉）75×12
棰（杉）40×40
面戸板 半投げ
軒桁（松）150×120
化粧野地 ㋐12
▽ 軒桁天端
登り 松丸太 末口φ150
モヤ 杉丸太 末口φ90
一方摺り
150
190
500
400
オモテ
ムシコ竪子 75×75
850
1,240
須覆い
前包み ㋐30
木熨斗 ㋐30
10.0
4.0
貫（杉）105×12
畳 ㋐48
▽ 2階敷居天端
打流し化粧野地 ㋐30
出桁（松）120×90
310
床板 ㋐18
付け桁 ㋐25
腕木
ササラ（松）240×105
はぶき
通し腕木 150×90
400
饅頭ボルト
人見梁（松）400×120
広木舞 110×20
4,240
395
台輪 130×130
オダレ
（マクカケ）
60
中敷 60×115
2,500
410
940
1,350
ミセ
1,725
格子鏡
1,270
1,970
畳 ㋐48
▽ 1階敷居天端
腰台 240×115
荒床（杉）㋐18
大引 杉丸太 末口φ90
（一方摺り）
500
地覆 105×105
床束（杉）φ90
束石 川石
框（松）240×120
30
▽ 石口
カズラ石 180×60

矩計図（1/30）

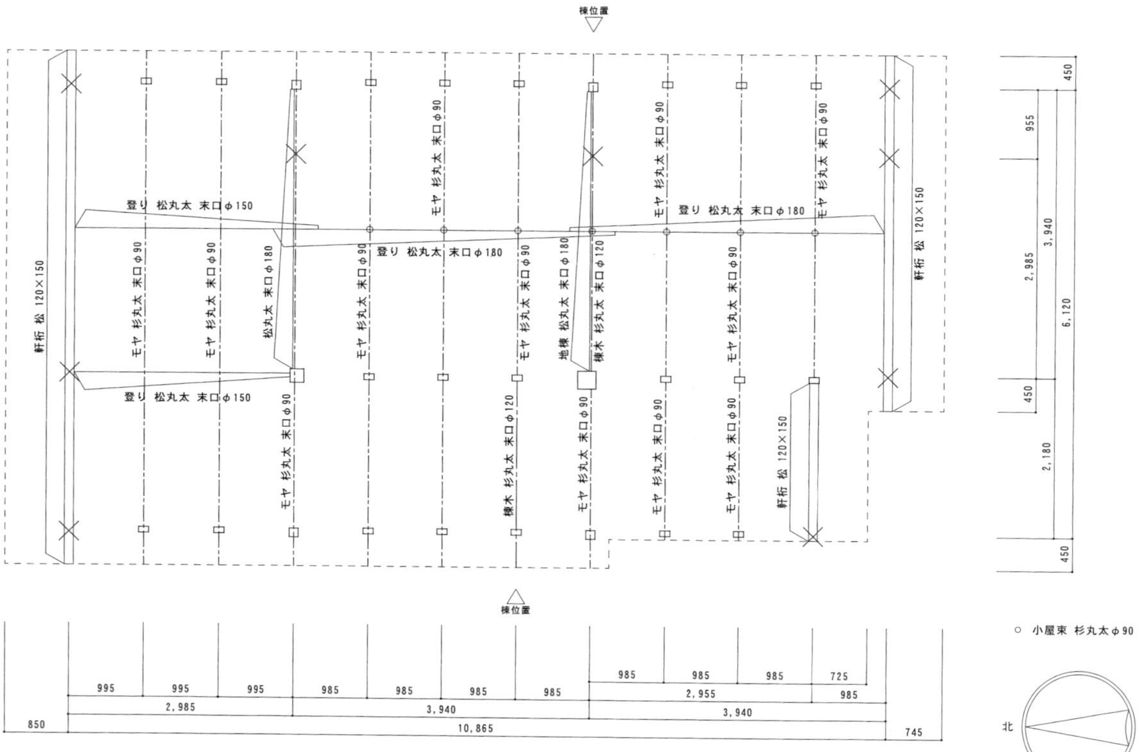

小屋伏図（1/100）

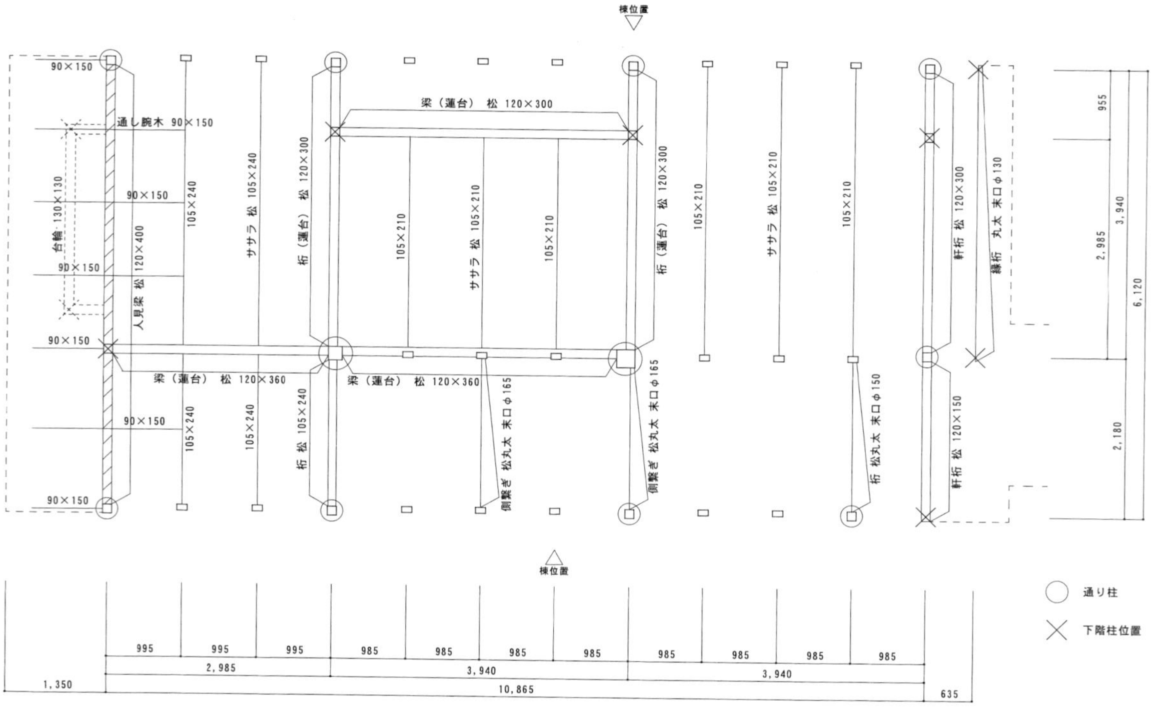

2階床伏図（1/100）

※基礎伏図および1階床伏図はアイソメ図を参照ください

あとがき

ハウツーものというのは通常、相当期間の研究や活動の成果を世に問うかたちで上梓されるものであろう。ところがこのテキストは全く逆で、京町家の保全・再生の実践を標榜して、活動をスタートしてから、必要に迫られてまとめたものであり、いわば泥縄である。

しかしその分、「ここをどうやって直したらよいのか」といった具体的な疑問には答えられると思っている。

もともと体得するしかない手技を文章や図で表すのは限界がある。さらに職方の話を聞き手の設計者や研究者がまとめるという作業も困難であった。職方にすれば何でこんなことが判らないのかということになるし、聞き手はもっと判るように話してくれ、ということになる。図面や知識で作り方を理解してきた設計者等にとっては確信を持てず、不安ともどかしさを抱えながらの作業になった。

編集作業は京町家作事組の理事のなかから自主的に参加し、後に固定化したメンバーと建築史家として京都工芸繊維大学の矢ヶ崎善太郎助教授と木造建築の設計で実績のある稲上文子さんを加えた編集委員会を中心にして、骨格をまとめ、各工程については該当する職方に参加してもらった。結果的に、作事組会員のほぼ全員が関わった。作業はそれぞれの本業と京町家再生活動の合間を縫って行われたため、行事のない日・祭日を使っての編集会議となり、この１年余は休日返上であった。また野村彰さんには第２章の説得力のあるイラストで、花岡健さんには同じ第２章の基本設計図でお世話になった。また第２章のアイソメ図は京都工芸繊維大学学生の工藤誠己さんにパソコンを駆使して描いていただいた。分担執筆の常で、担当者間の調整では学芸出版社の知念靖広氏に大変な苦労をおかけしたが、持ち前の鷹揚さで、ねばり強くまとめていただいた。

もとよりこのテキストで、改修の技が会得できるものではなく、繰り返し手入れを手がけ、工夫を重ねることによって、初めて京町家改修の「技と知恵」が再生できる。このテキストがそのきっかけとなり、工夫のヒントになることを仲間たちと願う。

梶山秀一郎

〈参考文献〉

『中世住居史』伊藤鄭爾著（東京大学出版会、1958）
『京の町家』島村昇・鈴鹿幸雄他著（SD 選書、鹿島出版会、1971）
『日本のすまい—内と外』エドワード・S・モース著／上田　篤・加藤晃規・柳美代子共訳（鹿島出版会、1979）
『写真集成　京都百年パノラマ館』吉田光邦監修（淡交社、1992）
『近世京都の町・町家・町家大工』日向進著（思文閣出版、1998）
『土壁・左官の仕事と技術』佐藤嘉一郎・佐藤ひろゆき著（学芸出版社、2001）
『京町家・千年のあゆみ—都にいきづく住まいの原型』髙橋康夫著（学芸出版社、2001）

『京の住まい—地域の文化財としての民家』（京都市、1993）
『町家型共同住宅設計ガイドブック』（京都市、1994）
『京町家再生プラン』（京都市、2000）
『京町家改修技能者マニュアル』（京都府建築工業協同組合、2001）

著者紹介

〈京町家・技の助言者〉

荒木正亘　京町家作事組副理事長、アラキ工務店代表

佐藤嘉一郎　京町家作事組理事、佐藤左官工業所代表

〈京町家作事手引き書編集委員会〉

梶山秀一郎　京町家作事組理事長、NOM 建築設計室副所長（第 1 章、第 3 章前半）

矢ヶ崎善太郎　京都工芸繊維大学助教授（日本建築史）（第 2 章本文）

稲上文子　稲上建築設計事務所代表（第 3 章後半）

大谷孝彦　京町家再生研究会会長、設計事務所ゲンプラン副代表

〈編集協力〉

野村　彰　京都府職員（第 2 章および章扉イラスト）

花岡　健　建築専門学校講師（第 2 章京町家図面作成）

（かっこ内は主に担当した箇所）

〈京町家作事組会員〉

業種名	事業所名	担当者
工務店	㈱アラキ工務店	荒木正亘
	㈱熊倉工務店	中西　勲
	堀工務店	堀　榮二
	㈲堀内工務店	堀内保逸
	㈱ミラノ工務店	千菊義温
	㈱安井杢工務店	安井　洋
	㈱山内工務店	山内　茂
	㈲渡文工務	渡辺照夫
鳶土工	㈱伊佐組	伊佐　健
左官	翁左官工業	翁　美知男
	㈲さくあん	萩野哲也
	佐藤左官工業所	佐藤嘉一郎
瓦工事	岸田工業㈱	岸田信行
	松田瓦店	松田　等
	光本瓦店	光本大助
電気工事	㈱近藤電業社	近藤暢造
	㈱ホリテック	堀　宏道
畳	東奥畳店	東奥宏幸
塗装	㈱イマエ	今江清造

業種名	事業所名	担当者
建具	高野建具店	高野耕司
襖・表具	㈱唐長	千田聖二
	若林愿鴻堂	若林荘造
ガス工事	㈱シミズ工業	宮原春彦
	㈱洛陽ガスセンター	乾　数明
給排水	㈱岩崎管工	吉岡三基夫
	㈱山口工業	東　頼良
造園	㈱京都景画	木村孝雄
板金	㈲黒田	黒田忠雄
	㈱ストロベリーセブン	橋爪　均
木材	㈱千本銘木商会	中川敦子
設計	アトリエ RYO	木下龍一
	エンデバーエーピー	木村俊夫
	㈱クカニア	大伴　哲
	㈱設計事務所ゲンプラン	大谷孝彦
	田中昇一級建築士事務所	田中　昇
	㈱ NOM 建築設計室	梶山秀一郎
その他	㈱学芸出版社	京極迪宏
	小島建築研究所	小島冨佐江

（会員および担当者は初版当時のもの）

京町家作事組とは

京町家作事組は京町家再生研究会を母体として設立した団体であり、その実践部門を受け持って大きく活動しはじめました。

京町家再生研究会の構成員の技術と人脈を最大限に活用し、賛同される多くの方々のご協力を頂きながらわたしたちは活動を展開していきたいと思っています。

「だいぶいたんできたので手入れをしたいが､どこに相談したら良いのかわからない」「生活に合わないので改装したいが、どこをどうすれば良いのだろうか」「修繕したいがいくらぐらい費用がかかるのだろうか」「長屋なので自分のところだけの建替えは難しいようだがどうすれば良いのか」

このような悩みをお持ちの町家のオーナーや住人の方が気軽に相談できる窓口を設置して改修や改装のご相談にのり､調査･提案を行って職人さんの紹介もしていきます。京都の町家はわたしたちが先代から大切に引き継いできたもので、町衆の生活が息づく文化遺産です。

わたしたちはこれらを大切に保存、再生して次代の人々に引き継いで行きたいと願っています。

〈京町家作事組事務局〉
〒 600-8305
京都市下京区新町通花屋町下ル
東若松町 832
電　話
075-351-0392
ファクス
075-351-2392
ホームページ
http://www.kyomachiya.net/
電子メール
sakuji@kyomachiya.net

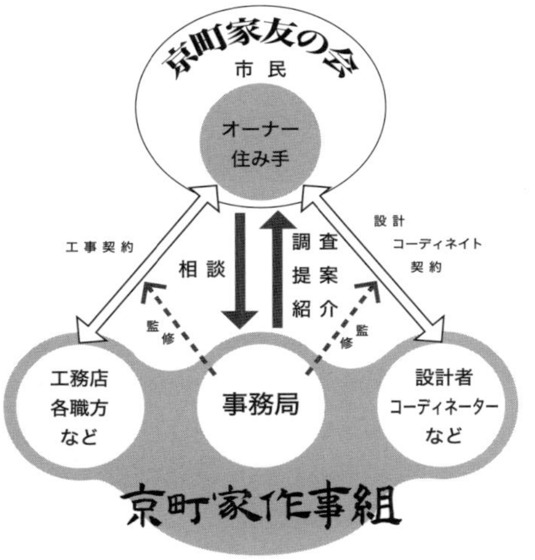
京町家友の会
市民
オーナー
住み手
工事契約
相談
調査
提案
紹介
設計
コーディネイト
契約
監修
監修
工務店
各職方
など
事務局
設計者
コーディネーター
など
京町家作事組

京町家作事組の仕事

1）町家の保存、再生のための相談・調査・提案
2）木造建築に熟達した職人（技能者）の紹介
3）設計者、コーディネーターの紹介
4）現地検分と工法の検討
5）工事費の査定と契約に関する助言
6）上記の工事、設計などの監修
7）京町家友の会の活動支援
8）町家の定期診断
9）見学会、セミナーなどの実施
10）広報、普及活動
11）その他、目的達成に必要な各種の活動

協働の手順

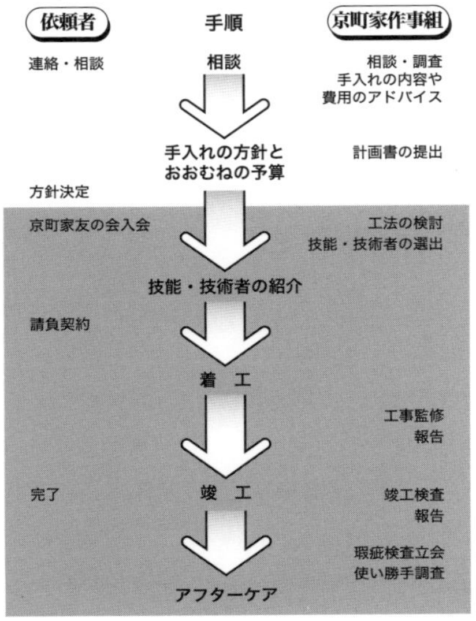
依頼者
手順
京町家作事組
連絡・相談
相談
相談・調査
手入れの内容や
費用のアドバイス
手入れの方針と
おおむねの予算
計画書の提出
方針決定
京町家友の会入会
工法の検討
技能・技術者の選出
技能・技術者の紹介
請負契約
着　工
工事監修
報告
完了
竣　工
竣工検査
報告
瑕疵検査立会
使い勝手調査
アフターケア

監修料としておおむね工事費の2%をいただき、
作事組の活動費用とします。

町家再生の技と知恵　京町家のしくみと改修のてびき

2002年 5 月30日　第1版第1刷発行
2014年10月30日　第1版第5刷発行
2019年 2 月20日　第2版第1刷発行

編著者　京町家作事組
発行者　前田裕資
発行所　株式会社学芸出版社
京都市下京区木津屋橋通西洞院東入
〒600-8216　電話 075・343・0811
創栄図書印刷／新生製本
装丁：上野かおる

ISBN978-4-7615-2285-8　Printed in Japan